广义新能源汽车

Generalized New Energy Vehicle

主　审　刘国庆
主　编　贾启蒙
副主编　刘传富　王　亮　李文杰

哈爾濱工業大學出版社

内 容 简 介

本书共分为9章。第1章介绍国内外能源现状、各类新能源以及发展新能源汽车的战略意义。第2章介绍新能源汽车的概念和市场现状,分析了国内外新能源汽车的激励政策,总结了各国新能源汽车取得的成绩和不足。第3~8章分别介绍各类新能源汽车的定义、原理、结构和分类,重点介绍了这几类新能源汽车的发展历程、关键技术、代表车型及发展前景。第9章展望了新能源汽车的未来,重点探讨其与智能驾驶、智能交通、智慧城市等的深度融合发展。

图书在版编目(CIP)数据

广义新能源汽车/贾启蒙主编.—哈尔滨:哈尔滨工业大学出版社,2020.11

ISBN 978-7-5603-9114-4

Ⅰ.①广… Ⅱ.①贾… Ⅲ.①新能源-汽车-研究 Ⅳ.①U469.7

中国版本图书馆 CIP 数据核字(2020)第195990号

策划编辑　李艳文　范业婷
责任编辑　范业婷　李佳莹
出版发行　哈尔滨工业大学出版社
社　　址　哈尔滨市南岗区复华四道街10号　邮编150006
传　　真　0451-86414749
网　　址　http://hitpress.hit.edu.cn
印　　刷　哈尔滨圣铂印刷有限公司
开　　本　787mm×1092mm　1/16　印张17　字数321千字
版　　次　2020年11月第1版　2020年11月第1次印刷
书　　号　ISBN 978-7-5603-9114-4
定　　价　58.00元

编　委　会

序　一

在工业革命之前，人类的发展主要依靠自然资源。在一些资源多、易利用的地方，种族的繁衍、文明的发展较快；在一些地理位置偏僻、生存环境恶劣的地方，人类的活动就会受到约束，当地文明的历史就比较短。18 世纪以来，科学技术发展加速，人类利用能源（主要是化石能源）的水平越来越高，对能源的依赖也越来越大。可以说，能源已经成为一个现代国家或地区发展的基石，能源技术的创新十分活跃，争夺能源的博弈也日趋激烈。

第二次世界大战以后，全球经济进入快速发展的阶段。首先是发达国家的能源消耗量猛增，并引发了"石油危机"。随着全球经济一体化和科技进步，西方国家通过产业升级和转移，率先摆脱了"高污染、高耗能"产业带来的能源危机和环境污染问题，"高技术、高附加值"产业成为其社会发展的主要动能。与此同时，发展中国家的快速增长，带来了第二拨能源的快速消耗。2019 年，中国能源消费总量约为 48.6 亿吨标准煤，连续十年位居世界首位，石油对外依存度超过 70%，能源安全形势严峻。

其实，中国已经把能源安全上升为国家战略，多措并举，缓解紧张形势，具体措施如下：(1)加强国内能源勘探、生产供应和运输能力；(2)加强国际合作、提高能源渠道多元化和稳定性；(3)提升传统能源的储备能力和利用效率；(4)通过技术创新和转型升级，加快水风光一体化及可再生能源的比例。2014 年 6 月，习近平总书记在中央财经领导小组第六次会议上提出了"四个革命，一个合作"的重大能源战略思想，为能源的发展指明了方向。我相信，各个产业也需要与国家的能源战略相一致，否则就很难保持长期和健康的发展。例如，2019 年中国机动车保有量约为 3.48 亿，估算汽、柴油消耗量超过 2.2 亿吨，这对于石油资源短缺的中国近乎"难以承受之重"。因此，汽车能源多元化是必由之路。

近年来，社会各界对新能源汽车都投入了巨大的热情和资源。客观上讲，极大地促进了电动汽车及上下游产业链的发展。有些地方天然气资源丰富，可以适当地向天然气汽车倾斜；有些地方煤炭资源丰富，技术成熟的情况下可以发展醇燃料汽车。当然，电能的来源广、储存和运输方便，应该是汽车动能升级的主要方向。

本书从能源出发，阐述了发展新能源汽车的战略意义，指出它在“保障能源安全、促进环保治理、缓解交通压力、实现产业升级”等方面的优势，具有一定的认知高度。另外，本书全面介绍了各类新能源汽车的基本原理、结构分类、重点技术和典型产品，以及国内外的市场情况、产业政策、发展历史和前景。全书内容丰富、数据翔实、语言精练，通俗易懂，是一本颇为难得的科普类图书，对于我国新能源汽车的推广和普及具有较高的价值。无论对于普通读者还是专业人士，本书都值得推荐。

哈尔滨工业大学原副校长

中国工程院院士

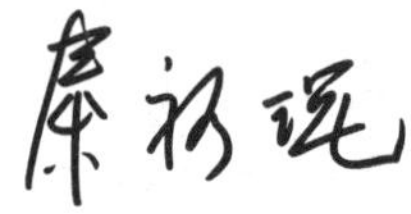

序　二

2009 年 1—2 月份，为应对美国“次贷危机”带来的金融海啸冲击，国务院常务会议审议通过了包括《汽车产业调整和振兴规划》在内的十大产业调整和振兴规划。那一年，中国汽车产销量双双突破 1 360 万辆，跃居世界首位，成为全球最大的汽车生产国和消费国。同年，中国原油的对外依存度达到 60%，能源安全形势非常严峻，如何节油成为汽车产业健康、持续发展的首要问题，而机动车保有量快速增长带来的排放污染、交通压力、产业升级等问题也已开始凸显。汽车产业何去何从？考验着全社会人们的智慧。

社会各界都在积极思考、谋篇布局，无论整车还是零部件企业都在抢抓机遇、转型升级。那时，我负责中国汽车工业协会的日常工作，对行业面临的形势和各方面的努力记忆深刻。“电动汽车”成为最热的词语，它不是一个新生事物，但就技术成熟度和应用规模来说，相对燃油车是一种“新能源汽车”。可以说，“节能与新能源汽车”这一概念的提出，乃至后来的发展战略，从饱受质疑、广泛释疑到普遍接受，是一个全社会不断探讨、深入研究的过程，也是多方协商、凝聚共识的结果。

电动汽车有与生俱来的优势，从诞生那一刻起就受到世界各国的关注，但由于技术原因和燃油车的快速崛起，一直没有实现大规模的商业运行。从“十五”的科研布局到“十二五”开篇，我国已经实现了诸多电动车技术的突破，具备了批量运行和商业化的基础。2009 年 7 月，由中国汽车工业协会发起组建了“中国汽车企业产业联盟（TOP10）”，在广泛调研的基础上，TOP10 逐步达成了“共同行动纲领”的共识，协助政府部门制定并落实中国电动汽车发展战略，加速了国家《节能与新能源汽车产业发展规划（2012—2020 年）》的出台。

2019 年，中国新能源汽车销量超过 120.6 万辆；动力电池包能量密度达到 180（W · h）/kg 以上；部分车型在综合工况下的续驶里程超过 500 公里……这些成绩都是十年前难以想象的。当然，这十年我们也有很多不足之处和深刻教训，各方面都应该进行深入总结，但是我们发展节能与新能源汽车的决心不能动摇，打造汽车强国的梦想不能放弃。尤其是产业界，需要充分整合资源但不应偏离主业和初心，拥有核心技术和过硬的产品才是持续健康发展的根本保障。

本书的作者曾经在中国汽车工业协会挂职锻炼两年多，深度参与了“十二五”汽车产业规划、节能与新能源汽车有关的行业会议、调研活动和规划编制工作，对新能源汽车的总体情况比较了解；回到企业后，也一直从事汽车规划和产品研发的相关工作，对汽车产业有着深刻的认识。这本《广义新能源汽车》从能源角度出发，阐述了发展新能源汽车的战略意义，可谓抓住了“牛鼻子”。全书内容丰富、逻辑清晰，既有混动、纯电和燃料电池等不同技术路线的“狭义”新能源汽车，也介绍了甲醇、天然气、核能及太阳能等“广义”新能源汽车知识，增加了趣味性和知识面。同时，作者引用了很多最新的数据和车型图片，深入浅出、通俗易懂，对于普通读者来说是一本很好的科普书，对于汽车爱好者或专业人士而言，也具有较高的参考价值。

中国汽车工业协会原常务副会长兼秘书长

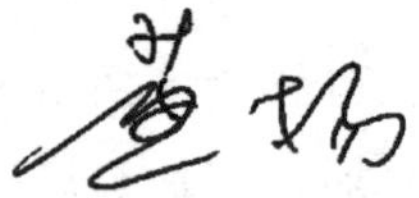

前　言

千百年来，能源是人类“改变世界的基础”，每次能源革命都会引起社会的巨大变革，从煤炭到石油，再到电力及各类新能源，莫不如是。而汽车又被称为“改变世界的工具”，从诞生以来就与能源有着不可分割的联系。近些年来，交通拥堵、环保压力、产业升级需求等也倒逼国家和社会各界推动新能源汽车产业发展。

目前，市面上与新能源汽车相关的书籍资料浩如烟海。有些出自专家学者，对相关技术进行了深入探讨，但是过于晦涩难懂；有些出自媒体，对产业发展热点进行了追踪报道，但是不够系统全面；也有些文章和资料来自企业，对相关产品进行了介绍和分析，但是营销和寻求合作的动机明显，不利于读者了解客观事实。

本书试图从产业的高度、企业的角度去观察和分析能源产业与新能源汽车。第一，从能源安全、环保、交通、产业升级等多个维度出发，而不是仅从经济实用性角度阐明了各国发展新能源汽车的重大意义，消除社会上对于新能源汽车的种种误解和疑虑；第二，用较为通俗和简洁的语言，全面介绍了新能源汽车的基本知识、发展历史、市场趋势和关键技术，对广大新能源汽车爱好者具有很好的科普价值；第三，系统介绍了国内外新能源汽车典型企业的产品型谱，既包括乘用车，又有客车和卡车，对于业内人士了解行业现状和各大企业的发展战略具有重要的参考价值与对标意义；第四，除电动汽车外，对于替代燃料汽车、太阳能汽车和核能汽车等也做了一定介绍，可以拓宽人们对于新能源汽车的认识，同时增加了趣味性。

本书共分为 9 章。第 1 章介绍国内外能源现状、各类新能源以及发展新能源汽车的战略意义，为读者全面了解国家能源及汽车产业政策奠定了基础，引起大家对汽车产业未来发展的思索。第 2 章介绍新能源汽车的概念和市场现状，分析了国内外新能源汽车的激励政策，总结了各国新能源汽车取得的成绩和不足。对于普通读者来说，通过这一章可以对新能源汽车有更宏观、全面的认识。第 3 ~ 8 章分别介绍各类新能源汽车的定义、原理、结构和分类，重点介绍了这几类新能源汽车的发展历程、关键技术、代表车型及发展前景。这几章作为本书主体，可以让汽车爱好者更深入地认识新能源汽车，激发大家探索研究的热情。第9章展望了新能源汽车的未来，重点探讨其与智能驾驶、智能交通、智慧城市等的深度融合发展。我们的判断不一定正确，以此抛砖引玉，让更多从业者深入思考，为建设汽车强国而努力奋斗。

在本书编写过程中，受益于大量文献的最新研究成果，对这些研究人员表示衷心的感谢。部分数据来源于网络，也对原作者及刊登平台表示真诚的谢意。同时，感谢李艳文、张光宇、刘树富等好朋友为本书出版做出的贡献。由于编者水平有限，书中难免有疏漏和不足之处，也恳请各位专家和读者批评指正。

编　者

二〇二〇年夏

目　　录

第 1 章　能源与汽车 …… 1
1.1　能源概述 …… 1
1.2　汽车与能源 …… 14
第 2 章　新能源汽车概述 …… 18
2.1　新能源汽车的基本概念 …… 18
2.2　新能源汽车的市场现状 …… 19
2.3　新能源汽车的政策演变 …… 24
第 3 章　混合动力汽车 …… 48
3.1　混合动力汽车概述 …… 48
3.2　混合动力汽车发展历程 …… 60
3.3　混合动力汽车关键技术 …… 63
3.4　混合动力汽车典型产品 …… 66
3.5　混合动力汽车发展前景 …… 79
第 4 章　纯电动汽车 …… 81
4.1　纯电动汽车概述 …… 81
4.2　纯电动汽车发展历程 …… 87
4.3　纯电动汽车关键技术 …… 93
4.4　纯电动汽车典型产品 …… 98
4.5　纯电动汽车发展前景 …… 133
第 5 章　燃料电池汽车 …… 135
5.1　燃料电池汽车概述 …… 135
5.2　燃料电池汽车发展历程 …… 142
5.3　燃料电池汽车关键技术 …… 145
5.4　燃料电池汽车典型产品 …… 150
5.5　燃料电池汽车发展前景 …… 160
第 6 章　气体替代燃料汽车 …… 162
6.1　气体燃料汽车概述 …… 162
6.2　气体燃料汽车发展历程 …… 164

6.3 气体燃料汽车关键技术 …… 166
6.4 气体燃料汽车典型产品 …… 167
6.5 气体燃料汽车发展前景 …… 174
6.6 其他气体燃料汽车 …… 175
第7章 液体替代燃料汽车 …… 178
7.1 醇类燃料汽车 …… 178
7.2 生物柴油汽车 …… 187
第8章 其他新能源汽车 …… 190
8.1 太阳能汽车 …… 190
8.2 核动力汽车 …… 198
第9章 新能源汽车发展的未来 …… 205
9.1 电动化已是大势所趋 …… 205
9.2 智能化成为竞争焦点 …… 223
9.3 网联化拓展应用场景 …… 228
9.4 “新四化”打造汽车业未来 …… 231
附录 …… 233
附录1 新能源乘用车产品型谱 …… 233
附录2 新能源客车产品型谱 …… 249
附录3 新能源卡车产品型谱 …… 254
参考文献 …… 259

第1章 能源与汽车

1.1 能源概述

对于能源的定义有很多种,我国的《能源百科全书》给出了这样的定义:“能源是可以直接或经转换提供人类所需的光、热、动力等任一形式能量的载能体资源。”可见,能源可在自然界中呈现多种形态,并可以在不同形式之间相互转换。

能源的存在形式多种多样,也有多种分类方法,常见的分类方法有五种。

(1)按照能源的来源可分为以下三类。

①来源于太阳,直接或间接来源于太阳辐射的能源,如太阳能、煤炭、天然气、生物质能、水能、风能和海洋能等。

②来源于地球本身,如地热能、核能等。

③来源于月球和太阳等天体对地球的引力,以月球引力为主,如潮汐能。

(2)能源按照是否经过转换可分为一次能源和二次能源。存在于自然界,未经加工和转换的能源,如煤炭、石油、天然气、生物质能、水能、风能、太阳能、核能、地热能、海洋能和潮汐能等,称为一次能源;由一次能源经过加工或转换而成的能源产品,如煤气、石油制品、焦炭、电力和氢气等,称为二次能源。大部分一次能源均可转换成二次能源,这不仅使生产和生活更方便(或为了满足生产工艺要求),而且使能源的用途更广泛。

一次能源按照能否再生又可分为两类:可再生能源和不可再生能源。可再生能源,即不会随着它本身的转化或人类的利用而日益减少的能源,这类能源大都直接或间接来源于太阳;不可再生能源是指随着人类的开发利用而越来越少的能源,具体分类如图 1.1 所示。

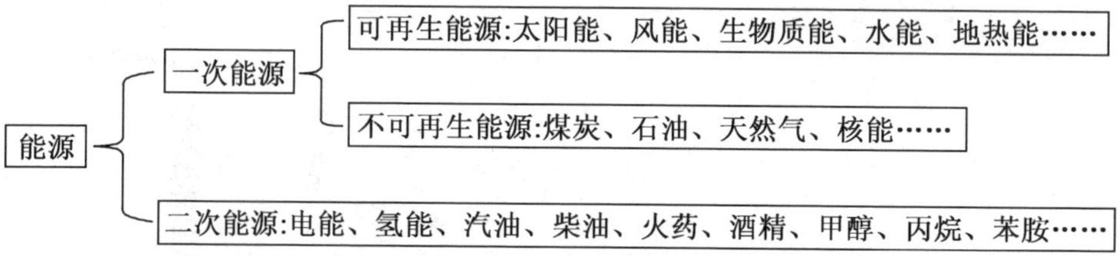

图 1.1　能源的分类

(3)能源按照性质可分为燃料型能源和非燃料型能源。燃料型能源如煤炭、石油、天然气、生物质能、丙烷、甲醇和核燃料等;非燃料型能源如风能、水能、潮汐能、地热能、海洋能和太阳能等。

(4)能源按照使用的技术成熟程度与使用的普遍性可分为常规能源和新能源。在一定的历史时期和科学水平条件下,已被人们广泛应用的能源,称之为常规能源,如煤炭、石油和水利等;许多能源需采用先进的技术才能加以利用,如太阳能、风能、海洋能、地热能和生物质能等,称之为新能源。这些新能源尚未被大规模利用,有的尚处于研究阶段。可见,这里的“新”不是时间概念,而是意味着技术不成熟。

(5)能源按照对环境有无污染,可分为清洁能源,如太阳能、风能、水能和氢能等;非清洁能源,如矿物燃料。

1.1.1　国内外能源现状

1. 全球能源现状

目前,世界能源的供应以化石能源为主,它有力地支撑了经济社会的快速发展。根据 2019 年版《BP 世界能源统计年鉴》统计,截至 2018 年全球探明石油储量2.441 十亿 t,中东地区掌握了全球 48.3% 的全球探明储量;天然气探明储量 1.969 万亿 m^3,中东地区约占38.4%,其中伊朗拥有最大的储量;煤炭探明储量 1.054 8 亿 t,亚太地区拥有最多的探明储量,约占 42.2%。

从能源消费总量来看。受世界人口增长、工业化和城镇化等诸多因素的影响,全球一次能源年消费总量呈现增长态势,2018 年全球一次能源消费量增长为 2.9%,约为近十年平均水平的 2 倍,天然气(增量达 1.68 亿 t 油当量,占全球增长的 43%)和再生能源(增量达 0.71 亿 t 油当量,占全球增长的 18%)尤为强劲。发达国家能源消费总量趋于稳定甚至下降,亚太地区逐渐成为世界能源消费总量最大、增速最快的地区。

从一次能源消费占比来看,石油仍然占比最大但在不断下滑,2018 年的份额降至 33%;煤炭紧随其后,2018 年的份额降至 27%;天然气持续上涨,2018 年的占比升至 24%。世界一次能源消费占比如图 1.2 所示。

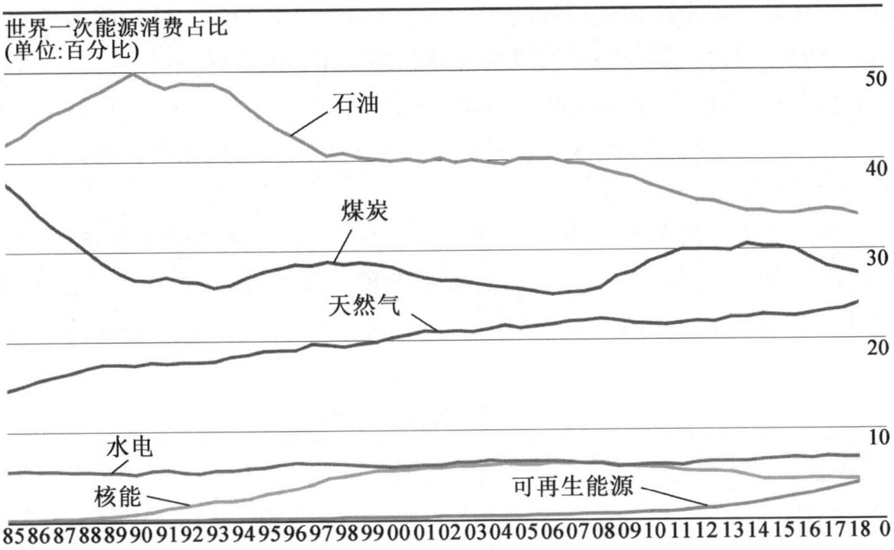

图 1.2　世界一次能源消费占比

（数据来源:2019 年版《BP 世界能源统计年鉴》）

全球能源贸易以化石能源为主且总量稳步增加。化石能源生产和消费分布的不均衡,需要能源资源在世界范围内优化配置。随着海运、铁路、油气管网等能源运输网络的逐步建立与完善,跨国、跨洲能源贸易流量逐渐增大。受电网输电能力等因素限制,电力主要以国内和区域内的平衡为主,跨国、跨洲电力贸易规模较小,按热值当量计算,仅为全球化石能源贸易量的 1.3%,表 1.1 为 2018 年分区域能源消耗量。

表 1.1　2018 年分区域能源消耗量　　百万 t 油当量

区域	石油	天然气	煤炭	核能	水电	可再生能源	总计
北美洲	1 112.5	879.1	343.3	217.9	160.3	118.8	2 831.9
中南美洲	315.3	144.8	36.0	5.1	165.5	35.4	702.1
中东国家	412.1	475.6	7.9	1.6	3.4	1.7	902.3
欧洲	742	472.0	307.1	212.1	145.3	172.2	2 050.7
非洲	191.3	129.0	101.4	2.5	30.1	7.2	461.5
亚太地区	1 695.4	709.6	2 841.3	125.3	388.9	225.4	5 985.9

（数据来源:2019 年版《BP 世界能源统计年鉴》）

2. 国内能源现状

我国能源资源总量比较丰富,煤炭占主导地位。截至 2018 年年底,煤炭探明储量819百万t,占全球煤炭储量的13.2%,位列世界第四位。已探明的石油、天然气资源储量相对不足,页岩气、煤层气等非常规化石能源储量潜力较大。

数据显示,我国2018年一次能源消费增长4.3%,高于过去十年3.9%的平均增长水平。由于经济体量大、增长快,中国已成为最大的能源消费国,占世界能源消费量的23.6%。

从能源消费结构来看,2018年石油(+5.0%)能源消费增速接近过去十年的平均增速4.9%;天然气(+17.7%)能源消费增长最快,高于过去十年的平均增速13%;煤炭(+0.9%)能源消费增长低于过去十年的平均增速1.8%。

表1.2　中国能源消费结构　　百万t油当量

时间	石油	天然气	煤炭	核能	水电	再生能源	总计
2009年	400.6	77.6	1 685.8	15.9	139.3	11.0	2 330.2
2010年	455.5	93.6	1 748.9	16.7	161.0	15.9	2 491.6
2011年	472.4	116.2	1 903.9	19.5	155.7	22.8	2 690.5
2012年	495.3	129.7	1 927.8	22.0	195.2	29.4	2 799.4
2013年	517.3	147.8	1 969.1	25.3	205.8	42.3	2 907.6
2014年	539.3	162.0	1 954.5	30.0	237.8	51.1	2 974.7
2015年	573.3	167.4	1 914.0	38.6	252.2	64.1	3 009.6
2016年	587.0	180.1	1 889.1	48.3	261.0	81.7	3 047.2
2017年	610.7	206.7	1 890.4	56.1	263.6	111.4	3 138.9
2018年	641.2	243.3	1 906.7	66.6	272.1	143.5	3 273.4

随着经济的快速增长,中国对世界能源的依赖性也越来越大,进口量随之增多。目前,中国已成为全球最大的汽车市场,从而推高了油气销量;随着居民收入增加,飞机出行对航油的需求也颇为强劲。2018年中国石油对外依存度上升至70.9%,天然气消费量达2 766亿m^3,对外依存度接近45.3%。

1.1.2　主要的新型能源

目前,关于新能源各国的说法不一,并没有统一的定义。在2009年中国国家能源局编制的《新能源产业振兴发展规划》中,把新能源界定为:"以新技术为基础,已经开发但还没有规模化应用的能源,或正在研究试验、尚需进一步开发的能源。"主要包括风能、太阳能和生物质能等。

随着时代的发展尤其是技术的进步,新能源的内涵不断变化和更新。目前,我国研究的新能源主要包括:太阳能、风能、生物质能、核能、页岩气、可燃冰、海洋能和地热能等。另外,鉴于甲醇、乙醇作为汽车新能源重新进入了人们的视野,也将其划入新能源范畴。随着技术条件的成熟，新能源的定义还可以重新界定，很多可以开采利用的太空能源将会走进人们的视野。

1. 太阳能

(1)太阳能概述。

太阳能是太阳内部连续不断的核聚变反应过程产生的能量。太阳能有直接太阳能和间接太阳能之分。直接太阳能，就是指太阳直接辐射产生的能量；而间接太阳能，即由太阳辐射能所产生的其他自然能，如水能、风能、波浪能、海洋温差能和生物质能等。

我国蕴藏着丰富的太阳能资源，总体呈“高原大于平原、西部干燥区大于东部湿润区”的分布特点。据估算，我国陆地每年接受的太阳能辐射量约为 5.02×10^{22} J，相当于 1.7×10^{12} t 标准煤。全国各地年辐照总量达3 340 ~8 360 MJ/m^2、中值为5 852 MJ/m^2，年日照时数超过2 200 h。

(2)太阳能应用。

太阳能的利用根据能量转换方式又分为光－热转换、光－电转换和光－化学能转换。中国太阳能产业规模约占全球市场份额的70%，“十三五”期间是太阳能产业升级的关键阶段，是难得的发展机遇，同时也面临着严峻的挑战。《太阳能发展“十三五”规划》指出：规模上，到2020年底，太阳能发电装机达到1.1亿kW以上，太阳能年利用量达到1.4亿t标准煤以上；成本上，到2020年，光伏发电电价水平在2015年基础上下降50%以上，在用电侧实现平价上网目标；太阳能热发电成本低于0.8元/(kW·h)；太阳能供暖、工业供热具有市场竞争力；技术上，先进晶体硅光伏电池产业化转换效率达到23%以上，薄膜光伏电池产业化转换效率显著提高，若干新型光伏电池初步产业化。

(3)目前我国太阳能产业主要面临以下挑战。

①成本太高是光伏发电的主要障碍。虽然光伏发电价格已大幅下降，但与燃煤发电相比仍然偏高，对国家补贴依赖较高。

②电力系统及电力市场机制不适应光伏发电发展，传统能源发电与光伏发电在争夺电力市场方面矛盾突出。

③光伏产业面临国际贸易保护压力，这对我国具有竞争优势的光伏发电产品在全球范围应用构成阻碍。

④太阳能热发电产业化能力较弱，产业链有待进一步完善。

⑤传统的太阳能热水应用发展进入瓶颈期，缺乏新的潜力大的市场领域。

2. 风能

(1)风能概述。

风是地球上的一种自然现象，它是由太阳能辐射热引起的。全球可利用的风能为2×10^7 MW,如果能成功利用其中的20%,就相当于世界能源消费量总和的7倍。与其他能源相比,风能的主要优点是蕴藏巨大、可以再生、分布广泛且没有污染;主要缺点是能量密度低、不稳定且地区差异大。

我国风能比较丰富的地区主要分布在两大地带,第一是三北(东北、华北和西北)地区;第二是沿海及其岛屿地区。中国气象局发布的风能资源评估显示,我国陆地70 m高度风功率密度达到150 W/m^2以上的风能资源技术可开发量为72亿kW,达到200 W/m^2以上的风能资源技术可开发量为50亿kW。

(2)风能应用。

目前,风能主要用在风力发电、风力提水、风力制热和风力助航等方面。风力发电是风能利用的主要形式,通常有三种方式:一是一台小型风力发电机独立运行方式,用蓄电池蓄能;二是风力发电与其他发电方式(柴油机)相结合,向一个单位或一个村庄供电;三是风力发电并入常规电网运行,向大电网提供电力,一处风电场安装几十台甚至几百台风力发电机,这是风力发电的主要发展方向。

中国在全球风电市场上遥遥领先,2017年风电装机容量为188 392 MW,约占全球总容量的35%,是第二名美国的两倍、第三名德国的三倍。

尽管风力发电发展迅猛,但也存在其局限性。技术上,风力发电成本仍高于常规发电,依赖补贴的程度较高;风力发电机的效率较低,寿命也有待延长。我国的《能源发展“十三五”规划》对推进海上风电有所部署,到2021年新增装机容量将增至75 GW,累计容量超过800 GW,风电与煤电上网电价基本相当。

3. 生物质能

(1)生物质能概述。

生物质能是指光合作用而产生的各种有机体,具有可再生性、低碳性、分布广泛性、可存储性、多样性、廉价等优点,同时相对其他非传统能源,技术上的难题较少。它也存在一些缺点,主要表现为热值及热效率低、体积大且不易运输,单位土地面积的有机物能量偏低,缺乏适合栽种植物的土地,有机物水分偏多等。

我国拥有丰富的生物质资源,主要包括农业生物质资源、林业生物质资源、生活污水、工业有机废水、人畜粪便和城市固体废物等。根据统计及估算,我国“十二五”期间的生物质资源理论上可折合成15.4亿t标准煤。实际上,目前我国生物质资源的能源化利用量仅为1亿t标准煤左右,占可利用总量的15%左右。

(2)生物质能应用。

生物质能目前主要应用在生物质发电、生物质成型燃料、生物质燃气和生物液体燃料四个方面。其中,截至2018年,生物质发电全球装机容量约108.96 GW,我国约1 781万kW;生物质成型燃料、生物质燃气等方面尚处于转型升级关键阶段;生物液体燃料方面,2018年我国燃料乙醇年产量约322万t,生物柴油年产量约 103 万 t。

从资源和发展潜力来看,生物质能总体仍处于发展初期,还存在产业化基础薄弱、商业模式不成熟、产业支撑体系不健全、技术研发能力有待提升及政策协调难度大等问题。

根据国家能源局发布的《生物质能发展"十三五"规划》,到 2020 年,我国生物质能基本实现商业化和规模化利用,年利用量约 5 800 万 t 标准煤(表 1.3)。

表 1.3 "十三五"我国生物质能应用情况

	2015 年产量	2020 年产量	2020 年替代化石能源(万 t/年)
生物质发电	1 030 万 kW	1 500 万 kW	2 660
生物质成型燃料	800 万 t	3 000 万 t	1 500
生物质燃气(沼气)	—	80 亿 m^3	960
生物燃料乙醇	210 万 t	400 万 t	380
生物柴油	80 万 t	200 万 t	300
总计	—	—	5 800

4. 核能

(1)核能概述。

核能(又称原子能)是原子核结构发生变化时放出的能量。核能释放通常有两种方法:一是核裂变能(如原子弹);另一种是核聚变能(如氢弹)。

核裂变能的主要原料是铀和钚。铀在地壳中的储量总计达几十亿 t,在海水中的总储量约有 45 亿 t,铀的储量虽然很大但分布却很分散,要找到比较集中的矿点比较困难。钚的来源比铀广泛、价格较便宜。

核聚变能原料在地球上的储量十分丰富。经测定,每升海水中含氘 0.034 g,海洋中含有氘约 23.4 万亿 t,足够人类使用几十亿年。对于人类来说,核聚变能将是一种取之不尽、用之不竭的"长寿能源"。

核能具有以下比较显著的优点:核能的能量非常巨大且集中,运输方便且地区适应性强;储量丰富;核能发电技术已相当成熟。同时核能也有应用成本高、安全要求高、对地质依赖高等一系列缺点。

(2)核能应用。

自 1954 年人类开始利用核能发电以来,经过 60 多年的发展,核能已经成为世界能源三大支柱之一,在保障能源安全、改善环境质量等方面发挥了重要作用,且对军事、经济、社会和政治等都有广泛而重大的影响。

目前中国在运核电机组位列世界第四位，在建核电机组位列第一位。具有自主知识产权的“华龙一号”三代核电技术在国内外落地，四代核安全特征的高温气冷堆示范工程开工建设，核级数字化仪控系统实现自主化。

未来，在规模上，根据《能源发展“十三五”规划》，2020 年运行核电装机力争达到5 800 万 kW，在建核电装机达到 3 000 万 kW 以上。技术上，根据《能源技术革命创新行动计划(2016—2030 年)》，未来在核能领域，我国要重点发展三代、四代核电，先进核燃料及循环利用、小型堆等技术，探索研发可控核聚变技术。

5. 页岩气

(1)页岩气概述。

页岩气是指主体位于暗色泥页岩或高碳泥页岩中，以吸附或游离状态为主要存在方式的天然气聚集。页岩气开发具有开采寿命长和生产周期长的优点，但页岩气也存在储集层渗透率低和开采难度较大等问题。

全球页岩气资源极其丰富，主要分布在北美、东亚、南美、北非和澳大利亚等地区。根据 2018 年国土资源部资源评价结果，我国累计探明页岩气地质储量超万亿 m^3，可采储量世界第一，全国产量 108.81 亿 m^3，同比增长 21%。

(2)页岩气应用。

1821 年，在美国佛罗里达州开采出了第一口商业性质页岩气井。页岩气革命使美国实现了能源独立，并改变了全球能源格局。但是，当前页岩气开发仍面临日益严重的环境破坏问题。一方面，生产过程中需要消耗大量的水资源，而且所采用的化学品可能对蓄水层造成污染。另一方面，地下爆破对地表也存在影响，比如空气、土壤、噪声污染以及栖息地丧失等。

截至 2018 年 10 月，我国首个大型页岩气田——涪陵页岩气田累计供气突破 200 m^3，相当于一个千万 t 级的大油田的产量，中国成为继美国、加拿大之后，世界上第三个大型页岩气开发的国家。这标志着我国页岩气已经迈入大规模商业化开发阶段。就开采技术而言，我国已经实现了钻完井、测录井、压裂试气和环保四大工程技术全部国产化，也打破了国外技术的垄断。

然而，我国页岩气的开发利用依然面临如下挑战：

①建产投资规模大、实施周期长、产量递减快且不确定因素较多，对页岩气开发企业具有较大的资金压力和投资风险。

②深层开发技术尚未掌握。目前页岩气重点建产的川南地区埋深超过 3 500 m的资源超过一半，这对水平井钻完井和增产改造技术及装备要求更高。

③勘探开发竞争不足。

④随着石油、煤炭等传统化石能源价格下跌，天然气竞争力下降，页岩气比常规天然气开发成本高，市场开拓难度更大。

《页岩气发展规划(2016—2020年)》提出:至2020年,完善成熟3 500 m以浅海相页岩气勘探开发技术,突破3 500 m以深海相页岩气、陆相和海陆过渡相页岩气勘探开发技术;在政策支持到位和市场开拓顺利情况下,2020年力争实现页岩气产量300亿m^3。

6. 氢能

(1)氢能概述。

氢能是指以氢及其同位素为主导的反应中所释放的能量,它是一种新的清洁二次能源。它的特点主要有以下几个。

①来源广泛,地球上的水储量为21 018万t,是氢取之不尽、用之不竭的重要源泉。

②氢的燃烧值高,表1.4为几种常见燃料的燃烧值,可见氢的热值高于所有化石燃料和生物质燃料。

③氢本身无色、无味、无毒,燃烧效率高。

④氢的存在形式多,适应储运及各种应用环境的不同要求。

表1.4 常见燃料的燃烧值

燃料种类	氢气	甲烷	汽油	乙醇	甲醇
燃烧值/($kJ \cdot kg^{-1}$)	121 061	50 054	44 467	27 006	20 254

目前工业制氢主要有几种方法:①采用化石燃料制取氢气;②从化工副产物(焦炉气等)中提取氢气;③采用来自生物的甲醇甲烷制取氢气;④利用太阳能和风能等自然能量进行水的电解。氢气还能够通过传统的电解水法获得,但这种方法由于能耗过高,已少有新建装置。这四种制氢方法的优劣势、适用规模和建设地点见表1.5。

表1.5 各类制氢方法比较

制氢方法	优势	劣势	适用规模	建设地点
天然气制氢	规模化制氢常用方法之一,适用范围广	原料缺乏、利用率低、工艺复杂、操作难度高	适用于大规模生产,其制氢能力在每小时几万Nm^3以上;经济规模在1 000 $Nm^3 \cdot h^{-1}$以上	天然气制氢建设地点受限于天然气供应;占地也有要求:(50 m×30 m)/1 000($Nm^3 \cdot h^{-1}$)

续表 1.5

制氢方法	优势	劣势	适用规模	建设地点
焦炉气制氢	运转成熟、可靠，自动化程度高，利用副产物成本低	焦炉气是炼焦工业的副产品，具有污染	焦炉气经过原料预处理再通过变压吸附分离工艺可得到约 8 万 $Nm^3 \cdot h^{-1}$ 工业氢气；经济规模为 500～5 000 $Nm^3 \cdot h^{-1}$	只能依靠焦化企业就近兴建，占地面积较小
甲醇重整制氢	投资低、建成快、无污染等特点；原料可获得性高	生产规模受限制	最小 20 $Nm^3 \cdot h^{-1}$，20～1 000 $Nm^3 \cdot h^{-1}$ 的装置可做移动模块	在合理的距离内有甲醇供应；占地：(20 m×15 m)/1 000 $Nm^3 \cdot h^{-1}$
电解水制氢	技术成熟、效率高，过程简单	耗电量大，成本高	规模小，国内单台最大制氢能力为 2 000 $Nm^3 \cdot h^{-1}$	不受地域限制，占地：(50 m × 22 m)/1 000 ($Nm^3 \cdot h^{-1}$)

(2)氢能应用。

早在两百年前，人们就开始关注氢能的应用。20 世纪 60 年代初，我国在液氢及燃料电池用于火箭燃料方面做了大量工作，70 年代开始加大了对氢能的应用。氢能应用主要包括燃料电池、燃气轮机(蒸汽机)发电、内燃机和火箭发动机。普遍认为，燃料电池是未来人类社会最主要的发电及动力设备。虽然目前燃料电池发动机的核心技术问题已基本解决，但市场化应用尚未形成规模化。

氢能作为众所周知的新型能源，在实际应用中存在一定的困难。一是目前制氢还是要依赖于存量有限且会造成环境污染的化石能源，而且整个制氢过程耗能很大，制氢效率并不高。二是现存储存及运输氢气的方法不够安全可靠，因为氢具有容易气化、着火和爆炸的性质，如何将制得的氢与需求用户有效地对接而不产生危险，成了限制氢能大规模商业化发展的关键。

根据《能源技术革命创新行动计划(2016—2030 年)》中氢能与燃料电池技术创新路线图，到 2050 年，实现氢能和燃料电池的普及应用，实现氢能制取利用新探索的突破性进展的创新目标。技术上，在氢的制取、储运及加氢站、先进燃料电池及燃料电池分布式发电等方面开展研发与攻关。

7. 可燃冰

(1)可燃冰概述。

可燃冰，即天然气水合物，是分布于深海沉积物或陆域的永久冻土中由天然气与水在高压低温条件下形成的类冰状的结晶物质。可燃冰形成的三个基本条件是温度、压力和充足的气源。海底的低温和高压对于天然气水合物的形成非常有利,因此世界上的天然气水合物约有97%分布于海洋中。标准状态下,1体积的天然气水合物大概可以分解为164体积的甲烷气体,资源密度很大。

研究发现,海洋可燃冰资源主要分布在北半球,南海海域是我国可燃冰最主要的分布区,资源量约680亿t油当量。按照当前我国使用量粗略估算,可燃冰可供我国使用一百年以上,对我国能源安全及经济发展有着重要意义。

(2)可燃冰开发。

可燃冰是一种能量密度很高的能源,具有巨大的资源意义。从全球可燃冰的开发历程来看,美国和加拿大进行过陆上试采,但效果不佳,日本两次试采都已失败。2017年5月18日,在南海神狐海域的"蓝鲸一号"钻井平台上,我国首次海域天然气水合物试采成功,技术方案在中国乃至全球具有广阔的应用前景。

目前可燃冰的开发主要有两个问题。一是技术和安全。可燃冰开采可能导致井场周围海底地质灾害,引起井壁不稳定、井径扩大和井喷等事故,危害钻井平台,影响海底缆线及其他工程设施等。可燃冰仅依靠发掘不能实现自喷,而且埋藏在深海域,开采运输所需的工程量巨大,势必带来相应的成本提升。二是生态和环保,如发掘方法不当就可能导致可燃冰大量气化并扩散至大气中,加速地球的气候变暖,同时大量的采掘机械装载在海底,无疑也会对海洋生态环境造成破坏。

未来,可燃冰开发道路依旧漫长。据相关人士判断,我国可燃冰要达到商业性开发的水平,大概在2030年左右。当前的重点在于保有一定的技术能力和基础数据研究,而这两者目前都需进一步加强。

8. 其他

(1)海洋能。

海洋能是指依附在海水中的可再生能源,包括潮汐能、波浪能、温差能、海(潮)流能和盐差能。海洋能在海洋总水体中的蕴藏量巨大,且是可再生清洁能源,一旦成功利用,对环境的污染很小。据估算,我国的潮汐能为1.9亿kW,波浪能的开发潜力为1.3亿kW,沿岸波浪能为0.7亿kW,海(潮)流能为0.5亿kW,海洋温差能和盐差能分别有1.5亿kW和1.1亿kW。

"十二五"时期,我国海洋能发展水平显著提升,进入了从装备开发到应用示范的发展阶段;基本摸清了海洋能资源总量和分布状况,完成了重点开发区潮汐能、海(潮)流能及波浪能资源评估及规划;自主研发了50余项海洋能新技术、新装置,成为为数不多的掌握规模化开发利用海洋能技术的国家之一。但我国海洋能发展仍然面临工程示范规模偏小、技术成熟度不高、创新能力不强、公共平台服务能力不足、产业链尚未形成及政策环境有待完善等问题。

根据国家能源局发布的《能源技术革命创新行动计划(2016—2030 年)》,未来海洋能的开发利用,应重点在海洋能源高效开发利用、远海海域海洋能开发利用及海洋能利用技术应用领域扩展等方面开展研发与攻关。

(2)地热能。

地热能就是地球内部蕴藏的热能。地球内部是一个高温高压的环境,是一个巨大的"热库",蕴藏着无比巨大的热能。地热资源具有清洁、高效、稳定和安全等独特优势。在所有可再生能源中,地热能的可利用效率最高、利用系数达到80%,能够在治理雾霾、节能减排和调整能源结构等方面发挥其独特作用。

数据显示,我国地热资源约占全球资源量的 1/6。其中,浅层地热能资源量每年相当于95 亿 t 标准煤,中深层地热能资源量相当于 8 530 亿 t 标准煤,干热岩资源量相当于 860 万亿 t 标准煤。在能源消费结构中,地热利用每提高 1 个百分点,相当于替代标准煤 3 750 万 t,减排二氧化碳约 9 400 万 t。

目前,我国已建立了一套比较完整的地热勘探技术方法和评价方法,地热开发利用工程勘探、设计和施工已有资质实体,基本配套设备国产化,有专业制造厂家,检测仪器基本完备并国产化。但我国地热能产业要实现规模化、长期可持续发展,仍有不少工作要做。一是查明主要沉积盆地地热能资源分布,对地热能资源合理开发利用进行产业布局;二是制定优惠政策及相应法规,推进碳汇交易;三是大力推动科技创新,突破技术瓶颈。此外,在具体开发过程中,应坚持回灌,进行地热水梯级多模式利用,最大化利用宝贵的地热资源。

根据国家能源局发布的《能源技术革命创新行动计划(2016—2030 年)》,技术上,地热能开发利用应重点在干热岩开发利用、水热型地热系统开发利用升级等方面开展研发与攻关。规模上,根据我国《能源发展"十三五"规划》,到 2020 年,地热能利用规模达到 7 000 万 t 标准煤以上。

(3)甲醇。

国家甲醇是结构最为简单的饱和一元醇,化学式为 CH_3OH。甲醇有剧毒,易吸收水汽,易燃烧,其蒸气与空气在一定范围内可形成爆炸性化合物。甲醇的来源广、制取方式多,可以从煤炭、天然气、煤层气、可再生生物资源及分类垃圾等物资中制取。我国甲醇生产原料以煤为主。

甲醇的应用主要包括以下两个方面。

①甲醇作为化工原料,主要应用领域是生产甲醛、醋酸和甲基丙烯酸甲酯等。

②甲醇作为性能优良的能源和车用燃料,可掺入汽油做替代燃料使用。

近年来,我国甲醇燃料消费量发展较快,已经成为带动甲醇需求的主要动力之一。甲醇燃料是现今唯一可以用煤及天然气等做原料大规模生产的经济液体燃料,生产工艺成熟、储存使用方便。

我国甲醇产业正在有序、健康地发展,未来的发展将锁定以下几个方向。

①需求重心继续向石化替代领域增加。

②甲醇燃料电池有望在明年迎来产业发展的拐点。目前甲醇燃料电池已经在基站电源、工业叉车、电-电混合商用车等领域展开应用。

③原料结构继续深度调整。天然气制甲醇比例下降,煤制甲醇规模上升。

④产业格局"区域化"程度更加明显。

(4)乙醇。

乙醇(C_2H_5OH)俗称酒精,相对密度为0.79 g/cm^3,沸点为78.3 ℃,凝固点为-130 ℃,燃点为424 ℃。乙醇吸湿性很强,可与水以任何比例混合并产生热量。

工业生产乙醇主要有化学合成法和生物发酵法两种。目前二代生物溢出技术正在快速发展,主要利用纤维素、半纤维素生物质原料,有利于缓解当前生物乙醇企业与民争地、与地争粮的局面,并提供一种处理城市生活垃圾、木薯秸秆及甘蔗渣等废料的有效途径,具有广阔的前景。

乙醇的用途很广,主要有溶剂、基本有机化工原料和汽车燃料三大部分。自巴西、美国率先于20世纪70年代中期大力推行燃料乙醇政策以来,加拿大、法国、西班牙、瑞典等国纷纷效仿。截至2018年,我国生物燃料乙醇年消费量近260万t,发展空间巨大。

目前我国的燃料乙醇主要面临以下问题。

①产能不足,不能满足目前的市场需求。

②生产成本较高,企业不能完全通过生产燃料乙醇来盈利。

国家能源局等十五部门联合印发的《关于扩大生物燃料乙醇生产和推广使用车用乙醇汽油的实施方案》中提到,到2020年,在全国范围内推广使用车用乙醇汽油,基本实现全覆盖;到2025年,力争纤维素乙醇实现规模化生产,先进生物液体燃料技术、装备和产业整体达到国际领先水平,形成更加完善的市场化运行机制。

1.1.3 能源转换与电能

能源转换是指将一次能源转换为二次能源,一次能源是从自然界取得的能源,如水能、太阳能、风能和生物质能,采出的原油、原煤、天然气和天然铀矿等。能够直接用作终端能源(即通过用能设备供消费者使用的能源)使用的一次能源很少,天然气是少数几种可作为终端能源使用的一次能源之一。如图1.3所示,大部分一次能源可以转换成二次能源,二次能源是用途极广的电能。

由图1.3可以看出,电能与其他形式的能源相比,具有以下几个特点。

①便于大规模生产和远距离输送。

②方便转换和易于控制。

③损耗小。

④效率高。

⑤无气体和噪声污染。

因此新能源发电是目前新能源的主要利用形式。数据显示,2018 年,我国新能源装机容量为 7.6 亿 kW,较 1949 年增长 4 749 倍,占总发电装机容量的 39.8%。其中,水电、风电和光伏装机分别达到 3.5 亿 kW、1.8 亿 kW 和 1.7 亿 kW,均位居世界第一。

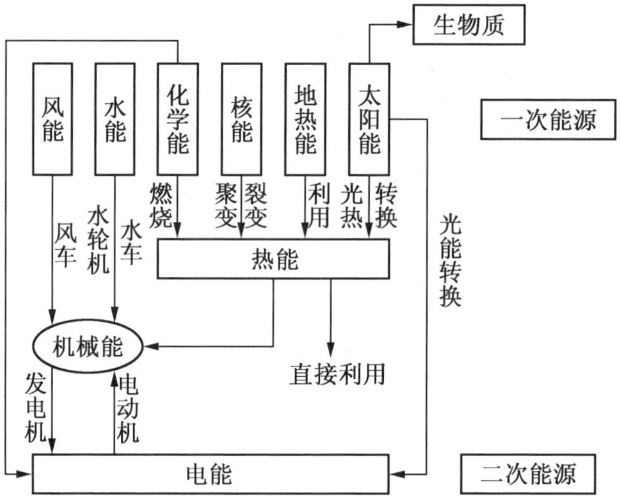

图 1.3 能源转换利用的关系

1.2 汽车与能源

1.2.1 汽车市场的快速增长

汽车具有产业关联度高、涉及面广、技术要求高、综合性强、零部件数量多及附加值大等特点,对工业结构升级和相关产业发展有很强的带动作用,已成为美国、日本、德国和法国等发达国家国民经济的支柱产业。

据报道,2019 年全球共销售汽车 9 030 万辆,已是连续第二年下降,远低于 2018 年的 9 440 万辆和 2017 年的 9 520 万辆,主要原因是最大的新车消费市场——中国(2 576.9 万辆,-8%)连续两年出现下滑,而美国(1 703.8 万辆,-2%)、日本(511.9 万辆,-1%)、英国(267.6 万辆,-2%)和印度(346.4 万辆,-12%)均出现不同程度的下滑,这些市场的新车销量减少了近 320 万辆。

2019 年,中国汽车销量为 2 576.9 万辆,连续两年出现同比下滑,但中国民用汽车保有量为 2.6 亿辆(包括三轮汽车和低速货车 762 万辆),市场份额从 2000 年的 3.5% 提高到 30%,是名副其实的汽车大国。因此,我国机动车对于能源的需求也有了极大的提升。

2010—2019 年中国汽车总销量及增速见表 1.6。

表 1.6 2010—2019 年中国汽车总销量及增速

年份	销量/万辆	同比
2010 年	1 806.2	32.40%
2011 年	1 850.5	2.50%
2012 年	1 930.6	4.30%
2013 年	2 198.4	13.90%
2015 年	2 459.8	4.70%
2016 年	2 802.8	13.90%
2017 年	2 887.9	3.04%
2018 年	2 808.1	-2.8%
2019 年	2 576.9	-8.2%

1.2.2 汽车产业与能源安全

人类历史上共发生了三次能源革命，每次都伴随着汽车能源调整与产业发展。

18 世纪中叶，瓦特制造出了世界上第一台蒸汽机，吹响了第一次能源革命的号角。在此期间，以煤炭为能源的蒸汽机被用作汽车的动力装置。1769 年，法国工程师尼古拉·居纽制造出世界上第一辆以蒸汽机为动力装置的三轮车。1867 年，德国工程师尼古拉斯·奥托研制成功世界上第一台往复活塞式四冲程煤气发动机，成为第一台能代替蒸汽机的内燃机。

第二次能源革命开始于 19 世纪下半叶，以发电机、电动机和内燃机的发明和使用为标志，人类进入了以电力和石油为主要能源的时代。1883 年德国工程师戈特利布·戴姆勒制成了第一台四冲程往复式汽油机。德国工程师卡尔·本茨于 1886 年 1 月 29 日在德意志曼海姆专利局为其研制成功的三轮汽车申请专利，这被国际汽车界定为汽车的诞生日。第二次能源革命期间，虽然已有电动汽车的出现，但发展缓慢，汽油和柴油一直是内燃机的主体能源。

第三次从油气到新能源，2004 年安德烈·海姆等发现石墨烯是否是划时代的标志尚存在争议，但是转型的趋势已经确定。总体来说，能源的发展是从高碳到低碳，从低碳向无碳发展。

2019 年，我国汽车保有量突破 2.6 亿辆，成品油消耗量惊人。据悉，我国的石油资源对外依存度从 2000 年的 33.8% 已增长到 70.9%，能源安全问题更加突出。在世界六大石油运输咽喉要道中，中国严重依赖至少其中两个通道：霍尔木兹海峡与马六甲海峡，且目前这种依赖有增无减。

我国多年前就认识到能源安全问题的重要性，进行了提高自身产能、能源多样化、拓宽能源来源及通道等多方面战略布局，但是从根本上还是要遏制能源过快消耗、提高能源利用效率、大力发展各类新能源。

1.2.3 新能源汽车的战略意义

以电动汽车为主的新能源汽车，从“十五”开始研发布局到现在大面积市场推广，都是在国家层面的政策指导下稳步推进的，说明我国从一开始就把发展新能源汽车上升到国家战略的高度，总体从以下几点考虑。

1. 降低能源消耗，确保能源安全

从上文可知，核能、风能和太阳能等都可以转化为电能，氢燃料更是“取之不尽，用之不竭”，当前的核心问题只是技术成熟度和电力成本问题，随着技术研发的投入和大规模的商业应用，这些难题将很快得到解决。为此，寻找清洁的替代能源作为汽车动力，一直是各国努力探索的目标，一些欧洲国家及车企甚至提出了到2030年之后禁售燃油汽车的口号。2009年以来，我国汽车销量已经连续十年蝉联全球第一，2019年保有量超过2.6亿辆，消耗的化石能源量极为惊人，因此实现汽车低碳化、能源多样化、保障国家能源安全已上升到国家战略高度。

2. 减少环境污染，降低治理难度

以电动汽车为主的新能源汽车在本质上是一种零排放车辆，一般无直接排放污染物，间接的污染物主要来自于发电环节以及电池废弃物。从发电环节来看，风能、电能、水能及核能的大力发展均可以给我们带来可观的清洁能源资源，相比污染严重的火力发电，其对大气污染的控制难度也大大低于燃油汽车。对于电池废弃物，目前回收技术日益成熟，也逐渐开发出了污染低、安全性好的新型蓄电池。而且，电厂、电站等固定污染源的治理难度远低于汽车这种大面积的移动污染源。另外，由于新能源汽车噪声低，有利于城市噪声污染的治理。所以，新能源汽车是现阶段加强环境治理的必由之路。

3. 实现智能出行，面向未来发展

汽车为人类带来了很多便利，但也带来许多问题，如交通事故、堵车等（这里不包括环境和能源问题）。在汽车发展的过程中，汽车企业一直在试图缓解上述矛盾但成效甚微，原因就在于它难以与通信、信息技术等相匹配。

随着信息技术、移动互联网、人工智能及大数据等领域的发展和智能交通、智慧城市的逐步建立，将有效地解决交通事故、堵车等人类社会面临的难题，迎来包括智能出行在内的高品质生活，这是人类社会的发展趋势。从这个意义上讲，新能源汽车是实现智能出行的关键举措。

4. 缩短产业差距，瞄准产业高端

加快新能源汽车的发展，对中国实现汽车产业的跨越式发展，从汽车大国迈向汽车强国具有战略意义，是难得的历史机遇。目前，虽然中国汽车制造业的规模已步入世界前列，产销量连续多年位居世界第一，但是在发动机控制、电子电器、能量管理等核心技术方面，仍然落后于欧、美、日、韩等国家。而且，这些国家通过先发优势基本上完成了专利布局，对追赶者构成了强大的技术壁垒，我国的汽车业要想突破对手的知识产权障碍异常困难，未来几十年都难以摆脱这一尴尬的现实。

在新能源汽车领域，虽然美、日国家开发研究较早，但科技水平差距并非不可逾越。目前，我国拥有世界最大的汽车市场，拥有体系完备的政府政策和雄厚的资金支持，在某些方面拥有核心技术并处于世界领先地位。我国的汽车企业完全可以利用这一有利时机，提前布局新能源汽车发展战略，力求在相关核心技术上取得更多突破，在未来与国外汽车品牌的竞争中占据有利位置，并实现我国汽车产业的跨越式发展。

第2章 新能源汽车概述

2.1 新能源汽车的基本概念

新能源汽车的概念是相对传统燃料汽车而言的，由于新能源汽车发展较晚，各国对新能源汽车的定义不尽相同，我国相关政策法规对新能源汽车进行过界定，图 2.1 所示是我国法律法规对新能源汽车的定义历程。目前普遍认可的是 2012 年出台的《节能与新能源汽车产业发展规划（2012—2020 年）》（以下简称《规划》）中，对我国新能源汽车的定义：“新能源汽车是指采用新型动力系统，完全或主要依靠新型能源驱动的汽车，本规划所指新能源汽车主要包括纯电动汽车、插电式混合动力汽车及燃料电池汽车。”目前市场统计、财政补贴所指的新能源汽车，都属于上述《规划》里的三大类。

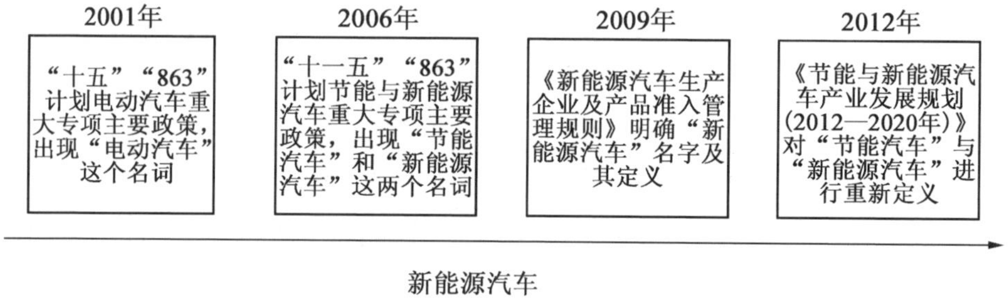

图 2.1　国家法律法规对新能源汽车的定义历程

目前，人们普遍认为电能利用和电动汽车都有很长的历史，对于把电动汽车称为新能源汽车存有异议。实际上，纵观电动汽车的发展史，电动汽车一直没有实现大规模量产、相关技术并不成熟，把它称为新能源汽车也是相对于传统的“油车”而言，其内涵和外延在不同阶段均可以定义和拓展。本书要介绍的是更广义的新能源汽车，指使用除汽油、柴油等化石燃料以外的能源作为动力来源的汽车。既包括目前业界熟知的纯电动汽车、混合动力汽车和燃料电池汽车，也包括气体（氢、液化石油气）燃料汽车、液体（醇类、生物柴油、二甲醚）燃料等替代燃料汽车，以及处于概念阶段的其他新能源汽车，图 2.2 所示为新能源汽车的分类。

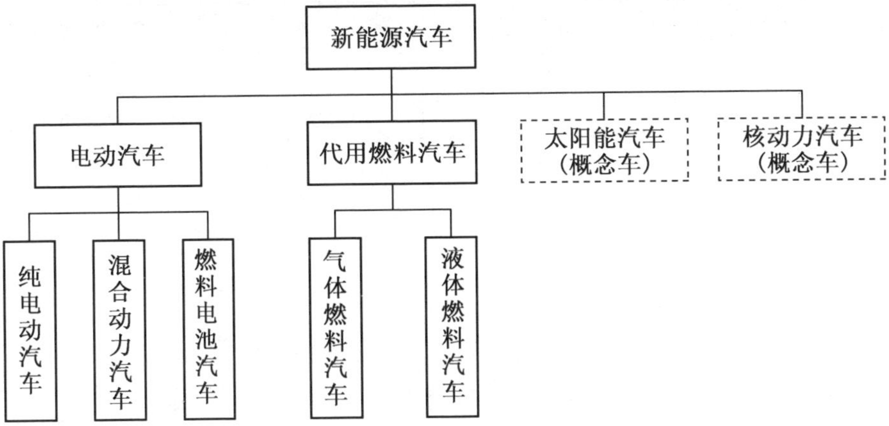

图 2.2　新能源汽车分类

2.2　新能源汽车的市场现状

2.2.1　国外新能源汽车市场

21 世纪以来，面对日益严峻的全球能源短缺和环境污染问题，以美国、日本、欧盟及中国为代表的国家和地区纷纷开始转型，将新能源汽车上升为国家战略，以此作为缓解能源压力、减轻环境污染的重要手段之一，并出台了一系列政策措施鼓励新能源汽车的发展和市场推广。

1. 整车市场表现

从市场规模来看，全球新能源汽车年销量从 2011 年的 5 万辆增至 2019 年的 221 万辆，中国销量 120.6 万辆、占比近 54.6%。此外，从结构看，纯电动汽车占到了 74%，同比增长了 5%，插电式混合动力汽车占比 26%，同比下降了 5%，新能源汽车进入了规模产业化阶段。

全球新能源汽车市场销量统计见表 2.1。

表 2.1　全球新能源汽车市场销量统计表

年份	销量/千辆	同比	市场份额
2012 年	134	162%	0.17%
2013 年	211	57%	0.25%
2014 年	325	53%	0.38%
2015 年	546	68%	0.62%

续表 2.1

年份	销量/千辆	同比	市场份额
2016 年	774	42%	0.86%
2017 年	1 420	50.3%	1.58%
2018 年	2 010	41.55%	2.10%
2019 年	2 210	10.00%	2.50%

2. 动力电池方面

车用动力源方面,目前主要有四种技术路线:锂离子电池、氢燃料电池、超级电容和铝空气电池。其中,锂离子电池、超级电容和氢燃料电池已得到广泛的应用,而铝空气电池尚处于实验室研究阶段。能源补给方面,锂离子电池、超级电容适用于纯电动汽车,但是需要外部充电,而氢燃料电池汽车需要外部氢气加注,铝空气电池则需要补充铝板和电解液。就目前技术水平看,锂离子电池在未来相当长的一段时间内还是要占据主要市场。

日本在锂离子电池领域居领先地位,其 2030 年发展规划系统地安排研发课题,以维持长期的领先地位,松下、NEC、索尼等著名公司都建有大规模锂离子电池生产线。韩国 LG 化学的锂电池已驱动超过 30 万辆电动汽车上路,三星 SDI 也已成为全球主要的动力电池供应商,为宝马、菲亚特、法拉利等品牌提供电池。美国制定了动力蓄电池研发路线,包括由金属锂、硅合金等材料作为负极,高电压材料、空气、硫作为正极的新体系结构动力电池,以及非锂体系动力电池等。

从装机量看,2019 年全球动力电池装机量为 115.21 GW · h,同比增长 22%。其中,排名前十的企业合计 102.4 GW · h,约占 89%,如图 2.3 所示。

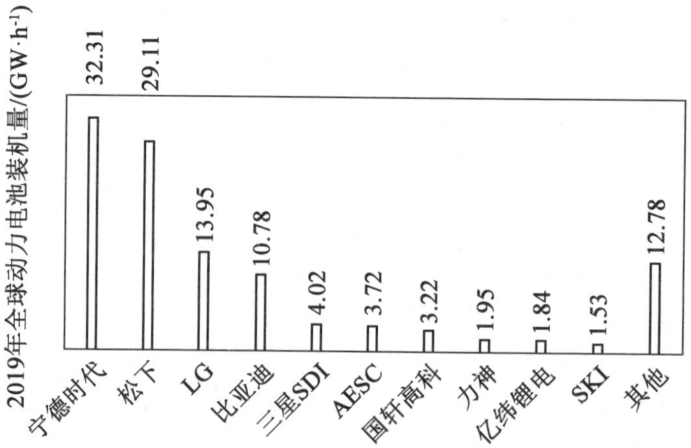

图 2.3　2019 年全球动力电池装机量(单位:GW · h)

3. **驱动电动机方面**

新能源汽车电机类型主要有四种:直流电机、交流异步电机、永磁无刷电机(包括永磁同步电机)和开关磁阻电机。从综合性能来看,永磁同步电机最具优势,更能代表新能源汽车业驱动电动机的发展方向。目前,永磁同步电机主要用于新能源乘用车,交流异步电机和开关磁阻电机主要应用于新能源商用车。

从市场来看,全球新能源汽车驱动电动机市场由整车厂、传统汽车零部件企业以及专业电机企业三分天下。不少企业电机为内部配套,像宝马、大众、丰田和日产的电机系统均为体系内供应商直接供货。也有整车厂和零部件供应商共同参与、联合开发的,如戴姆勒和博世成立合资公司,福特和麦格纳联合开发驱动电动机系统。电机独立生产商比较知名的有西门子、雷米、日立、大陆及博世等。

4. **充电基础设施**

充电基础设施逐渐成了各国政策扶持的重点,中国、美国、欧洲、日本等都出台了详细的扶持政策体系。根据国际能源署《2019 年全球电动汽车展望》的统计,截至 2018 年底,全球充电基础设施总数达到 520 万个,其中公用充电桩 54 万个。

行业标准的制定一直是充电行业发展的重中之重,也是规范发展的一个关键。目前中国的 GB 体系、美国的 SAE 标准体系、IEC 及日本的 CHAdeMO 已经成为世界的四大主流标准体系。

从充电基础设施的市场参与主体来看,日趋多元化是全球范围内共同的发展趋势,大致可以归纳为四类:首先是新兴的专业化的充电运营商,如美国的 Carge-Point;其次是车企,如特斯拉、比亚迪等;再次是专业的互联网化的充电设施的服务平台,没有自己的充电桩,只提供互联网服务;最后是传统的充电企业,包括中国的国家电网公司,美国最大的公共电动汽车快充网络巨头的 EVGO 等。

2.2.2 国内新能源汽车市场

近年来,在国家政策的大力扶持下,我国新能源汽车行业已经步入高速发展阶段。产品研发、产能和市场成熟度不断提高,关键零部件配套能力也得到大幅提升,行业整体发展一派欣欣向荣。

1. **整车市场表现**

经过连续数年的高速成长,我国新能源汽车产业已初具规模,受新能源补贴退坡影响,2019 年新能源汽车销量出现近十年来首次同比下降。中汽协数据显示,2019 年我国新能源汽车产销分别完成 124.2 万辆和 120.6 万辆,同比分别下降 2.3% 和 4.0% 。我国近几年的新能源汽车市场规模见表 2.2。

表 2.2　我国新能源汽车销量统计表

	2014 年	2015 年	2016 年	2017 年	2018 年	2019 年
销量/万辆	7.85	33.11	50.7	77.7	127	120.6

从产品结构看，受补贴政策的影响，我国新能源汽车的推广以纯电动汽车为主。2019 年，纯电动汽车 97.2 万辆，占新能源总销量的 80.60%，其次是插电式混合动力汽车 23.2 万辆，占总销量的 19.2%，对于燃料电池汽车，我国已初步掌握了其核心技术，具备了一定的生产能力，但市场推广尚需时日。

从企业结构看，2019 年前十家（TOP10）企业的新能源汽车销量占比达到 80.4%。其中，比亚迪销售 23.03 万辆，占比 19.1%，位列首位；上汽 18.45 万辆，占比 15.3%，排名第二；北汽新能源 16.4 万辆，占比 13.6%；紧随其后，吉利、东风、江淮、奇瑞、广汽销量都在 5 ~7 万辆之间，占比分布在 4% ~6% 之间；长城和长安不足 4 万辆。2019 年新能源市场经历了补贴的巨大退坡，产品自身的实力越来越成为影响消费者决策的关键，多数无法量产的造车新势力，在资本寒冬之下面临倒闭。

2. 动力电池方面

随着新能源汽车产销量的爆发，动力电池市场也迎来了大幅增长。2018 年我国新能源汽车配套动力电池总量为 62.37 GW · h，同比增长 9.5%，占全球动力电池配套量的 65% 以上，规模已处于世界领先地位，但在先进技术研发、产业链协同发展以及国际化发展方面，与其他先进国家相比还有不小差距。

整体上看，我国动力电池产业目前主要呈现以下四方面特征。

（1）磷酸铁锂电池和三元材料电池占据主导地位。2019 年三元材料电池占比62.13%，磷酸铁锂电池占比下滑 32.03%，锰酸锂电池、钛酸锂电池等占比很少。

（2）动力电池生产企业规范化发展初见成效，2019 年宁德时代（51.8%）和比亚迪（17.3%）的配套量占近 70% 的市场份额，前十名共占市场的 88%，比 2018 年相比上升 5 个百分点，行业呈现强者恒强的竞争格局。

（3）关键原材料、装备制造等产业链协同发展效应显著，整体实力显著增长。

（4）企业研发能力偏弱，国际竞争力有待提高。

3. 驱动电动机方面

近年来，我国驱动电动机产业保持了产销规模的持续增长，新产品、新技术不断出现。整体来看，国内驱动电动机产业主要有以下三个方面的特征。

一是产业规模稳步扩大。2018 年，我国新能源汽车驱动电动机和电机控制器配套量均达到 55.8 万台，驱动电动机生产企业和电机控制器生产企业均达到

200余家,既有比亚迪、上海电驱动、联合电子等为中大型新能源乘用车与商用车提供大功率驱动电动机和电机控制器的企业,也有山东德阳、杭州杰能、永康斯科沃等为小型电动汽车提供小功率驱动电动机及控制器的企业,驱动电动机整体发展呈现多样化,行业发展热度持续升温。

二是技术水平不断提升。《〈中国制造2025〉重点领域技术路线图》中提到驱动电动机的发展目标为2020年、2025年和2030年乘用车20 s有效比功率分别达到3.5 kW/kg、4 kW/kg和5 kW/kg以上,商用车30 s有效比扭矩分别达到18(N·m)/kg、19(N·m)/kg和20(N·m)/kg以上。驱动电动机的集成化、高效化、高功率密度将成为未来电机的技术制高点。总体而言,我国乘用车电机产品技术指标保持国际先进水平,商用车产品技术指标保持国际领先水平,电机控制器指标正在迅速接近国外同类产品水平。

三是新产品不断涌现。在新能源乘用车驱动电动机方面,为进一步提高电驱动系统的集成度,集成驱动电动机、电机控制器和减速器的三合一电驱动总成、驱动电动机与两挡变速器总成已开始应用。在商用车驱动电动机方面,继承了多个电机控制器、DC/DC变换器、充电机、高压配电盒的电子电力集成控制器已成熟应用并不断小型化。集成电磁离合器的双电机串、并联系统也开始推向新能源商用车市场。

4. 充电基础设施

自国家能源局2015年下半年颁布电动汽车充电基础设施发展规划以来,我国公共充电基础设施建设就步入了快车道。据中国电动汽车充电基础设施促进联盟统计,截至2019年6月底,我国已累计建成充电桩100.2万个,其中公共类充电桩保有量超过41万台,私人充电桩保有量超过59万台,新能源汽车与充电桩比例达到3.5∶1,充电基础设施的建设发展基本跟上了新能源汽车推广应用的步伐。

充电设施的商业模式主要表现为合作模式和盈利模式,不管是公共领域还是专用领域,这两种模式目前均发生了深刻变化。各个运营商之间开始了有竞争的合作,相互之间共享站点资源、共同推进公共充电设施的发展。车企、车队与运营商在住宅、固定场所等专用领域的合作也逐渐步入正轨。盈利模式方面,绝大部分运营商采取了“电费+服务费+增值业务收费”的模式,盈利模式更加精细化和市场化。

虽然公共充电桩的数量实现了数倍增长,专用充电桩也已经进入了家庭、单位和停车场,但充电难问题依然没有得到彻底解决,主要体现在两方面:一是公共充电桩兼容性差、互通性低;二是充电桩进小区还存在一定难度。

2.3 新能源汽车的政策演变

2.3.1 国外新能源汽车产业政策

1. 美国

美国的电动汽车鼓励政策多种多样，主要可分为消费者直接激励、消费者间接激励、充电基础设施建设及其他激励。这些激励既有联邦政府层面的（全国通用），也有州政府及地方政府层面的（管辖区域内适用），效果各异。

（1）消费者直接激励。

消费者直接激励主要包括购车补贴和证照费税减免。

购车补贴包括返现金和减免税（如所得税、营业税），这是消费者获益最大也是激励效果最明显的措施。联邦范围的补贴依据联邦管理法案，电池容量大于等于5 kW·h的插电式混合动力汽车最低可获得2 500美元的税收抵扣额度，然后按417美元/（kW·h）的标准递增，最高可免税7 500美元。一般丰田、本田、福特的插电式混合动力汽车可以获得2 500～4 000美元的免税额度。动力电池容量达到16 kW·h以上车辆（续航里程要求很低，几乎全部可以达到）可享受7 500美元的免税额度，实际上基本覆盖所有纯电动汽车。

在联邦政府补贴基础上，各州政府对车辆购置进行交叉补贴、降低购置成本，另外各州政府还额外提供总额为数百万美元的退坡式减税补贴。金额最高的为佐治亚州，达到2万美元，并且中型或重型商用汽车及中型混合动力汽车也被纳入补贴。一些州还采取消费税减免、消费抵用券等方式进行补贴。

此外，补贴政策具有一定的时间延续性且不同时期规定不同。2008年的《紧急经济稳定法案》规定：自2009年1月1日开始，购买前25万辆新能源汽车的消费者将享受2 500～7 500美元的税收抵扣额度。2014年规定，只有购买总销量达到20万辆以上的企业的有关车型才可以享受抵扣政策。这种“鼓励消费者抢先购买和购买销量大的车型”的政策导向，有利于企业降低生产成本、形成市场规模效应。

（2）消费者间接激励。

消费者间接激励政策主要包括家用充电装置补贴、免费或优惠用电、免费停车、排放测试豁免和使用拼车专用道。

各州地方政府还从本地实际出发制定了一些地方间接鼓励措施。

①免费或优惠停车，免收过桥费，享受走快车道、拼车道的特权等，这些针对使用环节的地方优惠政策有力促进了当地新能源汽车的发展。

②充电设施和电费减免，如夏威夷降低新能源汽车充电费率；明尼苏达州2014年通过法案，要求给予消费者在非充电高峰时段充电优惠；马里兰州通过了

一套法案，规定安装充电桩的消费者可以直接领取财政补贴。

③免除车辆保险费和牌照注册费。佛罗里达州免除车辆保险的额外费用，个别州政府还会返还部分牌照注册费。纽约州卡车券计划提供了价值 1 000 万美元的替代燃料抵用券。

（3）充电基础设施建设。

充电基础设施建设要求为建筑需满足电动汽车充电设施的要求、公用充电设备鼓励措施及家用充电装置补贴支持等。

（4）其他激励。

除以上政策外，还有一些其他激励政策不易分类，重要政策也在此一并介绍，如零排放管理方案、生产研发企业鼓励措施、推广教育活动等。

①“零排放积分交易机制”对企业的扶持。美国的扶持政策旨在培养出卓越的企业来推动行业发展。加州是该项政策的发源地，主要特点是通过零排放与销售数量结合来推动具有先进技术的汽车上市。汽车厂商少生产一辆零排放汽车要被罚款 5 000 美元，甚至禁止其在加州地区售车；多生产零排放汽车得到的积分，可积累起来以备将来使用也可进行交易，一个积分的价格通常为 5 000 美元左右。可以说是美国传统汽车企业“养活”了特斯拉企业（零排放技术先导企业）。

下面，分析一下“特斯拉”这一特殊案例。

首先，联邦政府低息贷款帮助企业渡过发展初期的资金难关。2009 年 6 月，特斯拉获得政府 4.65 亿美元的低息贷款（先进技术车辆生产贷款计划，即 ATVM）。

其次，通过补贴倾斜鼓励消费者购买特斯拉新能源汽车。以特斯拉热销车 Model S 为例，购车者可获得最多 7 500 美元的联邦所得税抵税额，还可以在美国 19 个州享受各种额外福利。

再次，零排放积分交易机制（ZEV）直接给特斯拉带来实际收入。2008 年 2 月，特斯拉卖出第一辆电动汽车，当年通过出售 ZEV 积分获得 350 万美元收入；2012 年又通过销售积分获得 4 050 万美元，按当年的销量计算，每辆车合计 1.39 万美元；2013 年获利 2.5 亿美元，为当年营业收入的 12%。

特斯拉依靠这些支持生存和发展，并快速成长为全球的新能源汽车巨头。截至 2019 年 10 月，特斯拉已累计交付超过 80 万辆车，超过中国汽车制造商比亚迪，成为全球最大的电动汽车制造商。

②低息贷款和补贴支持研发。此前，联邦政府为推广插电式混合动力汽车，斥资 140 亿美元支持动力电池等关键零部件的研发、生产以及充电设施建设。美国还设立专项基金，以低息贷款方式支持企业对节能和新能源汽车的研发和生产。2016 年 7 月，美国政府首次以白宫名义发布了“电动汽车产业发展一揽子计划”，包括提供 45 亿美元政府贷款担保，每年资助 1 000 万美元推进“电池 500”项

目等，这是对美国已有税收抵免政策的有力补充。

③有的州设有专门机构负责新能源汽车的推广宣传和教育活动，有力地促进了新能源汽车的发展。

总体来看，美国新能源汽车政策取得了良好成效，具体表现为新能源汽车市场逐步形成。2019 年全年销量达 329 528 辆。此外，其政策还有力促进了新能源汽车的技术进步，诞生了特斯拉这样的全球领导企业。

当然，美国的政策制定和实施中也有以下的不足之处：

①美国政策连续性较差。其鼓励政策到期或补贴资金用完后，会出现政策空白期，更甚者上届政府制定的政策可能被下届政府推翻。

②美国州政府的政策自主权很大、差异性较强，这就给地方保护主义提供了温床，不利于统一市场的形成和良性竞争，保护了部分当地企业。

2. 欧洲各国

欧洲的范围较大、国家很多，此处仅介绍规模较大的欧洲五大新能源汽车市场（德国、英国、法国、荷兰及挪威）对新能源汽车的激励政策。

（1）德国。

德国是欧洲人口最多的国家，也是欧洲的经贸和交通中心。2019 年名义 GDP 接近 3.85 万亿美元，贸易顺差位居世界第一。德国是全球的汽车强国，有众多知名品牌如大众、奥迪、奔驰、宝马和欧宝等，其新车注册量约占欧盟的三分之一，也是欧盟最大的汽车市场。

德国的新能源汽车鼓励政策多种多样，可分为消费者直接激励、消费者间接激励、充电基础设施建设及其他政策，既有联邦政府激励也有州政府、地方政府激励，联邦政策全国通用，地方政策仅在地方适用。

①消费者直接激励。

2016 年 5 月，德国联邦政府出台“新能源汽车补助”措施，补贴为期三年，至 2019 年 6 月 30 日到期。其中，补贴对象是新能源汽车的购买者，包括个人、企业、社会组织，不包括各级政府及车企；补贴标的为纯电动汽车、插电式混合动力汽车和燃料电池汽车，二手车除外；补贴方式为电动汽车和混动汽车的补贴金额分别为4 000 欧元和 3 000 欧元，联邦政府和车企分别承担一半；补贴发放和监管部门是德国联邦经济和出口监管局（BAFA）。该局公布了可获得补贴的车型名录（包括 122 种纯电动汽车、42 种混合动力汽车和 2 种燃料电池汽车），以及申请补贴的流程和相关规定。

②消费者间接激励。

2015 年 6 月颁布《电动汽车法》，各城镇可以为低排放车辆提供一些特权，比如优惠或免费停车、高承载专用车道准入及交通限制期准入等。为便于执法，增加电动汽车可见性，为所有电动汽车颁发尾号为“E”的特殊牌照，该法案将执法权下放至地方政府，不能保证真正落实。此外，消费者还可免交机动车购置税。

③充电基础设施建设。

主要依靠公私合作的方式投资充电基础设施建设。在“电动出行模范区”及“电动出行示范区”开展一系列项目，为充电基础设施提供建设资金，比如在“电动出行模范区”为充电基础设施提供逾9 000万欧元的公共资金及8 000万欧元的私人资金；城市快速充电站项目（SLAM）计划到2017年底，利用联邦资金（900万欧元）以及私人资金在市区及高速公路主干道沿线建设400座直流（DC）快速充电站。

④其他政策。

其他包括介绍电动出行相关概念的政府项目、为汽车制造商提供研发支持、设置政府车队目标及购车激励措施。德国政府针对政府车队制定了一个不具约束力的电动化目标，要求10%的政府新车CO_2排放量低于50 g/km，并为此上调政府购车开支上限，鼓励政府购买低碳排放汽车。

表2.3为德国EV激励政策的汇总。

表2.3　德国EV激励政策汇总

类别	德国	斯图加特	柏林
远景规划	2020年有100万辆电动汽车上路，2030年达到600万辆		
消费者直接激励	BEV免征公路税长达五至十年； 公司用车：降低应税所得； 为公司用电动汽车提供低利率贷款		通过实施InitiativE BB项目降低租赁费率
消费者间接激励	各城镇可为电动汽车提供特权； 电动汽车配置特殊牌照	公共停车场内免费停车	
充电基础设施	电动出行示范区； 电动出行模范区SLAM	示范区项目 模范区项目	示范区项目 模范区项目
其他政策	开展消费者宣传等活动作为电动出行模范区及示范区的一部分； 提高政府购买电动汽车开支上限； 政府车辆相关目标（不具约束力）	开展消费者宣传、研发等活动作为电动出行模范区及示范区的一部分； 通过模范区项目将车辆共享与Car2go平台结合	开展消费者宣传、研发等活动，作为电动出行模范区及示范区的一部分

目前，德国电动汽车行业发展的主要成绩为制定了跻身电动汽车领先市场、打造领先供应商的宏伟目标。在柏林、斯图加特等电动出行模范区及示范区取得了不错的效果。截至2019年，德国共登记了108 629辆新的电动汽车，这使得德国成为目前欧洲最大的电动汽车市场。计划2020年实现100万辆电动汽车上路的目标已提前实现，2030年的目标是增至600万辆。

德国电动汽车激励政策的不足之处主要有国家政策补贴力度不足，无法有效形成有竞争力的新能源汽车产品；缺少政策的完整统一性，且规划不具有强制约束性，市场导入效果不佳；地方鼓励措施太少，无法有效调动消费者需求；基建配套鼓励措施适用范围偏小（仅在模范区及示范区适用），不能充分调动全社会资源。

（2）英国。

英国是欧洲第二大经济体，2019年名义GDP约为2.83万亿美元，英国新车注册量约为231万辆，同比下滑2%，但仍是欧洲第二大汽车市场。

英国的电动汽车鼓励政策也可分为消费者直接激励、充电基础设施建设及其他政策。

①消费者直接激励。

英国政府出台了三项政策，为电动汽车发展提供直接财政激励，包括插电式汽车补贴及基于CO_2排放的年度保有税，并减少对低排放的“公车私用”行为的征税。其中，2011年开始实施“插电式汽车补贴”，为符合补贴标准的车辆提供相当于车辆标示价格25%的补贴，上限为5 000英镑（约6 200欧元）；2015年4月，又将补贴比例升至车辆价格的35%，上限仍为5 000英镑。

由于补贴额度较大，有力刺激了英国电动汽车的发展，原计划50 000辆起，补贴2015年就发放完毕；现已安排2亿英镑的资金，可确保2020年前插电式汽车都能获得补贴。另外，英国政府采用“阶梯补偿法”促进低排放车辆的发展也有借鉴意义。

对电动汽车和传统汽车来说，汽车售价和增值税通常是最重要的两部分支出。通常消费者最看重的是插电式混合动力汽车的补贴，某些情况下可将总支出降低至同一级别传统汽车的水平。

②充电基础设施建设。

英国对消费者没有出台间接激励措施，但对充电基础设施建设提供政策支持。“电动汽车家庭充电计划”为英国私有充电设备的安装提供补贴。电动汽车车主可以申请此项补贴，最高可抵总安装费用的75%或700英镑（约868欧元）。此外，“充电场所计划”为（半）公共充电基础设施提供资金，这也是对家庭充电设备补贴的补充。该计划使英国安装了5 500个充电点，其中65%都是向公众开放使用的。2020 年前,还将投入 3 200 万英镑用于充电基建建设。

③其他政策。

下面简单介绍一下其他政策。

a. 公司用车方面,实行“低碳车辆公共采购计划(2008—2013 年)”。该计划为电动货车替代普通车辆多出的额外费用提供公共资金支持,即差价补偿策略;公司还可以加快资产折旧率以促进低碳汽车发展。

b. 实施“超低排放城市计划”,为伦敦、诺丁汉、布里斯托和米尔顿·凯恩斯提供 3 500 万英镑的资金,用于开展多种电动汽车激励项目,包括公共汽车专用车道准入、电动汽车共享、充电基建投资、泊车政策以及公共电动汽车队建设。

c. 通过实施“超低排放出租车计划”使地方当局得到 2 000 万英镑(约 2 500 万欧元)可用资金,支持低排放出租车的普及。

d. 通过“先进推进中心”为低排放车辆研发提供支持。

e. OLEV 等网站为网民提供电动汽车政策和计算器等支持。

f. 开展“超低排放车辆(ULEV)就绪项目”。

表 2.4 为英国电动汽车激励政策的汇总。

表 2.4　英国电动汽车激励政策汇总

类别	英国	伦敦	格拉斯哥/苏格兰
远景规划		2020 年实现 10 万辆电动汽车	
消费者直接激励	插电式汽车:补贴比例为标价的 35%,上限为 6 200 欧元; 降低保有税; 对低排放车辆少收公司用车税	CO_2 排放小于等于 75 g/km 的车辆免收拥堵费	苏格兰:为私家电动汽车提供无利息贷款
充电基础设施建设	电动汽车家庭充电计划:高达总费用的 75% 或抵 868 欧元; 充电场所计划实施到 2013 年; 2015—2020 年投入 4 000 万欧元	充电场所计划:国家提供约 1 150 万欧元的资金	苏格兰:为公司提供资金,以安置充电设备; 格拉斯哥:充电场所计划内充电站免费充电

续表 2.4

类别	英国	伦敦	格拉斯哥/苏格兰
其他政策	公司货车实施低碳车辆公共采购计划(2008—2013 年); 加快低碳汽车资产折旧率; 超低排放城市计划:国家为城镇电动汽车倡议提供资金; 超低排放出租车计划:投入 2 500 万欧元用于低排放出租车计划; 为企业研发提供 1.24 亿欧元的资金支持(2015—2020 年); “超低排放计划”,通过网站对消费者进行宣传教育	一些伦敦自治区实施免费停车或优惠停车政策	苏格兰:为公司用电动汽车及货车提供无利息贷款; 苏格兰:电动汽车网络,潜在电动汽车买主的信息交流网络

英国电动汽车发展取得的成就为《2015—2020 年英国超低排放汽车投资计划》,2015—2020 年间共拨款 6 亿英镑用于推广超低排放车辆,计划至 2020 年电动汽车占比达 5%。实际上,2018 年英国新能源汽车销量约为 9.7 万辆,2019 年达到 17.1 万辆,增幅相当大,说明其政策取得了不错的效果。

英国电动汽车激励政策的不足之处主要有以下几点:

a. 国家政策补贴力度不足,无法有效形成有竞争力的新能源汽车产品。

b. 地方政府缺乏有效的间接激励措施,没有停车、路权等方面的政策鼓励。

c. 其本土品牌逐渐凋零,现缺少对整车企业研发生产方面的激励措施。

(3)法国。

法国是欧洲第三大经济体,2019 年名义 GDP 达 2.707 万亿美元,乘用车注册量为 211.4 万辆、同比增长 1.9%,是欧洲第三大汽车市场。法国是汽车强国,拥有众多自主汽车品牌,如雷诺、标致、雪铁龙等,也有很多国外品牌的制造厂。

法国政府推出了一系列促进电动汽车市场普及的计划,采取惩补并行的举措。一方面加大对油气汽车的处罚力度,另一方面加大对新能源车的补贴力度,提升总补贴预算,并确定延续购置补贴至 2022 年,2020—2022 年,总补贴预算由 2019 年的 2.6 亿欧元提升至 3.4 亿 ~4 亿欧元。

①消费者直接激励。

法国实行了两项直接激励政策来促进电动汽车的发展,即环保奖金与节能奖金。奖惩综合税制是指惩罚 CO_2 排放相对较高(≥130 g/km)的车辆,奖励补贴低排放(≤110 g/km)的车辆。奖金最高可达车价的27%，上限为6 300欧元，而惩罚额度可达8 000欧元。

另外，报废老旧柴油车的消费者还能获得"超级奖金"，报废2001年前注册的柴油车且购买CO_2排放低于20 g/km的新车时，可获得3 700欧元的补贴。两项奖金加起来最高金额可达10 000欧元。

再者，法国还为购买电动汽车的公司免征两年公司用车税，各地区还可选择减半或免征注册税。

②充电基础设施建设。

法国没有对消费者采取间接财政激励，其基础设施(充电站数目)也存在很大不确定性，政府称约有1 200个充电点，注册网站登记信息约为20 000个，真实数据无从知晓。

法国环境和能源管理署的"为未来投资"项目为公共充电基础设施提供资金支持。法国政府还为众多节能及可再生能源措施提供税收抵免。

③其他政策。

《能源转型法案》规定政府和公司用车的电动化目标，国家政府新车中的低排放车辆需占50%，地方政府要求20%。汽车租赁和出租车公司在更新车队时，须确保所购新车中有10%的低排放车辆。标致、雪铁龙和雷诺共获得了30亿欧元的低利率贷款，用于低排放车辆的研发工作。

表2.5为法国EV激励政策的总结。

表2.5 法国EV激励政策总结

类别	法国	巴黎	普瓦图-夏朗德
远景规划	到2020年，实现200万辆电动汽车	到2020年，实现40万辆电动汽车	到2015年，实现4 000辆电动汽车
消费者直接激励	奖惩综合税制，奖金可达6 300欧元； 报废老旧柴油车辆补贴可达3 700欧元； 递增累进函数计算公司用车税，BEV免税		2015年发放500～1 000欧元补贴

续表 2.5

类别	法国	巴黎	普瓦图-夏朗德
消费者直接激励		持有低排放车辆卡可免费停车	
充电基础设施建设	5 000 万欧元用于充电基础设施建设； 公私合作； 家庭充电设备税收抵免	电动汽车共享服务 Autolib 安装充电设备	为中小型企业充电设备提供 50% 的补贴，总额上限为 20 000 欧元
其他政策	政府与企业车队实现电动汽车目标； 为汽车租赁与出租车公司提供补贴； 研发投资	电动汽车共享服务 Autolib	电动汽车共享服务 Regionlib； 电动汽车拉力赛

法国电动汽车发展的主要成就是 2019 年，法国电动汽车的总销量增至 69 466 辆，打破了历史销量新纪录，同比增长 29%，说明其政策取得了一定成效。特别是在巴黎配套设施密度较高，为电动汽车的后续推广奠定了良好的基础。

法国电动汽车激励政策的不足之处为由于法国经济总体低迷，对电动汽车的鼓励措施相对较少、补贴力度不足，缺乏综合性的长远规划；除巴黎外，其他城市没有相应的停车、路权和充电优惠方面的补充措施。

(4)荷兰。

荷兰国土面积和人口均较少，但其经济产出和乘用车注册量位居欧洲前十位，约 38 万辆；荷兰 90% 的人口为城镇居民，是欧洲人口分布最为稠密的国家之一。荷兰没有大型汽车制造品牌，汽车零部件制造业也有限。

2009 年，荷兰政府首次实行电动汽车计划，该计划列出 2009—2011 年三项举措。第一，成立工作小组“电动方程式车队”，负责电动汽车的推广普及。第二，开展一系列活动，包括试点项目、研发活动及充电基础安装等，并实行电动汽车财政激励政策。第三，为电动汽车的大范围普及设立目标，2015 年实现 1.5 ~ 2 万辆电动汽车注册，2020 年实现 20 万辆，2025 年实现 100 万辆。其间，政府拨款 6 500 万欧元实行直接激励措施，并对一些可以间接影响电动汽车市场的企业、地区政府及其他组织提供 5 亿欧元的资金刺激。

荷兰政府的激励措施，可分为消费者直接激励、消费者间接激励、充电基础设施建设及其他政策。

①消费者直接激励。

荷兰实施了三项与电动汽车消费者相关的纳税计划，包括注册税、公路税及公车私用税。CO_2排放较高的车辆，注册税可达几万欧元，零排放的纯电动汽车辆免税。对普通车（整备1 246 kg以下），汽油车公路税为552～624欧元，柴油车为1 172～1 244欧元，零排放车辆可免除。荷兰政府还对“公车私用”征收税金，并根据CO_2排放值收税。

②消费者间接激励。

荷兰一些城镇已实施间接激励措施，但全国范围措施还没有出台。

③充电基础设施建设。

早期，荷兰充电设施的安装主要依赖公私合作，E－laad基金会在2010—2014年间投入2 500万欧元，安装了约3 000座充电站。该基金会解散后，荷兰政府基于“绿色协议”继续支持该项目的发展，已动用3 300万欧元的资助计划用于充电点建设，其中570万欧元由荷兰政府资助，其他资金由地区级、市镇级及私人部门筹措。

④其他政策。

荷兰政府为出租车、货车提供3 000欧元补贴，部分城市可达5 000欧元。为企业提供“环境投资减税”，上限为5万欧元。电动汽车优惠折旧率、电动出行宣传等也促进了电动汽车的推广。

表2.6为荷兰电动汽车激励政策总结。

表2.6　荷兰电动汽车激励政策总结

类别	荷兰	阿姆斯特丹	乌特勒支
远景规划	2020年实现20万辆电动汽车； 2025年实现100万辆电动汽车	2015年实现1万辆电动汽车	2020年实现1万辆电动汽车
消费者直接激励	电动汽车施行较低的注册税； 免除保有税； 降低公司用车税		
消费者间接激励		充电站附属的停车位为电动汽车保留； 停车许可优先准入	充电站附属的停车位为电动汽车保留并提供免费泊车
充电基础设施建设	E－laad基金会：投入2 500万欧元建设3 000座充电站； 绿色协议：3 300万欧元； MRA－E：1 200座充电站	私人充电站最多500欧元的补贴； 半公充电点最多1 000欧元的补贴	私人充电站最多500欧元的补贴； 半公充电点最多1 500欧元的补贴

续表 2.6

类别	荷兰	阿姆斯特丹	乌特勒支
其他政策	电动货车和出租车 3 000 ~ 5 000 欧元的补贴；环境的投资减税； 电动汽车优惠资产折旧率； 教育宣传活动； 中小型企业创新激励； 门户网站“Netherlands electric”	电动货车和出租车 5 000 欧元的额外补贴； 门户网站 Amsterdam electric； 在市政车队中优先选用电动汽车	在市政车队中引进 35 辆电动汽车； 门户网站“Utrecht electric” 在市政车队中优先选用电动汽车

目前荷兰政府正在酝酿从 2025 年全面禁止销售汽油和柴油车，目前这一法案正在议会审议，一旦实施将给电动汽车带来巨大的发展机遇。

荷兰电动汽车激励政策也具有一些不足，比如荷兰没有自己的整车企业，缺乏对整车研发和生产的激励措施；除阿姆斯特丹和乌特勒支外，其他城市间接激励措施不足，全国范围内的推广应用还存在一些障碍。

(5)挪威。

挪威是非欧盟国家，它在很多方面表现突出，人口分布稀疏但 80% 为城镇居民。挪威人均 GDP 全球最高，并拥有世界最大的主权财富基金，政府从石油产业获利 6 500 亿欧元，为各类公共支出提供资金。另外，挪威几乎全部是水力发电、无碳电力十分充足。这决定了挪威交通业的形态，并对交通电动化产生重要影响。

挪威 90% 的人出行靠汽车，因此产生的温室气体排放增长最多，为抑制交通对环境带来的负面影响，政府已落实一系列政策推进脱碳乘用车交通。

①消费者直接激励。

挪威实行很多低排放汽车激励措施，主要是增值税和注册税减免政策。私人购买纯电动汽车可免除车价 25% 的增值税，公司用纯电动汽车可降价 50% 再计算纳税金额。纯电动汽车可以免除注册税(约占车价的 30%)，还可享受 380 欧元的年度机动车购置税优惠。插电式混合动力汽车虽然不全免注册税，但其碳排放量少、缴税较低。对于公司用车，计税时，被降低的标价对公司使用纯电动汽车激励较大，如一辆中型纯电动汽车，可降低支出达 7 000 欧元。

②消费者间接激励。

挪威政府也为促进电动汽车发展实施了一系列非财政激励措施。纯电动汽车车主拥有大部分公共设施的优惠准入权，包括免费进入收费公路、摆渡费用优惠、免费停车、公共汽车专用车道准入及免费使用公共充电站等。这些特权都是区域性的，但挪威政府会对这些补贴优惠进行规范管理。需要说明的是，这些措施只针对纯电动汽车，插电式混合动力汽车仍然需要收费。

③充电基础设施建设。

挪威的充电站密度为每千辆车2.4个，呈现南多北少格局。2009—2010年期间，挪威政府每年投入约600万欧元进行充电站建设，在此之前也用于对公共充电站提供补贴，每个充电站最高补贴3 590欧元。最近，公共能源企业为快速充电站建设提供资金支持，并受到石油和能源部监管。

④其他政策。

挪威实施政府用车脱碳行动，并参与“绿色政府采购”倡议。其国内没有汽车生产商，因此各项政策只关注用户行为、用户意识加强及发展充电基建方面。

表2.7为挪威EV激励政策总结。

表2.7 挪威EV激励政策总结

类别	挪威	奥斯陆	卑尔根
远景规划	2020年实现85 g/km的CO_2排放		霍达兰郡：到2020/2030年，公路交通温室气体排放降低20%/30%； 到2020年，实现注册车辆中有20%为电动汽车
消费者直接激励	BEV免征注册税，PHEV注册税优惠； BEV免征增值税； BEV公司用车税优惠		
消费者间接激励	BEV收费公路免费准入； BEV摆渡费用优惠； 市政停车场所免费停车； 公共充电设备免费充电； 公共汽车专用车道准入		
充电基础设施建设	2009—2010年充电站建设资金：约1 200万欧元； 2013年快速充电站建设资金：约70万欧元； 出资建设快速充电器	2008—2011年为充电站建设提供资金； 私人充电站补贴1万挪威克朗或占比60%	

续表 2.7

类别	挪威	奥斯陆	卑尔根
其他政策	政府用车 CO_2 排放上限为 120 ~ 140 g/km； Transnova/Enova 支持研发活动； Gronn Bil 开展宣传活动； 特殊 EV 牌照	2015 年底市政车队全部实现电动化	2011 年政府车队实现 25% 的电动汽车，2015 年为 50%； 新车全部为电动汽车； 要求政府分销商使用电动汽车

挪威电动汽车发展的成就使挪威被普遍认为是推广绿色出行的先驱者，取得了欧洲最好的效果。它制定了到 2020 年实现 85 g/km 的排放指标，比欧盟 95 g/km 的要求还严格。2018 年挪威新能源汽车渗透率为 46.4%，远超 2.1% 的全球平均水平，成为全球新能源汽车市场渗透率最高的国家。这与挪威巨大的人均国家财富、完善的免税政策和基础设施、停车油耗、用电优惠、路权及消费者接受能力等多种因素有关。

然而，挪威的成功不具有太大典型意义。它的全球最大的主权财富基金、世界第一大航运集群、发达的近海石油业和船舶制造业都不是普通国家可以相比的，可以说是“小国巨富”的典型。但其在电动汽车发展政策方面，其路权、停车、摆渡优惠等地方政策对我国电动汽车的推广具有很大的借鉴意义。

(6)小结。

欧洲主要从四个方面制定政策，以促进电动汽车推广。

一是对消费者的直接激励。这是电动汽车推广最重要的驱动力。显然，财政激励力度较大的国家和城市的电动化出行更为成功。本文中五个国家占到欧洲新能源汽车注册量的 80% 以上，其中挪威的激励措施力度最大，电动汽车市场份额也最高。

二是对消费者的间接激励。仅靠财政激励不足以实现电动汽车的普及，需要开展非财政推广活动来提高消费者意识，如道路优先使用权和电动汽车共享平台。

三是充电基础设施建设。可用的充电基础设施能帮助解决行驶里程限制问题，是电动汽车推广的先决条件之一。公共充电基础设施越完善，电动汽车市场份额越大。

四是其他政策。激励政策需公开透明且可持续。强有力的国家激励政策，可保证电动汽车推广的凝聚力，地方政策作为进一步的补充，还要所有政策能落实到位。

表 2.8 为欧洲新能源汽车激励政策类别。

表 2.8　欧洲新能源汽车激励政策类别

激励政策类别	财政/非财政激励	政策举例
远景规划	非财政激励	CO_2 排放标准； 电动汽车销量目标
消费者直接激励	财政激励	购车补贴和税收激励； 车辆注册费用减免
消费者间接激励	非财政激励	优惠准入（公共汽车专用车道准入、免费或优惠停车、低排放区域准入）
充电基础设施建设	非财政激励	为充电基础设施建设提供资金； 为家庭充电站建设提供资金
其他政策	非财政激励	为政府购买电动汽车提供优惠； 消费者宣传教育； 研发支持

在诸多政策的激励下，欧洲电动汽车市场销量稳步上升，从 2010 年的几百辆，提升到 2014 年的 9 万多辆，再到 2019 年的 56.4 万辆，可以说成就斐然。

欧洲（主要指西欧、北欧）电动汽车激励政策的不足有以下几点：

①欧盟是个相对分散的组织，不具有国家属性，难以形成统一合力，电动汽车发展呈现国家分化明显的趋势，有些相对落后的国家基本没有激励政策。

②有些国家制定政策时脱离市场现象明显，激励效果有限。补贴力度不足导致电动汽车实际售价与传统车差距较大，无法获得市场认可。比如德国，其车型纳税不足 400 欧元，即使免征也根本无法解决差距问题，因此德国电动汽车注册量落后于其他国家。地方在路权、隧道、桥梁、停车和充电优惠等方面制度政策优惠，也可有效促进市场发展，但需当地政府根据实际情况制定合适的政策。

③政策稳定性较差。挪威的激励政策 2000 年前就已落实到位且一直有稳定的资金支持。而其他国家的政策颁布较晚且预算不足，经常出现在电动汽车大规模普及前资金耗尽的现象。可以考虑设置奖惩制度，减轻国家财政压力。

3. 日本

日本是较早开始电动汽车研发的国家之一，其特征为“官民一体”协作机制，其政策大体可分为宏观规划指导、财税激励和非财税政策。

（1）宏观规划指导。

早在 1965 年，日本通商产业省（现在的经济产业省）就启动了电动汽车研制项目,并正式把电动汽车列入国家项目。1967 年,通产省制定了《电动汽车开发计划》,日本政府多次投入巨额资金用于支持新一代汽车的研发和产业化、商业化项目。2006 年 6 月,日本政府发表《2030 年能源战略》,几乎日本所有能源领域,提出使日本成为全球最节能的国家。日本汽车企业在产业发展上主导性强,承担大部分研发经费,日本政府对新能源予以减税、政府财政补贴等政策支持。2008 年 7 月,日本内阁会议通过《实现低碳社会行动计划》,明确新一代汽车包括混合动力汽车(HEV)、纯电动汽车(EV)、插电式混合动力车(PHEV)、燃料电池汽车(FCV)、清洁柴油车(CDV)以及天然气车(CNG)等。

日本汽车厂商很早就将新一代汽车技术的研发和生产的重点放在 HEV 上,目前已实现低成本、产业化和商业化,并可与传统汽油车一争天下。

在前期政策的基础上,日本经济产业省于 2010 年 4 月发布了《新一代汽车战略 2010》,该战略对“先进环保车”的内涵进行了详细的划分,包括 HEV、EV、PHEV、FCV、CDV 和 CNG 等新一代汽车,以及根据未来技术可能出现的环保性能优越的车型。该战略还制定了普及推广目标,2020 年新一代汽车在新车销量中所占份额达到 20% ~50%;到 2030 年达到 50% ~70%,并与其他类型环保车合起来市场份额达到 80%。

为促进 EV、PHEV 等电动汽车的普及推广,优先在 18 个“EV/PHEV 城市”内设置充电基础设施,经济产业省为“清洁能源汽车导入补贴(充电器部分)”选定的资助项目提供支持。

(2)财税激励。

近年来,为鼓励 EV、PHEV、FCV 等新一代汽车的普及推广,日本经济产业省等政府部门出台多项购置支持政策,包括“环保车补贴”“清洁能源汽车导入补贴”“充电设施补贴”“加氢设备补贴”,以及为环保汽车减税的“绿色税制”和“环保车减税”制度等。

(3)非财税政策。

日本政府主导制订一系列宏观计划,2009 年启动在 18 个“EV/PHEV 城市”示范项目。在这些城市中,地方政府和企业联手对导入 EV/PHEV,营造新环境以及普及教育的相关模式进行探索,并将成功经验推向全国。日本政府制定了《新一代汽车系统战略》,具体体现在汽车价值链、汽车与电力、信息网络的连接以及建设新型城市等方面。

①在汽车价值链方面,为弥补 EV、PHEV 等电动汽车初期导入成本高、续航里程短等缺陷,首先推广汽车租赁、汽车共享等形式。金融服务将对新一代汽车购置在贷款和保险上提供优惠。厂商尽快建立后期维护体系。在循环利用方面,建立二手车销售和电池二次利用相关体制,确保电池在二次利用时的安全性。

②在建设新城市方面,不再将汽车看作独立个体,而是通过互联网等新兴手段提供信息服务,将新一代汽车与所在城区融为一体,建立一个新的环境友好型综合系统。

表2.9为日本政府针对新一代汽车的支持政策汇总。

表2.9 日本政府针对新一代汽车的支持政策汇总

政策名称	执行部门	政策支持对象	实施期限
新一代汽车战略2010	经济产业省	先进环境对应车(包括新一代汽车和环境性能优越的汽油车)普及、车用电池研发、资源战略、体系建设、国际标准制定	2010年4月—
环保车补贴	经济产业省	EV、PHEV、FCV、CDV、CNG等符合一定排放标准的HEV和汽油车	2010年4月—9月
清洁能源汽车导入补贴(汽车)	经济产业省	EV、PHEV、FCV、CDV	2012年6月—
清洁能源汽车导入补贴(充电器)	经济产业省	经认定的充电设备	2012年6月—2013年2月
充电设施补贴	经济产业省	经认定的充电设备	2013年3月—
加氢设备补贴	经济产业省	经认定的加氢设备	2013年5月—
绿色税制	国土交通省	EV、PHEV、FCV、CDV和符合一定排放标准的HEV和CNG	2009年4月—
环保车减税	国土交通省	EV、PHEV、FCV、CDV和符合一定排放标准的HEV和CNG	2009年4月—

(4)日本新一代汽车政策的成就与不足。

日本的新一代汽车政策有力促进了节能与新能源汽车的发展,其混合动力量产车型全球第一,市场化水平首屈一指。EV、PHEV的技术水平先进,并取得了较好的市场效果,其在2014年达到32.4万辆。但不可否认其政策存在以下一些不足之处:

①政策协调性不足。

低估了电池技术取得突破的难度,加上日本政府和企业的执行力很强,但应变调整能力偏弱,出现了基础设施建设与汽车销量的不匹配。日本国内快速充电桩设施数量世界第一,但EV、PHEV销量严重不足,这就造成大量的资源浪费,且如果电动汽车因续航里程不足和充电时间过长因素销量增长低迷,短期电池瓶颈无法突破,还会反过来使充电设施的普及无法继续下去,最终不了了之。

②日本政策的稳定性也不够强。日本电动汽车行业发展较早,政策鼓励措施也基本到位,但其过早地将技术定位倾向于燃料电池汽车,不利于纯电动汽车的发展。

③有些政策制定偏离国情,难以落地。

虽然大力补贴加氢站建设,约补贴一半费用,但仍需投入 2 亿 ~3 亿日元(合 1 000 万 ~1 500 万人民币)的建设成本,约是加油站的 4 倍左右。更为关键的是加氢站建设要求周围 250 m 范围内不得设有建筑物,这在寸土寸金的大城市很难解决,若建在郊外,其对 FCV 的普及作用和收益又意义不大。

4. 韩国

韩国政府对新能源汽车的鼓励政策,典型意义不是很大,大多是借鉴其他国家的政策经验。具体表现为以政府补贴配合税收优惠为主,同时加大基础设施建设力度,方便车辆出行的一系列政策。

(1)政府补贴政策及税收优惠。

韩国对于新能源汽车的补贴正在逐年减少,2018 年以前,每辆纯电动汽车能够获得 1 428 万韩元的补贴。相比于 2018 年根据车辆性能最高可获得 1 224 万韩元补贴的情况,2019 年对纯电动汽车(EV)的补贴金额减少到 918 万韩元,插电式混合动力汽车(PHEV)的补贴金额约为 510 万韩元。氢燃料电池汽车(FCV)由之前的 5 610 万韩元补贴减少至 3 672 万韩元,混合动力汽车(HEV)补贴取消,此前为 51 万韩元。2019 年 9 月,韩国政府宣布到 2020 年,将投入 7 382 亿韩元用于补贴纯电动汽车和充电基础设施的建设,投入 3 593 亿韩元用于燃料电池汽车和扩建加氢站。

除补贴政策以外,韩国还通过减税等政策支持绿色环保汽车的发展。例如政府出台了免除充电基本费用,高速通行费减免 50%,电费减免 50%,使用电动汽车专用车牌及专属保险等鼓励新能源汽车发展的政策。

(2)加大基础设施建设。

对于充电基础设施方面,韩国政府重视充电基础设施的建设,计划向车辆购买者提供充电桩购置费补贴。根据韩国产业通商资源部的计划,到 2020 年韩国快速充电站的数量将与加油站的数量相当。韩国《2030 未来汽车产业发展战略》显示,到 2025 年韩国电动汽车充电站的数量将从 2019 年 10 月的 5 427 个增加到 1.5 万个。

(3)韩国政策成就与不足。

韩国的新能源汽车和动力电池产业起步早、规模集中,并且政府重视新能源核心零部件体系的开发,从补贴、减税和使用优惠等方面出台了对于新能源汽车的支持政策,还通过成立动力电池基金并组织制定动力电池技术路线图的方式推动产业发展。韩国从 2014 年开始推行以发展纯电动汽车、混合动力汽车以及氢能汽车为核心的绿色环保汽车计划。截至2018年,共计生产环保车(含新能源汽车和混合动力汽车)接近29万辆。总的来说,韩国新能源汽车的发展还算稳健,但对国际市场的影响有限。

5. 小结

国外对新能源汽车有多种扶持政策,既有直接的财税补贴,又有间接的激励措施,涉及生产、购置、使用和基础设施等多个环节,也起到了很好的效果,相关国家的技术研发和市场有了快速增长。但是,这些国家的激励政策也暴露出很多不足之处:

(1)美国有足够的市场和资金,但是政策缺乏连贯性,地方政府自主性太大、对新能源态度不一,除加州外激励力度偏小;

(2)欧洲虽然对新能源情有独钟,但是多国经济增长迟缓、政府财政能力有限,财政补贴和相关激励缺乏连贯性,新能源汽车的发展更多依靠几大跨国企业的战略判断和投入;

(3)日韩政府对新能源汽车投入较大,但是国内市场小、不太支持产品的快速迭代,因此也是以几大汽车巨头的投入为主。

总之,国外对新能源汽车大都采取了最大力度的扶持,但是由于体制不同、投入有限,以企业自己投入为主且更多集中在研发领域,市场推广速度较慢。

2.3.2 国内新能源汽车产业政策

1. 国家政策

新能源汽车为缓解我国能源危机,达成节能减排目标,改善大气环境及汽车产业转型升级提供了重要突破口,发展新能源汽车是实现汽车产业可持续发展的战略举措。2009年,“十城千辆”工程开展以来,中央政府相关部门为促进新能源汽车产业化,加大市场导入期的支持力度,为新能源汽车的发展营造良好的政策环境,各部门发布了详细的政策,共计67项。

国务院从战略规划、产业振兴、大气污染防护和节能减排等宏观层面提出新能源汽车发展规划和目标,这些目标有的和新能源汽车发展直接相关,有些间接相关。四部委(工信部、国家发改委、财政部和科技部)从产业发展、行业管理、科技创新和财税支持等方面做了详细的政策规定。2015年交通运输部和国家能源局分别从交通领域示范推广和配电网建设方面出台政策以支持新能源汽车的应用。现我国政策已涵盖产业、科技、交通、财税和基础设施等多方面,为新能源汽车的推广和应用创建了较为完善的政策体系。

(1)宏观综合政策。

国家出台的一系列政策包括汽车产业振兴规划、战略新兴产业规划、工业转型升级规划、能源发展规划、大气污染防治、加快节能环保产业发展的意见以及新能源汽车产业发展规划等，下面对重要文件内容进行简要介绍。

2009 年 3 月，国务院出台的《汽车产业调整和振兴规划》中对电动汽车产销规模提出要求："改造现有生产能力，形成 50 万辆纯电动、充电式混合动力和普通型混合动力等新能源汽车产能，新能源汽车销量占乘用车销售总量的 5% 左右。主要乘用车生产企业应具有通过认证的新能源汽车产品。"

2012 年 7 月，《"十二五"国家战略性新兴产业发展规划》提出："以纯电驱动为新能源汽车发展和汽车工业转型的主要战略取向，当前重点推进纯电动汽车和插电式混合动力汽车产业化，推进新能源汽车及零部件研究试验基地建设，研究开发新能源汽车专用平台，构建产业技术创新联盟，推进相关基础设施建设……建立完整的新能源汽车政策框架体系，强化财税、技术、管理、金融政策的引导和支持力度，促进新能源汽车产业快速发展。"

2012 年 6 月，国务院发布《节能与新能源汽车产业发展规划（2012—2020 年）》对我国新能源汽车的发展目标、主要任务和保障措施等各个方面提出要求，为产业发展保驾护航。该规划提出："到 2015 年，纯电动汽车和插电式混合动力汽车累计产销量力争达到 50 万辆；到 2020 年，纯电动汽车和插电式混合动力汽车生产能力达 200 万辆、累计产销量超过 500 万辆，燃料电池汽车、车用氢能源产业与国际同步发展。"

2016 年 11 月，《"十三五"国家战略性新兴产业发展规划》提出："实现新能源汽车规模应用。强化技术创新，完善产业链，优化配套环境，落实和完善扶持政策，提升纯电动汽车和插电式混合动力汽车产业化水平，推进燃料电池汽车产业化。到 2020 年，实现当年产销 200 万辆以上，累计产销超过 500 万辆，整体技术水平保持与国际同步，形成一批具有国际竞争力的新能源汽车整车和关键零部件企业。"

这些宏观政策奠定了新能源汽车的战略地位，指明了节能汽车、新能源汽车和智能网联汽车是汽车工业转型升级的主要方向，明确了重点任务是推动纯电动汽车和插电式混合动力汽车产业化，并实现 2025 年发展目标，形成从关键零部件到整车的完整工业体系和创新体系，推动自主品牌新能源汽车与国际接轨。

（2）鼓励保障政策。

①推广应用政策。

为加强新能源汽车在各城市的推广和应用，分别面向公共领域及私人领域，提出阶段性推广目标、多样化财税和非财税类激励措施，如《关于进一步做好节能与新能源汽车示范推广试点工作的通知》（财办建〔2011〕149 号）、《私人购买新能源汽车试点财政补助资金管理暂行办法》等，均成功助推新能源汽车的市场导入。

2009 年 1 月科技部、财政部、国家发改委，工业和信息化部四部委启动“十城千辆节能与新能源汽车示范推广应用工程”（简称十城千辆工程），2010 年 5 月发布《私人购买新能源汽车试点财政补助资金管理暂行办法》，对选择的 6 个城市开展私人购买新能源汽车补贴试点工作。2013 年 9 月在总结上一轮示范推广活动经验和不足的基础上，四部委发布《关于继续开展新能源汽车推广应用工作的通知》（财建〔2013〕551 号），启动新一轮新能源汽车推广应用工作。2014 年 1 月《关于进一步做好新能源汽车推广应用工作的通知》（财建〔2014〕11 号）降低了补贴退坡幅度，并提出 2015 年底补贴推广政策到期后中央财政将继续实施补贴政策。2014 年 7 月国管局印发《政府机关及公共机构购买新能源汽车实施方案》，明确了新能源汽车政府采购的目标和具体要求。2014 年 7 月国务院印发的《关于加快新能源汽车推广应用的指导意见》（国办发〔2014〕35 号）提出多项支持措施，并对下一步重点工作进行了安排。2015 年 4 月和 5 月财政部相继发布了《关于 2016—2020 年新能源汽车推广应用财政支持政策的通知》（财建〔2015〕134 号）和《关于完善城市公交车成品油价格补助政策加快新能源汽车推广应用的通知》（财建〔2015〕159 号），明确补助标准主要依据节能减排效果，并综合考虑生产成本、规模效应、技术进步等因素逐步退坡。纯电动乘用车最高补助每辆 5.5 万元，纯电动客车最高补助 42 万元/辆，插电式混合动力客车最高补助 25 万元/辆。2017—2020 年除燃料电池汽车外其他车型补助标准适当退坡，其中，2017—2018 年补助标准在 2016 年基础上下降 20%，2019—2020 年补助标准在 2016 年基础上下降 40%。

②税收优惠政策。

国家为加强新能源汽车在各城市的推广和应用，对新能源汽车产品及相关企业和关键零部件等实施税收优惠与费用减免等政策，如车船税减免、购置税减免、部分电池消费税减免和关税优惠政策等。

a. 车船税：对节能汽车减半征收车船税、新能源汽车免征车船税。

b. 车辆购置税：2014 年 9 月 1 日—2017 年 12 月 31 日，对纯电动汽车、插电式混合动力汽车和燃料电池汽车免征车辆购置税。

c. 消费税：由于纯电动乘用车和燃料电池电动乘用车没有发动机，故不征收消费税。对无汞源、金属氢化物镍电池、锂原电池、锂离子电池、太阳能电池、燃料电池和全钒液流电池免征消费税。

d. 关税：对列入鼓励范围的新能源汽车投资项目自用设备（投资总额内）可免征关税，对研究开发用电动汽车样车可免征进口关税和进口环节增值税、消费税；动力电池、电机控制器等电动汽车关键零部件还可享受暂定优惠税率。

③科技创新政策。

国家出台的政策加大了相关科研力量和资金投入，如《电动汽车科技发展"十二五"专项规划》《汽车产业调整和振兴规划》《关于组织开展新能源汽车产业技术创新工程的通知》和《增强制造业核心竞争力三年行动计划（2015—2017年）》等。科技创新政策为新能源汽车技术的提升提供了有利的资源和环境，为新能源汽车及相关零部件技术攻关和产业创新提供了资金支持与发展平台。

在科技专项方面，"十五""十一五"期间，科技部组织实施了电动汽车重大科技专项和863计划"节能与新能源汽"车重大项目，累计投入20多亿元经费，设立相关课题500多项，确定了"三纵三横"的电动汽车研发布局。2011年7月科技部发布《国家"十二五"科学和技术发展规划》，重点提出全面实施"纯电驱动"技术转型战略，实施新能源汽车科技产业化工程。

在技改支持方面，国家发改委2009年发布《汽车技术进步和技术改造项目及产品目录》，将电动汽车及部件列为支持重点，符合条件的项目可申请专项资金。工信部、国家发改委于2010年5月发布《汽车产业技术进步和技术改造投资方向（2010年）》，继续支持电动汽车技术进步和技术改造项目。

在创新工程方面，2012年9月，财政部等三部门发布《关于组织开展新能源汽车产业技术创新工程的通知》（财建〔2012〕780号），启动了新能源汽车产业技术创新工程，支持17个整车项目和8个动力电池项目。该工程以奖励的形式集中资金重点支持有市场潜力的项目，提高新能源汽车产业技术创新能力，比亚迪秦等支持车型已上市并成为市场中的畅销产品，取得较好成效。

（4）基础设施政策。

基础设施是新能源汽车能源补给的重要渠道，完善基础设施服务网络是新能源汽车普及的重要保障。

2014年8月，国家发改委发布《关于电动汽车用电价格政策有关问题的通知》（发改价格〔2014〕1668号），提出对新能源汽车充换电设施用电实行扶持性电价政策如下：

①对向电网经营企业直接报装接电的经营性集中式充换电设施用电，执行大工业用电价格。2020年前，暂免收基本电费。

②其他充电设施按其所在场所执行分类目录电价。其中，居民家庭住宅、居民住宅小区、执行居民电价的非居民用户中设置的充电设施用电，执行居民用电价格中的合表用户电价；党政机关、企事业单位和社会公共停车场中设置的充电设施用电执行"一般工商业及其他"类用电价格。

③电动汽车充换电设施用电执行峰谷分时电价政策；鼓励电动汽车在电力系统用电低谷时段充电，提高电力系统利用效率，降低充电成本。

2014 年 11 月，财政部等四部委发布《关于新能源汽车充电设施建设奖励的通知》(财建〔2014〕692 号)，中央财政安排资金对新能源汽车推广成效突出且不存在地方保护的城市或城市群给予充电设施建设奖励。

2015 年 9 月，国务院发布《国务院办公厅关于加快电动汽车充电基础设施建设的指导意见》(国办发〔2015〕73 号)，提出各类停车场充电基础设施建设和预留建设比例，并要求到 2020 年，基本建成适度超前、车桩相随、智能高效的充电基础设施体系，满足500 万辆电动汽车的充电需求。

相关主管部门积极制定充电设施相关配套政策。对电动汽车充换电服务费实行政府指导价管理，将新能源汽车充换电服务费实行政府指导价管理，将新能源汽车充换电设施配套电网改造成本纳入电网企业输配电价，充分利用价格杠杆促进电动汽车推广应用。

2. 地方政策

地方新能源汽车支持政策总体可分为四类：产业规划、产业扶持、行业管理和推广应用。目前并不是所有示范城市的政策体系都健全，有的只有产业规划类政策，有的只有个别推广应用类政策，还有些城市单纯配套国家政策或照搬其他城市政策，甚至个别城市没有地方配套政策。

(1)产业发展规划。

“十二五”以来，国家把新能源汽车定位为战略新兴产业，绝大多数地方政府都是直接执行国家的总体规划，也有不少地方政府出台了自己的产业规划。比如，上海制定了《上海市燃料电池汽车发展规划》、天津制定了《天津市节能与新能源汽车示范推广及产业发展规划(2013—2020 年)》、江苏省制定了《江苏省“十二五”培育和发展战略性新兴产业规划》、广东省制定了《广东省新能源汽车产业发展规划(2013—2020 年)》以及安徽制定了包含新能源汽车的《安徽省“十三五”汽车和新能源汽车产业发展规划》，等等。

2012 年 1 月，江苏省发布《江苏省“十二五”培育和发展战略性新兴产业规划》，提到“以多种动力技术为主导方向，重点发展新能源客车、乘用车和专用车，初步形成部分类别重点整车和重要部件国内领先优势，将我省打造成多种动力的新能源汽车和零部件的研发生产基地”。

2013 年 4 月，广东省发布《广东省新能源汽车产业发展规划(2013—2020 年)》指出：“到 2015 年，新能源汽车综合生产能力达到 20 万辆以上，累计产销量力争达到 5 万辆。”“到 2020 年，建成较为完善的配套设施网络和产业支撑体系，电动汽车实现成熟的市场应用，形成 2 ~ 3 个具备较强国际竞争力的新能源汽车产业集群，广东成为产业规模、创新能力和品牌影响均达到国际前列的新能源汽车产业基地。”

2013 年 8 月,《天津市节能与新能源汽车示范推广及产业发展规划(2013—2020 年)》指出:“通过 5 ~ 10 年的发展,节能与新能源汽车整车和关键零部件核心技术实现突破,推广应用环境实现不断优化,节能与新能源汽车实现较大规模应用,争创节能与新能源汽车示范推广优秀城市,力争成为全国重要的节能与新能源汽车整车及关键零部件研发、生产基地,将节能与新能源汽车产业培育成我市新兴支柱产业。”

2017 年 4 月,《安徽省“十三五”汽车和新能源汽车产业发展规划》提出:“到 2020 年,……形成以节能汽车为主体、新能源汽车和智能网联汽车为先导,先进汽车零部件与汽车装备、优质汽车服务为两翼,国内国外两个市场协同发展的安徽汽车产业新体系。到 2030 年,安徽汽车自主品牌进入国际知名品牌行列。”

2017 年 9 月,《上海市燃料电池汽车发展规划》指出:“将发展燃料电池汽车作为上海汽车产业转型升级的引领工程。牢牢把握技术发展与产业变革趋势,整合国内外优势资源,充分发挥上海优势,集中突破关键瓶颈,激发企业创新活力,建立国内领先、国际一流的燃料电池汽车技术链与产业链,营造高端生态圈,培育一批具有核心竞争力的龙头企业和领军人才,打造燃料电池汽车技术与产业创新体系,将上海建设成为世界一流的燃料电池汽车创新中心和产业高地。”

此外,地方政府为贯彻国务院《大气污染防治行动计划》和中央节能减排政策,配套出台的地方大气污染防治行动计划和通过对新能源利用率与 CO_2、污染物排放量设定指标及奖惩措施,都间接推动新能源汽车的产业发展。

(2)鼓励保障措施。

①推广应用政策。

有的地方政府制定了示范推广方案,此类政策通常对本地新能源汽车的推广目标(包括技术路线、关键参数、规模数量、财政支持、公车使用及基础设施建设等方面)进行规定,以保障新能源汽车在示范城市的推广,如《上海市新能源汽车推广应用实施方案(2013—2015 年)》和《南京市政府关于进一步支持新能源汽车推广应用的若干意见》等。

②税收优惠和补贴政策。

多数示范城市地方政府为新能源汽车提供地方购置补贴。此外,在使用环节上提供电价优惠、通行便利、停车便利优惠、充电方便、使用购置税减免、保险优惠、公共交通系统运营补贴以及动力电池回收奖励也被不同城市使用。

有的地方政府对新能源汽车及关键零部件企业从事技术开发与转让、技术咨询与服务的业务免征增值税,对取得高新技术企业资格的新能源汽车及关键零部件企业可按 15% 的税率减征企业所得税。

③创新政策支持。

地方政府为促进本地企业转型升级,对技术创新、配套产业链建设给予一定的扶持政策,鼓励更好、更快、更稳定地推进本地新能源汽车的发展。

有的地方政府为鼓励新能源汽车研发,为整车项目提供建设资金、建设用地政策支持、融资担保、项目奖励和人才引进等一系列政策。有的地方政府为支持当地新能源汽车企业技术创新直接划拨经费,进行关键技术奖励和项目研发资助。这些措施有力促进了企业和研发机构加强技术研发与探索创新。

有的地方政府大力支持新兴商业模式创新,对以租赁、微公交等模式推广新能源汽车的企业,视实际运行情况给予相应补助。

④基础设施支持。

良好的城市充电基础设施建设可以保障新能源汽车的快速发展,而目前大多数城市充电基础设施数量不足、布局不合理,在一定程度上制约了新能源汽车的推广。部分地方政府对充电基础设施建设进行了顶层设计,对当地公共充电桩数提出了数量指标并给予建设补贴,以加速本地充电基础设施建设的步伐。

现阶段我国新能源汽车发展受到政策影响较大,市场作用尚未充分体现,受市场欢迎的成熟车型有限且车型同质化现象普遍,现有激励中以购置类、基础设施类和使用类结果最有效。其中,城市限购、公共充电桩在线管理服务系统、基础设施建设直通窗口、动力电池回收利用补贴和不限号出行等对新能源乘用车销量促进最为明显。

3. 小结

中国已经把新能源汽车上升到国家战略层面,再加上政府管理思路和体制,调动资源的能力超强,因此中国的扶持政策是力度最大、覆盖面最广的。各地方政府也把新能源汽车作为振兴地方经济、实现产业升级的重要途径,因此近10年来中国投在新能源汽车领域的资金达数千亿之多。

中国超大力度地扶持新能源产业,产生了十分积极的效果。2019年,全球电动汽车销量达221万辆,同比增长10%。其中,中国销售120.6万辆,约占54.6%。除了销量,中国新能源汽车的产品性能、核心零部件的技术指标、产业链培育、基础设施建设等也都取得了巨大进步,培育了宁德时代、比亚迪等新能源巨头。

当然,中国的新能源汽车政策也存在自身的问题,比如部分政策出台较为仓促、执行过程缺乏监督、后期落实和调整偏慢、市场竞争机制作用不明显等,出现了2015年的多家客车企业“骗补”的现象,影响了产业的健康发展。

第 3 章 混合动力汽车

3.1 混合动力汽车概述

3.1.1 定义与原理

广义上说,混合动力汽车 HV(Hybrid Vehicle)是指车辆驱动系统由两个或多个能同时运转的独立驱动系统联合组成的车辆,车辆的行驶功率依据实际的车辆行驶状态由各个驱动系统单独或共同提供。

常见的混合动力汽车包含液压蓄能式混合动力汽车和混合动力电动汽车。

狭义上的混合动力汽车,一般是指混合动力电动汽车 HEV(Hybrid Electric Vehicle),采用传统的内燃机和电动机作为动力源,使用的内燃机既有柴油机也有汽油机,还有其他替代燃料发动机,例如压缩天然气、丙烷和乙醇燃料等。混合动力汽车使用的电动力系统中包括高效强化的电动机、发电机和蓄电池。

由于液压蓄能式混合动力汽车并没有商用化,本文仅介绍混合动力电动汽车。

3.1.2 结构与分类

混合动力汽车的分类方式比较多,本文主要按照是否外接充电电源、混合度以及结构类型三种分类方法做相关描述,如图 3.1 所示为混合动力汽车分类。

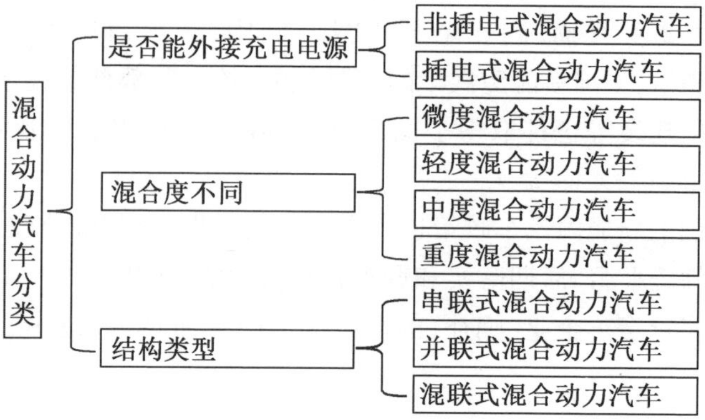

图 3.1 混合动力汽车分类

1. **按照是否能外接充电电源分类**

根据是否能外接充电电源,混合动力汽车可分为非插电式混合动力汽车(即普通混合动力汽车)和插电式混合动力汽车。

(1)非插电式混合动力汽车。

非插电式混合动力汽车指没有外接充电接口,只能加燃油的混合动力汽车。图3.2所示为非插电式混合动力汽车,其组成中既有传统汽车的发动机、变速器、传动系统、油路和油箱,也有电动汽车的电池、电机和控制电路。非插电式混合动力汽车在正常行驶过程中,主要依靠发动机驱动。在电量充足的条件下,车辆启动或者低速行驶时,完全依靠电机驱动,但是续航里程极短,随着车速提高发动机开始驱动车辆行驶,当遇到坡道或者加速时,发动机和电机共同驱动车辆行驶。

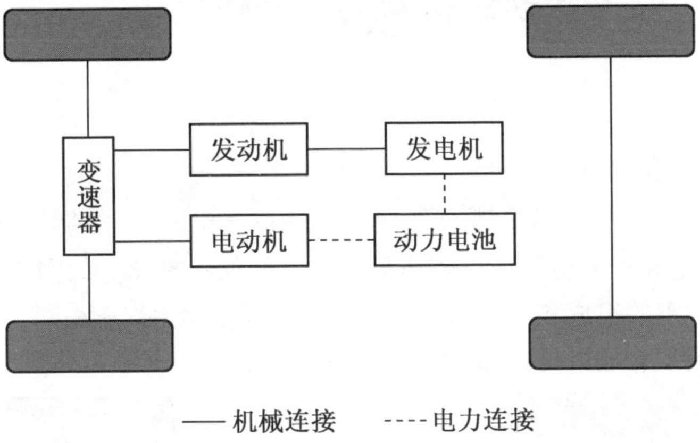

图3.2 非插电式混合动力汽车

非插电式混合动力汽车代表车型有丰田的普锐斯(Prius)、雷克萨斯CT200h、凯美瑞尊瑞和广汽AHEV混合动力概念车等。

①优点。

a. 省油。非插电式混合动力汽车最大的优点就是省油,如图3.3所示为2017版凯美瑞混合动力汽车,由2.5 L发动机和电动机组成,车型的热效率达到41%,超过普锐斯40%的纪录(热效率指发动机中转变为机械功的热量与所消耗的热量的比值,衡量发动机经济性能的重要指标,热效率越高越省油)。从官方公布数据来看,混合动力版凯美瑞百公里油耗仅为5.3 L,而普通版油耗在7 L以上。

b. 无须充电桩充电。非插电式混合动力汽车的动力电池容量很小,一般通过刹车时回收动能为动力电池充电,或者利用车辆行驶时发动机的多余功率驱动发电机充电即可,完全不存在纯电动汽车到处找“插座”的困扰。如雷克萨斯CT200h的动力电池容量为6.5A·h,相当于一些强力探照灯的电瓶而已,它在纯电动模式下最远行驶距离仅为3 km。

②缺点。

a. 价格贵,现在市场上主销的非插电式混合动力车型以日系车为主,且大多数为B级(中型)以上车型,价格较贵。

b. 无补贴。国内厂家由于技术壁垒且没有被新能源汽车补贴目录收录等原因,研发热情不高,产品较少。

图3.3　凯美瑞混合动力汽车

(2)插电式混合动力汽车。

插电式混合动力汽车是既有外接充电接口充电,又能加燃油的混合动力汽车,简单说就是介于电动汽车与燃油车两者之间的一种车。如图3.4所示,插电式混合动力汽车的组成和工作原理与非插电式混合动力汽车相同,不同的是插电式混合动力汽车有插电接口,能够外接充电。

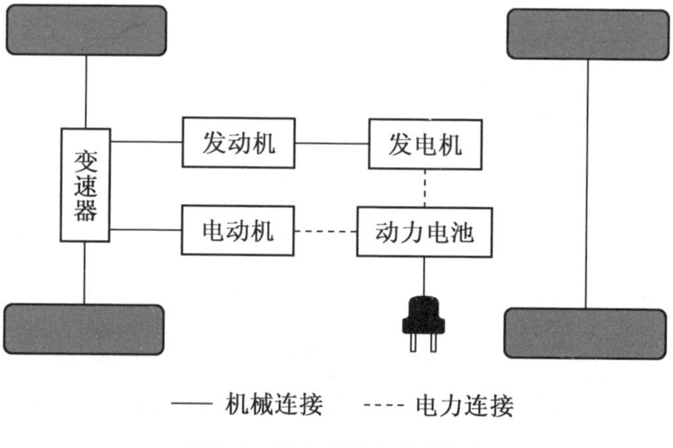

图3.4　插电式混合动力汽车

插电式混合动力汽车代表车型有丰田的普锐斯(插电版)、宝马i8、比亚迪秦、比亚迪唐和保时捷918等。

同非插电式混合动力汽车相比,插电式混合动力汽车有以下几个优点。

①电池容量大,续航里程长。插电式混合动力汽车电池容量比非插电式大得多,可以支持行驶的里程更长。如果每次都是短途行驶且有较好的充电条件,插

电式混合动力汽车电池可以不用加油，当作纯电动汽车使用。以普锐斯为例，丰田在2016年发布新一代插电式混合动力汽车“普锐斯PHV”，由于加大了电池容量，满电下纯电续航里程达60 km，快充可20 min充满80%电量。另外，插电版普锐斯百公里油耗可降至2 L左右，不到普通版的一半(普通版4.3 L)。

②电机功率大，动力强。插电式混合动力电动机功率要足够大，一般需要大于50 kW，确保汽车能够以比较高的速度模式行驶，动力性能强劲。如图3.5所示为2015款比亚迪秦双冠版搭载一台1.5 T发动机和电动机组成的插电式混合动力系统，其综合最大输出功率为217 kW，峰值扭矩为479 N·m，百公里加速也能达到5.9 s，电池组的容量为13 kW·h，在纯电动状态下的最大续航里程为70 km。2016年发布的秦100纯电动状态下续航里程进一步提升至100 km，基本满足市内出行需求。

图3.5 比亚迪秦

同时，插电式混合动力汽车有以下几个缺点。

①价格高，部分地区无补贴。电池组的增大进一步提高了售价，而部分地区对插电式混合动力汽车没有补贴，有点雪上加霜的意味。如北京就只补贴纯电动汽车，不补贴插电式混合动力汽车，并且可选车型较少。

②充电设施不足。充电设施建设缓慢及个人充电条件不易满足，这也降低了消费者使用纯电模式的热情，车主更多的是当普通汽车去使用，而秦和荣威550在纯油模式下的油耗和普通汽车相比，并没有多大优势，节能减排效果仍待提高。

2. 按照混合度的不同

常说的混合度是根据混合动力系统中，电机的输出功率在整个系统输出功率中占的比例。按照混合度不同，可分为微度混合动力汽车、轻度混合动力汽车、中度混合动力汽车和重度/全混合动力汽车。

(1)微度混合动力汽车(Micro HEV)。

以发动机为主要动力源，电动机的峰值功率和发动机的额定功率比小于等于5%，只具备停车停机功能的混合动力汽车。

这种混合动力汽车在传统内燃机的启动电机(一般为12 V)上加装了皮带驱

动启动电机（也就是常说的 Belt-alternator Starter Generator，简称 BSG 系统）。该电机为发电、启动一体式电动机，用来控制发动机的启动和停止，从而取消了发动机的怠速，降低了油耗和排放。从严格意义上来讲，这种微度混合动力汽车不属于真正的混合动力汽车，因为它的电机并没有为汽车行驶提供持续的动力。

代表车型是雪铁龙的混合动力版 C3 和丰田的混合动力版 Vitz。

（2）轻度混合动力汽车（Mild HEV）。

轻度混合动力汽车是以发动机为主要动力源、电动机为辅助动力，电动机的峰值功率和发动机的额定功率比为 5% ～15%，电动机可向车辆行驶系统提供辅助驱动力矩，但不能单独驱动车辆行驶的混合动力汽车。

轻度混合动力汽车采用了集成启动电机（也就是常说的 Integrated Starter Generator，简称 ISG 系统）。与微度混合动力汽车相比，轻度混合动力汽车除了能够实现用发电机控制发动机的启动和停止外，还能够实现以下几个功能。

①在减速和制动工况下，对部分能量进行吸收。

②在行驶过程中发动机等速运转，产生的能量可以在车轮的驱动需求和发电机的充电需求之间进行调节。

代表车型是别克君越 eAssist 和通用的混合动力皮卡。

（3）中度混合动力汽车（Medium HEV）。

中度混合动力汽车是以发动机和/或电动机为动力源，电动机的峰值功率和发动机的额定功率比为15% ～40%，低速时电机可独立驱动的混合动力汽车。

中度混合动力汽车由燃油发动机提供动力，电动机只起到辅助作用。与轻度混合动力汽车不同的是，中度混合动力汽车采用的是高压电机。另外在汽车处于加速或者大负荷工况时，电动机能够辅助驱动车轮，从而补充发动机本身动力输出的不足，更好地提高整车的性能。在特定情况下（如低速巡航）也能够单独使用电动机驱动汽车。

代表车型为本田旗下的混合动力车型 Insight、Accord 和 Civic。

（4）重度/全混合动力汽车（Full HEV）。

重度/全混合动力汽车是以发动机和/或电动机为动力源，电动机的峰值功率和发动机的额定功率比大于 40%，电动机可以独立驱动车辆行驶的混合动力汽车。

重度混合动力系统中的发动机和电动机都能单独驱动车辆行驶。该系统采用了272 ～650 V 的高压启动电机，混合程度更高。随着技术的发展，重度混合动力系统逐渐成为混合动力技术的主要发展方向。

代表车型是丰田的普锐斯。

3. 按照结构类型分类

混合动力汽车按照结构类型可分为三种，分别是串联式、并联式以及混联式，其中增程式混合动力只能是串联式结构,而并联式和混联式结构既可以应用于普通混合动力汽车,也可以应用于插电式混合动力汽车。

(1)串联式混合动力汽车(SHEV)。

串联式混合动力汽车指车辆行驶系统的驱动力只来源于电动机的混合动力汽车。其特点是发动机带动发电机发电,电能通过电机控制器输送给电机,由电机驱动汽车行驶。另外,动力电池也可以单独向电机提供电能驱动汽车行驶。

如图3.6所示,串联式混合动力汽车主要由发动机、发电机、电动机等三大动力和蓄电池组采用串联的方式组成动力系统。发动机仅仅用来发电,发电机发出的电能通过电机控制器直接输送到电机,由电机产生的电磁力矩驱动汽车行驶。发电机发出的部分电能向蓄电池充电,来延长混合动力汽车的行驶里程。发动机的运行独立于车速和道路情况,适用于市内常见的频繁起步、加速和低速工况。发动机在最佳工况点附近稳定运转,避免了怠速和低速工况,从而提高了效率和排放性能。但是,在机械能与电能的转化过程中有能量损失,所以油耗并没有显著降低。混合动力汽车只有一套电力驱动系统,发动机并不直接驱动车轮,因此也不需要变速器。这相当于在普通的电动汽车上装载了一台汽油或柴油发电机。

串联式混合动力汽车的代表车型有雪佛兰沃蓝达、宝马i3增程型等。

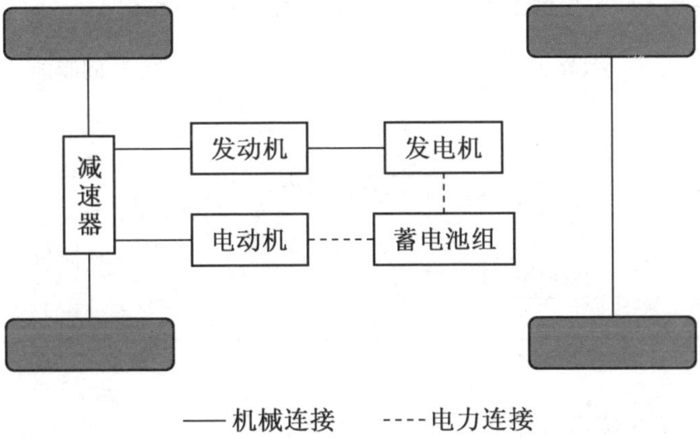

图3.6 串联式动力系统

串联式混合动力汽车从总体结构上看比较简单,易于控制,只有电机的电力驱动系统,其特点更加趋向于纯电动汽车。根据车辆行驶状况不同,串联式混合动力汽车可以有多种工作模式,具体见表3.1。

表 3.1　串联式混合动力汽车工作模式

功率流向（实线为机械功率，虚线为电功率）	工作模式	使用工况
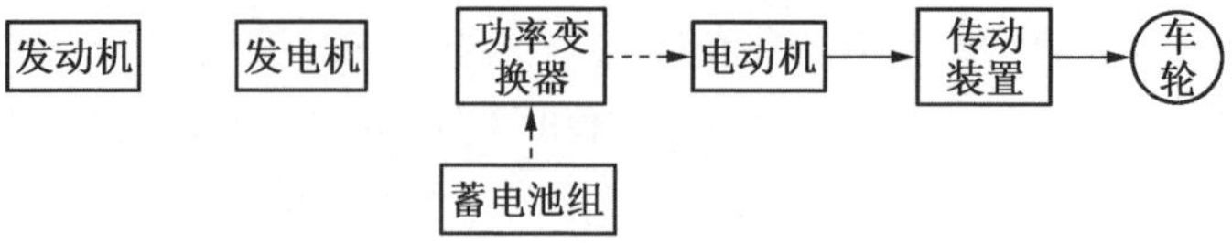	电池单独驱动	车辆起步
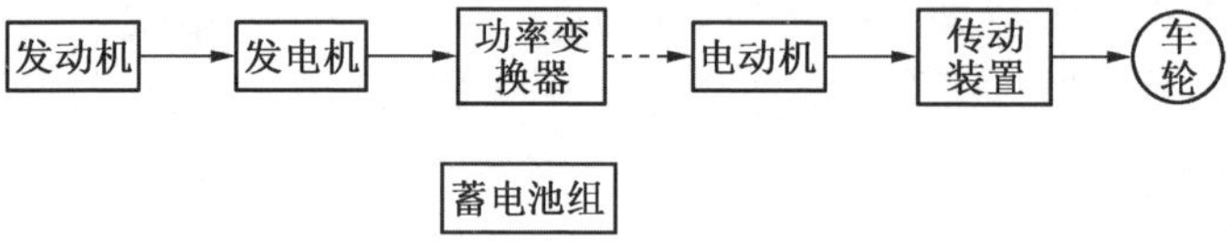	发动机单独驱动	一般车速
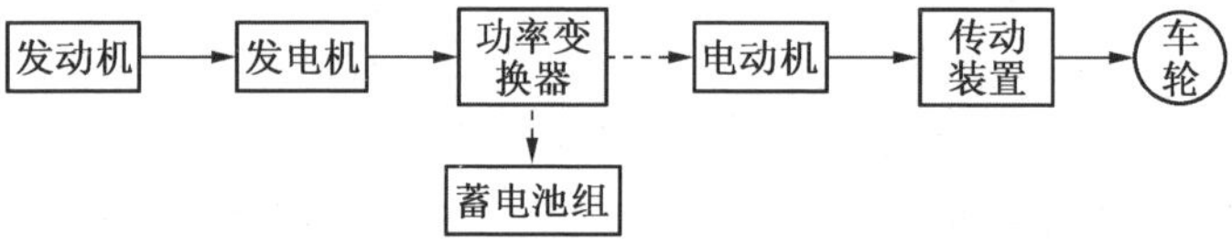	发动机单独驱动，电池充电	一般车速，发动机有剩余动力
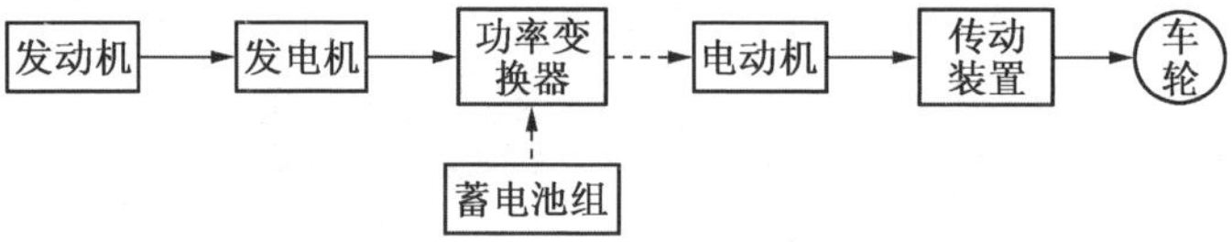	发动机和电池共同驱动	一般车速，全力行驶（如超车、爬陡坡）
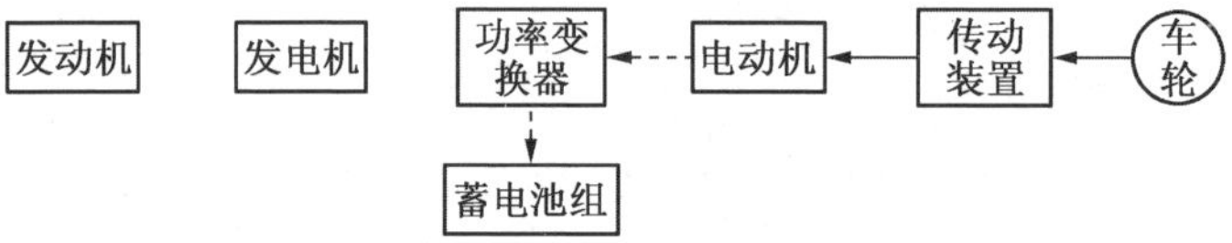	回收制动能量	制动

①串联式混合动力汽车有以下几个优点。

a. 具有电动汽车的安静、起步扭矩大的优点，可以当纯电动汽车使用，在充电方便的条件下只充电、不加油，使用成本较低。

b. 相比其他混合动力汽车模式，串联式混合动力汽车可以不用变速器，成本略有降低。由于带有发动机发电，只要有加油站就可以一直跑下去，在不方便充电的地方不会被迫拖车，解决基础设施不足的问题。

c. 因为发动机不直接驱动车轮，发动机转速和车轮转速、汽车速度没有直接关系，通过控制系统优化，可以让发动机一直工作在最佳转速，即使在充电不便时，市内堵车路况下油耗也比较低，发动机噪声也可以控制得非常小。

②串联式混合动力汽车有以下几个缺点。

a. 造成功率浪费。发动机和发电机并不直接驱动车轮,造成了这部分功率的浪费,而发动机和发电机带来的重量并没有减少。譬如,一辆增程式混合动力汽车发动机功率为50 kW,发电机功率为50 kW,电动机功率为100 kW,整车携带了总功率为 200 kW 的发动机、发电机和电动机,但是能驱动车轮的功率只有100 kW。

b. 在高速路况下,油耗反而偏高。这是因为高速路况下,如果发动机直接驱动车轮,可以一直工作在最佳工作模式,而串联式混合动力多了一个转换过程,转换本身要消耗能量,反而造成油耗偏高。

(2)并联式混合动力汽车(PHEV)。

并联式混合动力汽车指行驶系统的驱动力由电动机(发电机)及发动机同时或单独供给的混合动力汽车。其结构特点是并联式驱动系统可以单独使用发动机或发电机作为动力源,也可以同时使用电动机和发动机作为动力源驱动汽车行驶。

如图 3.7 所示,并联式混合动力汽车主要由发动机、电动机(发电机)和蓄电池组成。并联式混合动力汽车系统有多种组合形式,可以根据使用要求选用。并联式混合动力系统采用发动机和电动机(发电机)两套独立的系统驱动汽车,两大动力总成的功率可以互相叠加输出,也可以单独输出。并联式混合动力汽车内只有一台电机,驱动车轮的时候充当电动机,不驱动车轮给电池充电的时候充当发电机。

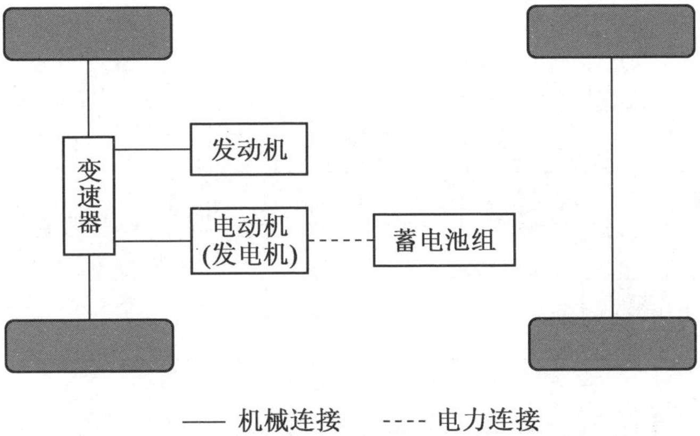

图 3.7 并联式动力系统

代表车型主要有奔驰 S400L 插电版、比亚迪秦和本田 CR－Z 等。

并联式混合动力汽车有发动机和电动机(发电机)两套驱动系统,两者的组合可以实现多种驱动方式,为适应复杂的车辆行驶工况的动力需求,并联式混合动力汽车的主要工作模式见表3.2。

表3.2 并联式混合动力汽车主要工作模式

功率流向(实线为机械功率,虚线为电功率)	工作模式	使用工况
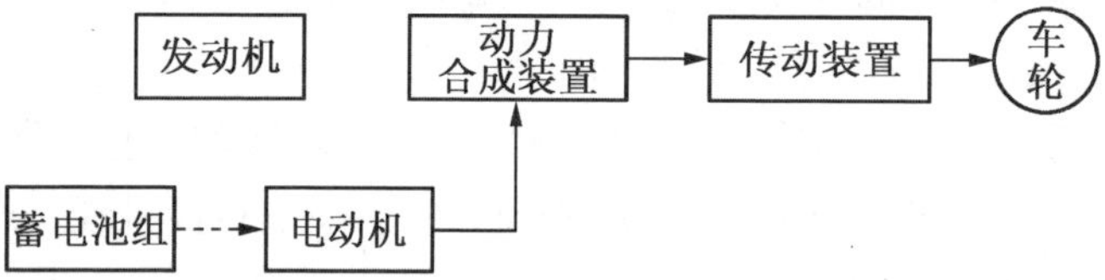	电动机单独驱动,发动机关闭	车辆起步
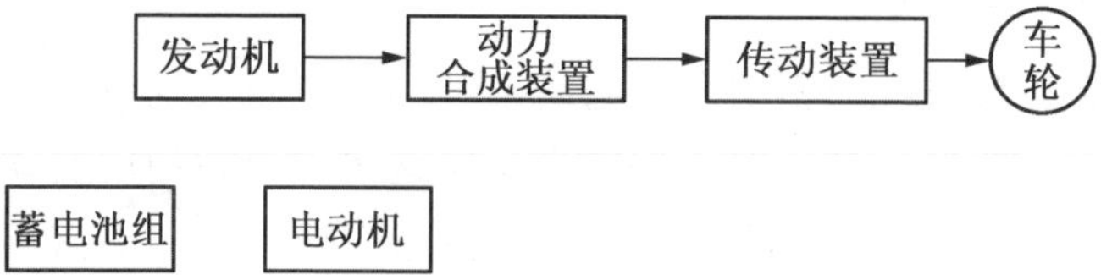	发动机单独驱动,电动机关闭	一般车速
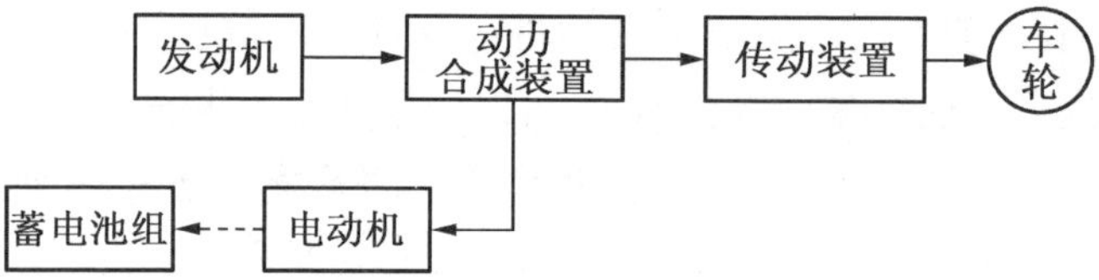	发动机单独驱动,蓄电池组充电	一般车速,发动机有剩余动力
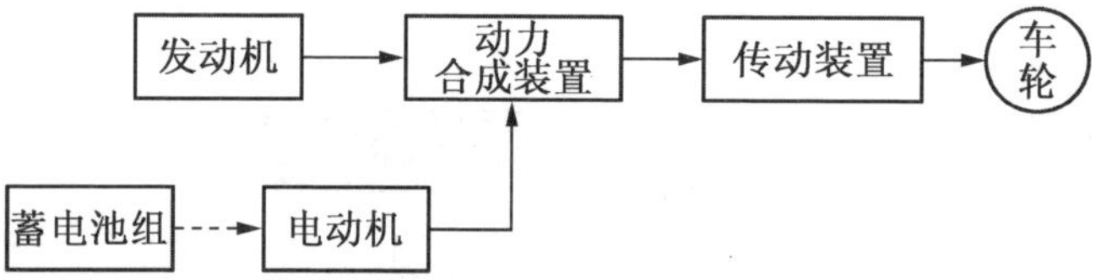	发动机和电动机共同驱动	一般车速,全力行驶(如超车,爬陡坡)
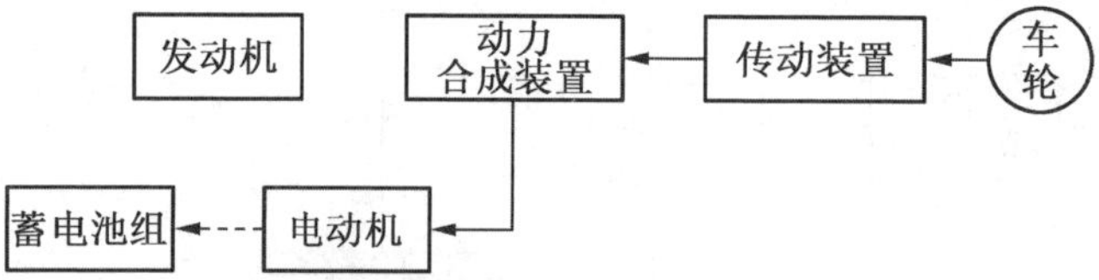	回收制动能量	制动

并联式混合动力汽车是以发动机为主、电动机为辅,电动机一般无法单独驱动汽车。系统输出动力等于发动机与电动机输出动力之和,例如本田的IMA系统。

①并联式混合动力汽车有以下几个优点。

a.没有功率浪费的问题。电动机、发动机共同驱动车轮,没有功率浪费的问题，譬如电动机为 50 kW、发动机为 100 kW，只要传动系统能承受，整车功率就是 150 kW。

b. 具备电动汽车和汽油车的优点。在纯电动模式下，同样有电动汽车噪声低和使用成本低的优点；在混合动力模式下，有非常好的起步扭矩，加速性能出色。

c. 使用成本低。因为只是在变速器上增加了一台电动机（分变速器输入端和输出端两种增加方法），在传统燃油车基础上改动较小，成本也比较低。

②并联式混合动力汽车有以下几个缺点。

a. 在混合动力模式下，发动机不能保证一直在最佳转速下工作，油耗比较高。只有在堵车时因为可以自带发动机启停功能油耗才会低。

b. 因为只有一台电机，不能同时发电和驱动车轮，所以发动机与电动机共同驱动车轮的工况不能持久。

c. 持续加速时，蓄电池组的能量会很快耗尽，转成发动机单独驱动模式。

（3）混联式混合动力汽车（PSHEV）。

混联式混合动力汽车指具备串联式和并联式两种混合动力系统结构的混合动力汽车。其机构特点是可以在串联模式下工作，也可以在并联混合模式下工作，同时兼顾了串联式和并联式的特点。

如图 3.8 所示，混联式混合动力汽车主要由发动机、发电机、电动机和蓄电池组等部件组成。发动机的功率一部分通过机械传动输送给驱动桥，另一部分则驱动发电机发电。发电机发出的电能输送给电机或蓄电池，电动机产生的驱动力矩通过动力合成装置传送给驱动桥。混联式驱动系统的控制策略是在汽车低速行驶时，动力系统主要以串联方式工作；当汽车高速稳定行驶时，则以并联方式为主。

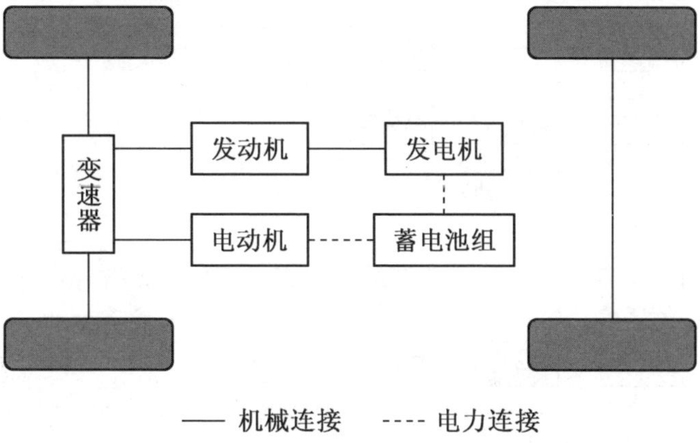

图 3.8 混联式动力系统

混联式混合动力汽车的代表车型主要有丰田普锐斯、保时捷918 等。

与并联式混合动力汽车相比，混联式混合动力汽车复合形式更复杂，因此对动力复合装置的要求更高，目前的混联式结构一般以行星齿轮结构作为动力分配装置。混联式混合动力汽车结合了串联式和并联式的结构特点，可以实现多种驱动方式，主要工作模式见表3.3。

表3.3　串联式混合动力汽车主要工作模式

<table>
<tr><th>功率流向（实线为机械功率，虚线为电功率）</th><th>工作模式</th></tr>
<tr><td>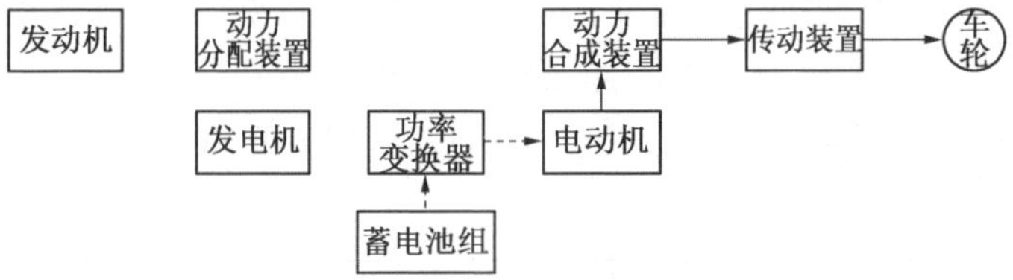
</td><td>起步或低速运行</td></tr>
<tr><td>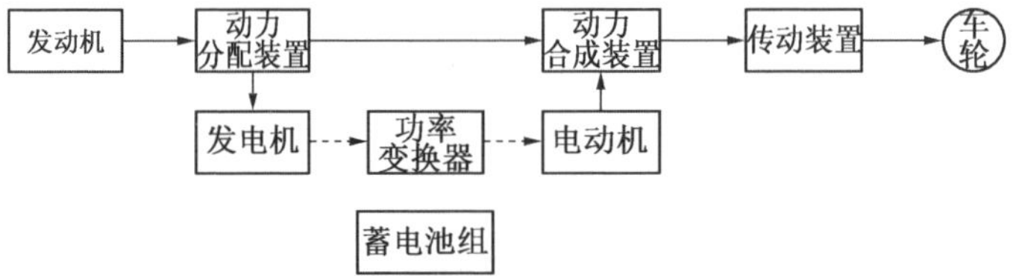
</td><td>一般车速</td></tr>
<tr><td>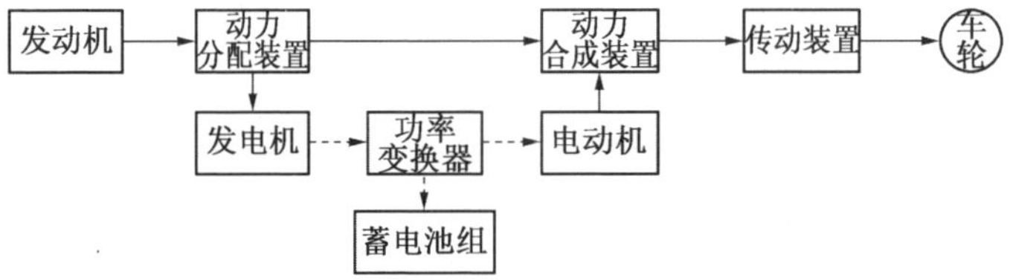
</td><td>一般车速，剩余动力向蓄电池组充电</td></tr>
<tr><td>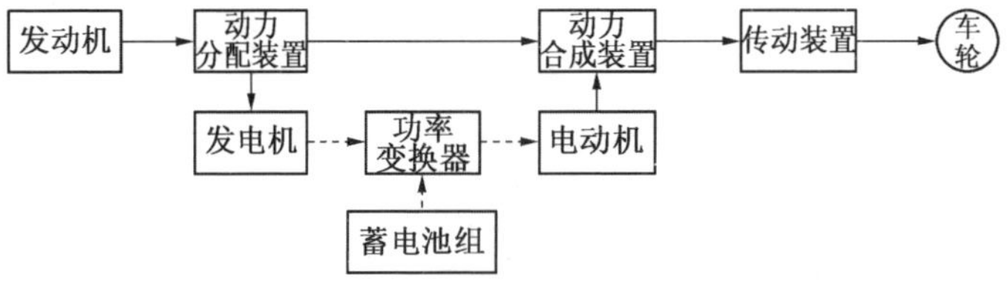
</td><td>全力行驶</td></tr>
<tr><td>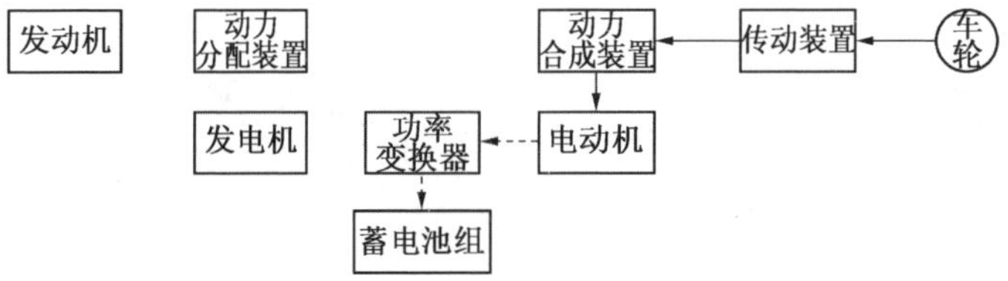
</td><td>再生制动</td></tr>
</table>

混联式混合动力汽车也有两套驱动系统，但不同的是混联式有两个电机。混

联式驱动系统充分发挥了串联式和并联式的优点,能够使发动机、发电机和电动机等部件进行更多的优化匹配,从而在结构上保证了在更复杂的工况下使系统在最优状态下工作,所以更容易实现排放和油耗的控制目标。混联式动力系统中最出名的是丰田 THS 系统。

①混联式混合动力汽车有以下几个优点。

a. 混联式同时具有串联式和并联式的优点,在纯电模式下具有电动汽车安静、使用成本低的优点。

b. 在串联模式下,没有“里程焦虑”,而且发动机还可以一直控制在最佳转速,油耗低、噪声小、振动小。

c. 在并联模式下,两台电机、一台发动机可以一起工作,三者功率加起来具有非常好的起步和加速性能,是一种比较完美的组合。

②混联式混合动力汽车有以下几个缺点。

a. 成本高。由于两台电机、发动机和变速箱一个都不能少,配套的控制电路、电池、传动系统和油路也不能少,总体成本要高于其他类型的混合动力汽车。因为要控制两个电机和一台发动机,还有不同的工作模式,控制系统也要相对复杂,这也会提高成本。

b. 总重大。由于结构复杂、部件多,车的总重也会大一些。

混合动力汽车在结构上能够分为串联、并联、混联几大类,不同结构的特点见表 3.4,其中串联是最少厂家采用的,混联虽然是最好的,但是由于丰田的技术垄断,其他厂家无法选择,因此大部分厂家都选择了并联式结构实现混合动力汽车的布局,这也是混合动力汽车中并联车型占比最大的原因,但是随着丰田专利的到期,相信未来将会有更多的混合动力车型推出。

表 3.4 三种结构的优缺点对比

	串联式结构	并联式结构	混联式结构
特点	电动机 + 发动机 = 串联	普通汽车 + 电动机 = 并联	普通汽车 + 电动机 + 发电机 = 混联
优点	中低速运行或者城市工况节油效果优于普通汽车	发动机和电动机共同驱动车辆,动力性能不错	发动机和电动机共同驱动时,发电机能持续为蓄电池组充电,不怕没电
缺点	发动机启动后,高速运行油耗比普通汽车还高	电量为零后,电动机无法继续驱动车辆,只能作为发电机	结构复杂

3.2 混合动力汽车发展历程

3.2.1 国外发展历程

纵观混合动力汽车的发展,可谓道路曲折。因为受到的外界因素太多,有时候并不能给混合动力汽车提供足够的发展空间,但混合动力汽车最终依然得到了大力发展。在欧美汽车企业把节能环保汽车的技术方向放在燃料电池或清洁柴油技术上时,日本企业则把混合动力汽车作为新能源汽车的过渡产品,不断加强技术和市场的强势地位,最终成为混合动力技术的领跑者。国外混合动力汽车发展历程总结如下。

1. 起步阶段(1900—1951 **年**)

1900 年,费迪南德·保时捷研制出第一辆混合动力汽车 Semper Vivus。

1901 年,费迪南德·保时捷对 Semper Vivus 进行了修改,开发了 Lohner - Porsche "Mixte"车型,该车型采用混联式结构,最大功率为 10 ~ 14 马力(1 马力 = 735.499 W),到 1905 年,"Mixte"售出 11 辆。

1902 年,德国工程师亨利·皮珀发明了并联式混合动力汽车,并授权比利时汽车公司 Auto - Mixed 生产,在 1906—1912 年推出一系列车型,如 3.5 马力的 Voiturette。

1915 年,北美汽车制造商生产的 6 缸混合动力车型 Owen Magnetic 采用的是串联式结构。

1916 年,芝加哥伍兹公司发布的混合动力汽车最高时速可以达到 56 km,百公里油耗 4.9 L。

该阶段混合动力汽车开始出现,欧洲、北美均有小批量上市车型,但由于混合动力汽车成本较高,一直未得到市场认可,随着搭载了电动机启动系统的福特 Model T 推向市场,混合动力汽车陷入了一段很长的发展停滞期。

2. 成长阶段(1952—1997 **年**)

1952—1966 年,1952 年 12 月美国的一次光化学烟雾事件中,洛杉矶市有 3 400多位 65 岁以上的老人死亡;1966 年,美国国会首次提出建议使用电动汽车或油电混合动力汽车来降低污染法案,这开启了当代新能源汽车的开端。

1969 年,通用汽车发布首款混合动力汽车 GM512,最高时速为 64 km。

1976 年,美国国会颁布 94 - 413 法律:电动汽车、混合动力汽车研究、开发和示范。其目的是推动电池、电机、电控以及其他混合动力部件的开发。

1977 年,丰田推出混合动力概念车 Sports 800 Hybrid,采用燃气轮机 + 电动机的并联形式。

1989 年,奥迪在奥迪 100 Avent Quattro 基础上研发的 Audi duo 实验车,由

12.6 马力的电动机驱动后轮,136 马力的 2.3 L 五缸汽油机驱动前轮。Audi duo 的尝试一直持续到 1997 年,基于 A4 Avent 的第三代 duo 正式量产,使奥迪成为第一家生产现代混合动力车的欧洲厂商。

1991 年,宝马推出混合动力概念车 FEV(Future Electric Vehicle)。

1993 年,克林顿总统发布新能源著名的"未来汽车合办计划(PNGV)"。

直到 20 世纪 50 年代,随着环境污染带来的恶果和石油危机的加重,发达国家开始注重节能环保,电动汽车及混合动力车型重新进入人们的视野。这个阶段美国通过各种法规来加速新能源汽车的发展,通用、丰田、奥迪等汽车厂商也纷纷推出自己的车型。

3. 发展阶段(1997 年至今)

1997 年,丰田推出第一代普锐斯,采用 THS 技术,是当时最为先进的混合动力技术,全球销量达 12.3 万辆,成为混合动力汽车的一个重要标志。

1997 年,本田 IMA 的混合动力系统第一次出现,应用于 J-VX 概念车。

1999 年,J-VX 量产上市,名称变为 Insight。从此开始,IMA 的混合动力系统先后搭载到思域、雅阁、CR-Z 以及讴歌等品牌的车型上。

2001 年,普锐斯正式进入美国市场,因其出色的油耗表现以及可靠性,获得了联邦税收每台 2 000 美元的补贴。

2001 年,丰田推出了 Estima 混合动力小货车,使用弱混合动力的皇冠豪华小轿车和 Dyna 混合动力轻型货车。

2003 年,丰田把 THS-Ⅱ技术引入到第二代的普锐斯上面,并于 2005 年把这套系统的使用范围扩展到对动力性能要求更高的 SUV 车型上——雷克萨斯 RX400h 和 Highlander Hybrid。

2008 年,福特正式发布了第一代混合动力 Fusion hybrid 车型(国内称为蒙迪欧)。

2008 年,德国政府宣称 10 年内普及 100 万辆插电式混合动力以及纯电动汽车型。

2011 年,雪佛兰 Volt(沃蓝达)上市,搭载第二代电驱技术 Voltec,Voltec 被视为美国新能源汽车技术的骄傲。

2012 年,本田发布了新的混合动力系统 i-MMD,并且在 2016 款雅阁混合动力版上应用该技术。

2015 年,丰田推出的 THS-Ⅲ技术,并应用于第四代普锐斯,截至 2017 年,四代普锐斯车型累计销售已经达到 400 万辆。

2015 年,第二代雪佛兰 Volt 于 1 月底在特律北美车展首发。新车采用1.5 L 四缸发动机+两台驱动电发动机,最新的 Gen2 Voltec 电驱技术也首次应用于该车上。

2017 年，丰田混合动力车型全球累计销售达到 1 000 万辆级别，成为首个进入千万级混合动力车企。

从 1997 年开始，第一代普锐斯的推出被看作混合动力汽车史上一座重要的里程碑，普锐斯出色的节油效果得到欧美等发达国家的认同，自此丰田的 THS 系统、本田的 IMA 系统、通用的 Volt 技术在混合动力汽车技术中大放异彩，各生产厂家纷纷推出自己量产车型，到 2017 年，丰田混合动力车型全球累计销售达到 1 000 万辆。

3.2.2 国内发展历程

在纯电动汽车领域，中外几乎处在相同的起跑线上，这对于我国汽车行业是一个实现赶超的契机。因此，我国十分重视混合动力汽车的基础与工程应用研究。

1986 年 3 月，“十五”期间我国将混合动力汽车研发列入“863”计划进行攻关。

1997 年 1 月，国家专利局受理了中国第一个有关混合动力车的专利申请。

2001 年，“十一五”期间我国通过实施“863”计划，初步建立了纯电动、混合动力与燃料电池汽车“三纵三横”的研发布局和技术体系。

2006 年，一汽在奔腾 B70 基础上进行混合动力车型研究，节油效果达到 40%。

2009 年，长安杰勋混合动力车型上市，在此之前的北京奥运会上，20 辆杰勋作为出租车进行了试运行。

2010 年，国家正式出台个人购买新能源车补贴政策。

2010 年，上汽荣威 750 中混混合动力轿车上市，在上海世博会期间投入 150 辆试运行。

2010 年 3 月，第一款量产的自主混合动力车型比亚迪 F3DM 上市，该车搭载一台 1.0 L 68 马力发动机和一台 50 kW/400 N · m 的电动机，动力输出可达到 3 L 发动机的水准。

2012 年，上汽荣威 550 插电式重度混轿车上市。

2013 年，比亚迪秦量产版上市，其百公里加速达到 5.9 s，最大功率达到 217 kW，最大扭矩为 440 N · m。

我国混合动力汽车的发展从“863”计划的实施开始进入技术研发阶段，随着北京奥运会与上海世博会的举办，部分小批量产品投放市场进行试验运行。但是，由于国家政策向插电式混合动力及纯电汽车倾斜，普通混合动力车型并没有过多的优惠，导致国内目前自主品牌的新能源汽车以插电式及纯电动为主。

3.3 混合动力汽车关键技术

混合动力汽车以先进的控制技术为纽带，是传统燃油汽车与纯电动汽车的一种过渡性车型，其关键技术涵盖机电工程、电力电子、电化学、控制工程、汽车电子和车辆工程等多学科。

混合动力汽车的关键技术包括混合动力专用发动机、驱动电动机及其控制技术、动力电池及其管理系统、机电耦合系统、整车能量控制系统、再生制动能量回收系统和车辆智能控制技术等。

1. 混合动力专用发动机

混合动力汽车的工作与传统汽车有所不同，混合动力汽车中的发动机大部分时间以高功率运转，而不需要频繁改变功率输出。混合动力汽车的发动机可以广泛地采用内燃机、转子发动机、燃气发动机和斯特林发动机等。

从国际上看，当前销量最大的丰田普锐斯燃油效率已经达到了 120 MPGe（MPGe 实际上是指电动汽车的能耗换算成 MPG 后的"等效油耗值"）之多，换算下来就是百公里综合油耗 1.9 L，2017 款沃蓝达达到 106 MPGe，2016 款宝马 i3 达到 117 MPGe。其中，丰田普锐斯采用高效率、高膨胀比的阿特金森工作循环，主要是追求高效率而不是高功率。目前，广汽等少数企业已开发出混合动力专用的阿特金森/米勒循环发动机，实现了自主突破，发动机压缩比达 13:1，极大地提高了发动机的燃烧效率，但最低燃油消耗率与国外先进水平还存在差距。

在混合动力专用发动机方面，国内前期重点开发阿特金森/米勒循环等专用发动机；中期改善燃烧水平实现冷却优化，同时降低机械摩擦损失；后期应用 HCCI（均质充量压燃）等技术，不断提高发动机压缩比。

2. 驱动电动机及其控制技术

电动机是电动汽车的心脏，对于混合动力汽车来说，电动机的重要性与发动机是等同的。混合动力汽车对驱动电动机的要求是能量密度高、体积小、质量轻和效率高。从发展趋势来看，电驱动系统的研发主要集中在交流感应电动机和永磁同步电动机上，对于高速、匀速行驶工况，采用感应电动机驱动较为合适；而对于经常启动、停车、低速运行的城市工况，永磁同步电动机驱动效率较高。

驱动电动机的控制技术包括大功率电子器件（IGBT）、转换器、微处理机以及电动机控制算法等。高性能的 IGBT 仍处于研究中，并且向微电子技术与电力电子技术集成的第四代功率集成电路方向发展。转换器技术随着功率器件的发展而发展，可分为 DC/DC 直流斩波器和 DC/AC 逆变器，分别用于直流和交流电动机。电动机微处理器主要有单片机和 DSP 芯片，目前电动机控制专用 DSP 芯片已被广泛采用，将微处理器与功率器件集中到一块芯片上（即 PTC 芯片），是目前的研究热点。

从功率看,国际主流汽车企业采用的驱动电动机峰值比功率(等效 300 V 直流电压)可达到 3.8 kW/kg,连续比功率可达 2.4 ~ 2.8 kW/kg;而我国的电动机产品的峰值比功率大多为 2. 8 ~ 3.0 kW/kg,连续比功率为 1.2 ~ 1.6 kW/kg。

从电机转速来看,国内驱动电动机最高转速可以达到 12 000 r/min,与国际上电动机产品 14 000 ~ 16 000 r/min 的最高转速仍有差距。我国规模化生产的电机驱动控制器比功率为 5 ~ 8 kW/L,仅为国际先进水平的 50% 。

我国电机控制器、车载充电机和 DC/DC 等车载电力电子变换器大多仍采用独立封装形式,比功率低、质量大,系统集成度有待提高。在下一代半导体器件的研发方面,我国在此领域尚处于起步状态,急需在碳化硅半导体材料、器件和控制器等技术开发方面展开工作,同时需要注重进行高温电力电子等基础理论研究。

在驱动电动机方面,下一步研发重点在于进一步提高驱动电动机以及控制器的比功率,同时要加速碳化硅等新材料的研究应用。根据《节能与新能源汽车技术路线图》的规划,到 2020 年驱动电动机比功率达到 4.0 kW/kg,电机控制器比功率达到 17 kW/L;到 2025 年驱动电动机比功率达到 4.5 kW/kg,控制器比功率达到25 kW/L;到 2030 年驱动电动机比功率达到 5.0 kW/kg,控制器比功率达到 35 kW/L。

3. 动力电池及其管理系统

动力电池是混合动力汽车的基本组成单元,其性能直接影响驱动电动机的性能,从而影响到整车的燃油经济性和排放性能。混合动力汽车使用的电池工作负荷大,对功率密度要求较高,但体积和容量小且电池的安全工作区间较窄,对循环寿命要求高。能否开发适合混合动力汽车的专用动力电池是决定混合动力汽车能否大量推广使用的重要因素之一。如何全面、准确地对动力电池进行管理,是决定动力电池能否发挥最佳效能的重要因素。

中、日、韩、美、德等国是目前锂离子电池研发、产业化及国际标准化的主要参与者和推动者。总体来看,美国在原始创新方面优势明显,日本在技术方面领先,韩国在产值方面最大,中国在产能方面最大。LG 化学作为通用 Volt 增程式混合动力汽车的电池主供应商,电池容量为 15 A · h,比能量达到了 145(W · h)/kg。我国的磷酸铁锂电池单体的比能量接近 140(W · h)/kg,三元材料混合锰酸锂材料的电池单体的比能量达到 180(W · h)/kg,与国际水平基本同步,功率型电池比功率最高达到 3 000 W/kg,与国际先进水平相当。在新材料方面,我国已基本掌握了磷酸铁锂、锰酸锂、三元材料前驱体、石墨负极材料、钛酸锂负极材料、电解液和 PP/PE 隔膜、电池单体研发及制造等核心技术,其技术水平与国外水平基本相当。

在车用动力电池技术方面，我国锂离子动力电池的产业链初具规模，能量型动力电池单体技术指标达到国际先进水平。但锂离子电池的设计水平，锂离子动力电池生产设备与锂离子动力电池原材料的技术水平，锂离子动力电池大规模生产控制能力（一致性、可靠性等）以及系统集成能力总体上仍有赶超空间。我国在电池包设计，电池系统热管理，高压电安全管理，电池管理系统的剩余电量估计算法，故障判断和预警等技术方面亟待提升。

在动力电池方面，下一步研发重点在于进一步提高电池比能量，增加电池使用寿命，降低电池成本，加速新材料的运用以及提高电池的设计和管理水平。根据《节能与新能源汽车技术路线图》的规划，到 2020 年，电池寿命达到 10 年，将功率型电池比能量提高至 180（W・h）/kg 以上，电池成本降低 10%；到 2025 年，电池成本降低 20%；到 2030 年，电池成本降低 30%。

4. 机电耦合系统

混合动力电动汽车是内燃机与电动机两种动力混合驱动，这种混合是通过机电耦合系统的动力耦合作用实现的。动力耦合系统负责将混合动力汽车的多个动力组合在一起，实现多动力源间合理的功率分配并把动力传给驱动桥，它在混合动力汽车开发中处于重要地位，其性能直接关系到混合动力汽车整车性能是否达到设计要求，是混合动力汽车的核心部分。机电耦合系统的形式不仅决定了混合动力汽车具备的工作模式，也是功率分配策略制定的依据，并最终对整车的动力性、经济性和排放性能产生重大影响。

从国际上看，目前国外新能源汽车机电耦合系统存在多种技术方案，如以大众高尔夫 GTE 搭载的 P2 为代表的单电机耦合系统、以本田雅阁 PHEV 上 i－MMD 为代表的固定轴式机电耦合系统、以丰田普锐斯搭载的 THS 为代表的行星齿轮式机电耦合系统。在国内，东风汽车公司在客车上采用了固定轴式机电耦合系统、长安和奇瑞公司采用了单轴并联式混合动力系统、广汽新能源开发的 GAC 机电耦合系统等。

机电耦合系统下一步的研发重点在于，使混合动力系统从离散结构向发动机，电机和变速器向模块化与一体化方向发展，即集成化混合动力总成系统，采用模块化设计思想进行动力耦合系统的集成化设计和综合管理控制，以实现整车总体设计和模块化设计，从而使整车结构更紧凑、性能更优、可靠性更高且成本更低。

5. 整车能量控制系统

混合动力汽车的整车能量控制系统的主要功能是进行整车功率控制和工作模式切换的控制。整车能量控制系统如同混合动力汽车的大脑，指挥各个子系统协调工作，以达到效率、排放和动力性的最佳，同时兼顾行驶车辆的平顺性。

整车能量控制系统根据驾驶员的操作,如加速踏板、制动踏板、变速杆的操作等判断驾驶员的意图,在满足驾驶员需求的前提下,分配电动机、发动机和蓄电池等动力部件的功率输出,实现能量利用率的最佳管理,使有限的燃油发挥最大的功效。目前的混合动力汽车可不需要外部充电,其整车驱动能量可以全部来自于发动机的燃油热能,除外接充电蓄电池存储的电能以外,电动机驱动所需的电能是燃油热能在车辆行驶中转换为电能后储存在蓄电池中的。能量管理策略的目标就是使燃油能量转换效率尽可能高。

整车能量控制必须通过有效控制混合动力系统的工作才能实现。此外,能量控制还需考虑其他车载电气附件和机械配件的能量消耗,如空调、动力转向和制动助力等系统的能耗,以综合考虑整车的能量使用。

6. 再生制动能量回收系统

再生制动能量回收是混合动力汽车提高燃油经济性的又一重要途径。由于制动关系到行车安全性,如何在最大限度回收制动时的车辆动能与保证安全的制动距离和车辆行驶稳定性之间取得平衡,是再生制动能量回收系统需要解决的难题之一,再生制动能量回收系统与车辆防抱死制动系统的结合可以完美地解决这一难题。

7. 车辆智能控制技术

传统汽车的车辆动力学控制系统与混合动力控制系统以及制动能量回收控制的结合,将是混合动力汽车控制技术的下一个研究热点。混合动力汽车的再生制动系统与传统汽车的防抱死系统的结合问题,在国外已经得到了较好的解决,而国内尚无真正的解决方案。另外,随着混合动力汽车研究的深入,传统汽车的驱动控制系统、车辆稳定性控制系统等如何与混合动力汽车的能量管理及动力控制系统相结合,将越来越显示出其重要性和必要性。传统汽车的控制技术与现代电动汽车控制技术的融汇集成,加强车辆控制技术可使未来的混合动力汽车更加节能、舒适和安全。

3.4 混合动力汽车典型产品

3.4.1 国外混合动力汽车

1. 乘用车

目前,美国、日本和德国在混合动力汽车的研究领域处于领跑地位。国外很多达标性的混合动力车型量产并取得了市场成功。

(1)丰田汽车公司。

①普锐斯(图3.9)。1997 年,丰田发布第一代普锐斯,采用 THS 混合动力系统,配备 1.5 L 直列四缸自然吸气发动机和一台 288 V 永磁交流电动机,其中汽油发动机

最大功率为 13 kW，最大扭矩为 102 N·m，电动机最大功率为 29 kW，最大扭矩为 305 N·m，百公里等速油耗在 3.22 L左右。随后在2003 年发布第二代、2009 年发布第三代、2015 年发布第四代产品。第四代普锐斯采用 THS－Ⅲ混合动力系统，其风阻系数为0.24Cd，装配 1.8 L自然吸气四缸发动机，发动机功率为 72 kW，发动机最大扭矩为 142 N·m，综合最大功率为 110 kW，最低油耗能达到2.48 L/100 km。

②雷克萨斯 LS600hl(图 3.10)。2007 年上市，其采用了 5.0 L 直喷 V8 汽油内燃机与电池组－电动机系统配合工作，作为一款豪华高档车，二者同时工作可以产出高达328 kW 的超强动力。LS600hL 还拥有 9.3 L/100 km 的低油耗，这向世人展示了豪华车型的绿色可持续发展的汽车设计思想。

(a)第一代

(b)第二代

(c)第三代

(d)第四代

图 3.9　丰田普锐斯

图 3.10　雷克萨斯 LS600hl

③凯美瑞混合动力版(图 3.11)。2013 年推出混合动力版凯美瑞，目前以一个新的名称亮相，即“凯美瑞双擎”。混合动力版凯美瑞搭载了一台 2.5 L 自然吸气发动机，其最大功率为 118 kW，最大输出扭矩为 213 N·m，另外一台电动机的总功率为 105 kW、总扭矩为 270 N·m。传动系统搭载的是一台 E－CVT 无级变

速箱，百公里综合油耗为5.9 L。

图3.11　凯美瑞混合动力版

（2）本田技研工业株式会社。

①本田思域Hybrid（图3.12）。2007年上市，采用了本田第二代混合动力系统，思域混合动力搭载了1.3 L的3层次i－VTEC发动机，根据智能化控制的VTEC，通过低转速、高转速和气缸停止三个层次对阀门进行控制。该发动机的最大输出功率为71.5 kW，最大输出扭矩为170 N·m，升功率为55 kW，加上电动机的15 kW功率，整套动力系统可达到1.8 L汽油发动机的动力输出和扭矩输出，最高车速可以达到185 km/h，百公里综合工况油耗为4.7 L。

图3.12　本田思域Hybrid

②第九代雅阁混合动力版（图3.13）。2012年推出，采用本田i－MMD最新混合动力系统，该车有普通混合动力和插电式混合动力两种版本。动力方面，雅阁混合动力车型搭载2.0 L阿特金森循环自然吸气汽油发动机以及双电机组合，发动机最大功率为105 kW，电动机输出可达到124 kW，307 N·m，百公里综合油耗达到5 L。

图3.13　雅阁混合动力版

(3)通用汽车公司。

①通用君越 Eco – Hybrid(图 3.14)。2008 年上市,其装备了 2.4 L ECO 智能先进发动机,同时选用了镍氢蓄电池驱动的电机辅助系统。在一些高能耗工况如加速爬坡等情况下,电动机能够适时激活,给予发动机必要的辅助动力,达到节能减排的目的。但在能耗相对较低的情况下,发动机会对蓄电池组进行自动充电。该汽车还带有制动能量回收系统,所回收的能量也存储在电池组中。通过测试,该款混合动力汽车的综合油耗减少了近 16%,由原来的 9.8 L/100 km 减少到 8.2 L/100 km,百公里等速油耗低至 5.5 L。

图 3.14 通用君越 Eco – Hybrid

②雪佛兰 Volt(第二代)(图 3.15)。2011 年推出一代产品,2015 年推出二代产品,全新雪佛兰 Volt 采用汽油机与升级版的锂电池的动力组合,电池容量为 18.4 kW·h,可实现最大续航里程为 676 km,纯电模式下续航达到 85.3 km。据官方称,在电池组定期充电的前提下,新车总续航里程超过 1 609 km。该车采用 1.5 L 汽油发动机,百公里综合油耗约 5.6 L,该车百公里加速时间为 8.4 s,比老款车速度快 7%,最大车速为157 km/h。

图 3.15 雪佛兰 Volt

(4)大众汽车。

图 3.16 所示为高尔夫 GTE。2014 年推出,高尔夫 GTE 使用了一套插电式混合动力技术,由一台 1.4 T发动机和一台电动机组成,综合最大功率为 150 kW,最大扭矩为 350 N·m,匹配为 6 速 DSG 双离合变速器。该车的百公里加速时间为 7.6 s,百公里综合油耗低至 1.5 L。纯电动模式下,高尔夫 GTE 可行驶 50 km,最高车速被控制在 130 km/h,在综合模式下最高车速可达到 217 km/h。同时该车装备有 8.8 kW·h 的锂离子电池组,并可在 2.5 h 内完成充电。

图 3.16　高尔夫 GTE

(5)宝马公司。

图3.17 所示为宝马 i3 增程版。2014 年推出,该车的动力核心是一台安置在后轴上方的电动机,其最大输出功率为 125 kW,最大扭矩可以达到 250 N·m,百公里加速时间可达 7.9 s,增程式车型配备了一台 650 mL 双缸发动机用以给电池充电,续航里程为 340 km,纯电动版车型则为 190 km。宝马 i3 目前在国内提供两种充电方案:一种是使用 BMW i 标准版充电墙盒,最大充电功率可达到 7.4 kW,只需要 3 h 就能充满 80% 的电量;第二种则是使用随车附带的 220 V 便携式充电线,完全充满电大约需要 8 h。

图 3.17　宝马 i3 增程版

2. **商用车**

(1)戴姆勒 - 奔驰汽车公司。

图3.18 所示为奔驰旗下三菱扶桑于 2012 年推出的 Fuso Canter Eco Hybrid 2012 轻卡,该车融合了双离合变速器及混合动力技术,采用了内置式混合动力电机。配备了大功率电机,最大输出功率为 200 kW,整车的百公里油耗达到了12.8 L。

图 3.18 Fuso Canter Eco Hybrid 2012

2013 年,奔驰推出的 Atego Blue Tec Hybrid(图 3.19)是第一款在欧洲获得欧洲型式批准的混合动力卡车,符合欧五排放标准。相比传统的动力系统,混合动力系统能够降低燃油消耗,同时将 CO_2的排放量降低 10% ~15%,在油耗降低及节能减排上表现突出。Atego Blue Tec Hybrid 的动力来自一台戴姆勒公司生产的 OM924 柴油发动机与一台 44 kW 的水冷式电机驱动,通过奔驰 6 挡自动变速器传递动力,动力强劲,续航能力强且操作轻松。

图 3.19 奔驰 Atego Blue Tec Hybrid

(2)沃尔沃集团。

图 3.20 所示为沃尔沃卡车 2011 年推出的 26 t 级的并联式柴电混合重卡,使用带有 I – Shift 键的 AT2412D 的 12 速顶级变速器。该车搭载了两款道依茨 D7F300 的 7 L六缸柴油发动机,分别可以输出 220 kW和 250 kW的功率,最大扭矩为 1 300 N · m。电动机位于发动机和变速器之间,最大输出功率为 120 kW,输出扭矩为 800 N · m。当加速和怠速时混合动力卡车的噪声能降低 50%,二氧化碳排放的降低量高达 30% 以上,同时固体颗粒物和氮氧化物的排放量也有明显减少。

图 3.20　沃尔沃 26 t 级柴电混合重卡

2018 年沃尔沃卡车推出一款采用混合动力系统的电动重卡 Volvo FE(图 3.21),该车的定位是垃圾处理电动环卫车,车辆总质量为 27 t,Volvo FE 上的驱动系统由两台185 kW的电机组合而成,最大扭矩为 850 N·m。根据车型的定位不同,还可匹配 130 kW 的单/双电动机。该车还可匹配 200(kW·h)/300(kW·h)的电池,续航里程长达 200 km。沃尔沃 FE 电动垃圾转运车提供两种不同的充电系统,包括大功率充电 CCS2,使用最大功率为 150 kW 的直流充电,充满大概需要 1.5 h;而低功率充电则使用 22 kW 交流电进行,充满大概需要 10 h。

图 3.21　沃尔沃 FE 电动重卡

(3)德国曼恩集团。

图 3.22 所示为 2012 年推出的 MAN TGS 混合动力卡车,采用了大众集团乘用车提供的排量为 3 L 的 V6 TDI 发动机,可以提供 150 kW 的动力。在对噪声要求很高的区域,TGS 混合动力卡车可以关闭柴油机,使用电池驱动电动机。除了由柴油机驱动发电机发电外,TGS 混合动力卡车还可以使用停车场的充电桩进行充电,利用夜间低价,将低成本优势发挥到极致。MAN 巧妙地将模块化锂电池组放置在驾驶室下方,保证了最大的空间利用率、最佳的重量分布和最高的安全等级。在驾驶室内,独立的显示器可以显示系统的不同工况,如能量参数、动能回收和电池状态等。

图 3.22 MAN TGS

2014 年 MAN 公司在德国汉诺威车展上推出了一款 TGX Hybrid 混合动力卡车(图 3.23),TGX Hybrid 采用并联式混合驱动,其中一台柴油发动机可输出 324 kW 驱动功率,一台电动机可输出 130 kW 驱动功率。在惯性滑行和制动时,电动机将作为发电机工作,回收的能源被存储到一个具有约 2 kW · h 容量的蓄电池中。上坡时,TGX Hybrid 将此能源作为扭矩支持提供给柴油发动机,这样可使柴油发动机在最经济的转速范围内运行,额外的扭矩可避免在山道上降挡,从而节约燃料。

图 3.23 TGX Hybrid 混合动力卡车

(4)斯堪尼亚汽车公司。

在 2018 年第 67 届汉诺威车展上,斯堪尼亚推出了一款插电混动式卡车 L320(图3.24)。该车轴距为 4 550 mm,主要定位城市用车。动力总成方面,该车配备了一台驱动功率为130 kW、最大扭矩为 1 050 N · m 的电动机,与之匹配的是一组容量为 18.5 kW · h 的锂电池。除此之外,还搭载了一套燃油动力系统,9 L 超高压共轨发动机,最大功率为 235 kW,最大扭矩为 1 600 N · m;这套燃油动力系统不仅可以使用柴油,还可以使用生物柴油,变速箱采用的是 GRS895 变速箱。

图 3.24 斯堪尼亚 L320

(5)依维柯汽车有限公司。

2011 年依维柯混合动力卡车 Eurocaro Hybird(图 3.25)于英国首次亮相,该车总质量为 7.5 t,车上匹配了一个最大功率为 132 kW 的直列四缸 3.9 L 的柴油机和一个 60 kW的电动发电机,配备伊顿的 6 挡自动变速器。它采用的柴电并联式混合动力传动系统,方便其在城镇及高速公路上畅行。

图 3.25 依维柯混合动力卡车 Eurocaro Hybird

(6)DAF 公司。

2018 年第67 届汉诺威车展达夫推出了混合动力的 CF 重卡(图3.26)。插电式混合动力 CF 重卡,总质量为 40 t,动力总成方面采用采埃孚的混合动力传动系统方案——柴油机 + 电池电动机动力组合的技术路线,柴油机是达夫重卡上使用的佩卡 11 L 发动机(330 kW),电机额定功率为 75 kW,锂电池组总能量为 85 kW · h。

图 3.26　插电式混合动力 CF 重卡

3.4.2　国内混合动力汽车

1. 乘用车

(1)比亚迪股份有限公司。

①比亚迪 F3DM(图 3.27)。2010 年推出,在动力方面,比亚迪 F3DM 双模电动汽车搭载了 BYD371QA 全铝发动机,功率为 50 kW,配合 75 kW 的电动机,比亚迪 F3DM 双模电动汽车输出功率达到 125 kW。在纯电动模式下,F3DM 双模电动汽车也实现了目前世界上最长的续航里程——100 km,最高车速可达 150 km/h。F3DM 将是全球第一款上市的不依赖专业充电站的双模电动汽车。该车在比亚迪电动汽车充电站快速充电 10 min 可充 50%,家用电源上慢充 7 h 可充满。

图 3.27　比亚迪 F3DM

②比亚迪秦(图 3.28)。2013 年推出,是国产车销量最好的混合动力车型。比亚迪秦装配 1.5 T 的缸内直喷先进发动机,峰值功率达到了 113 kW,峰值扭矩为 240 N·m,由比亚迪自主开发生产的 13 kW·h 铁电池组可以给驱动电动机提供的峰值功率为 110 kW。发动机和电池组二者同时工作时,输出的最大功率达到 217 kW,最大扭矩为 440 N·m。当转换为纯电动驱动模式时,秦的续航里程达到 70 km,在仪表盘上有电量显示,充电口设置在后备厢。充电时,打开后备厢就可以在充电站充电,也可以选用民用电(220 V)充电。秦在一般工况下驱动动

力由蓄电池提供给电动机，然而在能耗比较大的工况下，如加速爬坡时，发动机能够启动并驱动汽车，因此可以提供足够的动力。在制动时，制动能量可以以电能方式储存在动力电池中，一般行驶状况下，90% 使用纯电模式，10% 使用燃油模式。

图 3.28　比亚迪秦

（2）重庆长安汽车股份有限公司。

2009 年推出长安杰勋（图 3.29）。长安汽车建成了国内首条自主研发的混合动力汽车生产线，杰勋完全为自主研发且已取得了 80 多项专利。但是，其装备的电机无法独自驱动汽车前进，就是说在任何工况下都需要发动机的驱动输出，配有的电动机只是在特殊工况下起辅助作用。所以，仍属于轻度混合汽车。杰勋的发动机排量为 1.6 L，是在 JL475Q1 基础上对电喷及进排气系统进行过改良设计的，最大功率和扭矩分别可以达到 72 kW 和 141 N · m。它所采用的蓄电池是金属氢化物镍蓄电池，工作电压达到 146 V，同时它采用永磁同步内转子发电机，能够为发动机额外提供 12 kW 的功率和 69 N · m 的转矩。

图 3.29　长安杰勋

（3）上海汽车集团有限公司。

上汽荣威 550PLUG－IN（图 3.30）。2012 年推出，荣威 550 PLUG－IN 许多关键技术均是由上汽自主研发的，它的 Green－motion 三核混合动力引擎组表现出色，动力系统组成包括排量为1.5 L的内燃机、牵引电机和启动与发电一体机。该车具有智能控制策略，能够根据行驶状况来自发调节动力输出源，以求得在经济性和动力性上的平衡，其最大综合输出功率为148 kW，最大扭矩可达到 588 N · m。

图 3.30 上汽荣威 550 PLUG－IN

2. 商用车

(1)陕西汽车控股集团有限公司。

如图 3.31 所示，德龙 L3000 混动环卫车是陕汽结合城市环卫作业特点和用户需求，引进欧洲全新科技理念，借助正向研发理念，全系打造的一款压缩垃圾处理车，它融合了大功率充电技术，通过大容量锂电池匹配，独创磅礴之势，各项指标全面引领行业，助力中国城市环卫车辆低碳产业高速发展，成为新一代城市环卫车辆全新标杆。德龙 L3000 车型配置见表 3.5。

图 3.31 德龙 L3000 混动环卫车

表 3.5 陕汽混合动力卡车

车型	德龙 L3000 混动环卫车
公告型号	SX5187ZYSL5451PHEV
驱动形式	4×2
外形尺寸/mm	8 550,8 445×2 520×3 080,3 405
轴距/mm	4 500
整备质量/kg	10 620,10 850
总质量/kg	18 000
燃料种类	柴油/电

续表 3.5

发动机企业	潍柴(潍坊)中型柴油机有限公司
发动机型号	WP6.220E50
电池种类	磷酸铁锂
电池容量/(kW·h)	219

(2)郑州宇通集团有限公司。

宇通 H8 和 H12 插电式混合动力公交车搭载睿控系统,通过轻量化、高效电驱动与制动、智能控制和高效电附件技术等设计优化,经济性更加突出,节能效果可达到42%以上。同时,由于采用轻量化与空间优化技术,相较同类产品承载量更大,运营效益更优,宇通混合动力产品介绍见表3.6。

表 3.6 宇通混合动力产品简介

新能源	分类	类型	车长	
混合动力	公交	H8(柴油/电)	8.5 m	锰酸钾
		H12(天然气/电)	12 m	磷酸铁锂

(3)安徽安凯汽车股份有限公司。

安凯混合动力客车分为柴油/插电式混合动力跟天然气/插电式混合动力两种类型,主要布局在公交、客运市场,安凯混合动力客车产品介绍见表3.7。

表 3.7 安凯混合动力客车产品简介

新能源	分类	类型	车长	储能
混合动力	公交	柴油/电	8~12 m	锰酸锂(盟固利)
	客车	天然气/电	8~11 m	磷酸铁锂(宁德时代、合肥国轩)

安凯混合动力客车主要有深度混联混合动力和插电式双电机混合动力系统两种技术方式。

①“深度混合动力”指针对城市公交站站间隔距离短、红绿灯多、乘客集中等实际路况,采用多种优化策略,在低速、怠速和制动时实现“怠速停机”功能,使车辆发动机在中心城区运营中70%的时间处于停止状态,真正实现了“站内零排放”的纯电动效果,节气率最高达到50%以上。

②插电式双电机混合动力系统使用先进的双电机驱动形式吸收80%以上的制动能量,实际工况运营节气率最高可达60%。平台电压高,系统电耗小,发动

机开启时一直在高效区运转,大幅降低能耗。采用双电机驱动系统,在一个驱动电动机出现故障时,车辆仍然可以用另一个驱动电动机驱动车辆,保证了系统的可靠性。

(4)辽宁曙光汽车集团有限公司。

黄海汽电混合动力公交 ISG 电机高扭矩直接参与启动发动机,使其在低温环境下更容易启动,采用中信国安盟固利(MGL)开发得相对较早的锰系(锰酸锂)高功率型电池,其技术相对成熟,针对 -25 ℃寒冷地区,通过采用高效加热保温方案,可保证电池在低温条件下充放电效率。

3.5 混合动力汽车发展前景

1. 产业现状分析

市场上,中国汽车工业协会统计的数据显示,2019 年中国插电式混合动力汽车产销分别完成 22 万辆和 23.2 万辆,分别同比下降 22.5% 和 14.5%,降幅高于整个新能源汽车市场。其中,插电式混合动力乘用车和商用车销量分别为 22.6 万辆和 0.5 万辆,同比分别下滑 14.7% 和 16.7%。由于技术壁垒以及补贴较少等原因,国内发展混合动力汽车还是以插电式为主。

政策上,2001 年,我国通过"863"计划实施"三纵三横"的战略布局。"三纵"指混合动力汽车、纯电动汽车和燃料电池汽车;"三横"指多能源动力总成控制系统、电机及其控制系统和电池及其管理系统。混合动力技术居于第二纵的位置,地位可以说是十分突出的。2012 年 7 月 9 日,《节能与新能源汽车产业发展规划(2012—2020 年)》(国发〔2012〕22 号)正式发布,规划明确了普通混合动力汽车属于节能汽车,而不算新能源汽车。2013 年 9 月 16 日,财政部网站发布了四部委联合下发的《关于继续开展新能源汽车推广应用工作的通知》(财建〔2013〕551 号),备受关注的普通混合动力客车未被列入 2013—2015 年新能源汽车推广应用补贴范围。《关于 2016—2020 年新能源汽车推广应用财政支持政策的通知》(财建〔2015〕134 号)中虽然补贴有所退坡,但插电式混合动力汽车仍在补贴行列。这也使得普通混合动力车型比起插电式混合动力汽车少了很多政策上的优惠与支持,在市场竞争中处于较为弱势的地位,国内企业的研发方向也大多数扎堆于插电式混合动力。

技术上,插电式混合动力汽车技术已较为成熟,正逐步进入规模化阶段。国外已对混合动力发动机、动力耦合装置和动力电池等关键技术进行了深入开发,已有一些成熟车型量产,代表车型包括美国通用 Volt、日本丰田普锐斯插混版和日本本田的雅阁混合动力版等。欧洲在电机与电机控制器等关键零部件领域有优势,日本在混合动力系统开发及动力电池方面实力较强。目前,插电式混合动力车型呈现纯电行驶里程增长以及发动机热效率提高的发展趋势,降低汽车油耗的效果日益明显。

国内在整车、关键零部件和充电基础设施等重要技术领域都取得了较大进展。在整车方面,虽然我国插电式混合动力汽车部分产品的动力性和经济性等性能指标已与国外公司产品不相上下,但是整车驾驶性能和振动与噪声(NVH)的控制还需进一步提升,整车可靠性控制以及成本控制也有待提升;在混合动力专用发动机、高集成机电耦合装置和电机系统等核心零部件可靠性与成本控制方面也有一定差距,在整车及关键零部件的批量化生产和品质控制等方面还有待提升。

在充电技术和设施方面,我国研发了交流慢充、直流快充等关键设备和运营平台,建立了充换电设施试验检测环境。国内无线充电技术研究取得了长足进步,已有产品样机处于装车试验阶段,电动汽车与电网互通(V2G)技术、与外界环境的通信(V2X)技术研究已初步开展。与国外相比,我国充电基础设施在功率模块、电子芯片、漏电保护器和安全防护等方面尚有差距,充电接口和充电系统在兼容性方面存在不足,无线充电技术需进一步提升。充电基础设施与智能电网的互联互通方面还需要进一步验证。

2. 产业发展前景

混合动力汽车介于传统汽车、纯电动汽车和燃料电池汽车之间,是一种承前启后、在经济和技术方面都趋于成熟的汽车产品,采用混合动力汽车是现阶段解决环保和能源问题切实可行的方案之一。由于蓄电池技术的限制,混合动力汽车的能量来源主要依靠石油,只能满足目前人们对汽车环保的基本要求,无法做到清洁无污染,这决定了混合动力不是电动汽车发展的最终形式。但是,日本的几大公司混合动力汽车的热销说明,混合动力汽车是传统汽车时代向燃料电池汽车时代的过渡车型技术。

我们可以看出,插电混合动力汽车在加速性、降噪和使用成本上都有很多优点,但影响其普及的主要原因在于成本。长期来看,动力电池、电动机和电控的价格一直是在下降的。电控产品符合摩尔定律,下降的速度比较快,而电动机和动力电池受到材料的限制,下降的速度比较慢,动力电池大约每年降价 5%。未来,随着动力电池、电动机和电控价格的进一步下降,插电混合动力汽车的成本会越来越接近传统燃油车,当两者价格差距不大的时候,插电混合动力汽车的优势就会显现出来。根据我国《节能与新能源汽车技术路线图》的规划,到 2020 年纯电动汽车和插电式混合动力新能源汽车保有量超过 500 万辆,到 2025 年保有量超过 2 000 万辆,到 2030 年保有量超过 8 000 万辆,插电式混合动力汽车市场潜力巨大。据估计,混合动力汽车仍有 20 年以上的较长市场周期,可以充分利用现有内燃汽车生产能力,推动传统汽车工业的改造发展。

当插电混合动力汽车和纯电动汽车在多个领域淘汰纯燃油车之后,就会带动充电设施的普及,也会带动电池技术的进一步发展,而充电基础设施和电池问题解决后,插电混合动力汽车的历史使命就完成了,人类将迎来电动汽车时代。

第4章 纯电动汽车

4.1 纯电动汽车概述

4.1.1 定义与原理

纯电动汽车辆是指车辆的驱动力全部由电动机供给，电动机的驱动电能来源于车载可充电蓄电池或者其他电能存贮装置的汽车。纯电动汽车不需要再用内燃机，其电动机就相当于传统汽车的发动机，蓄电池相当于原来的油箱。

纯电动汽车的电力和动力传输系统如图4.1所示。

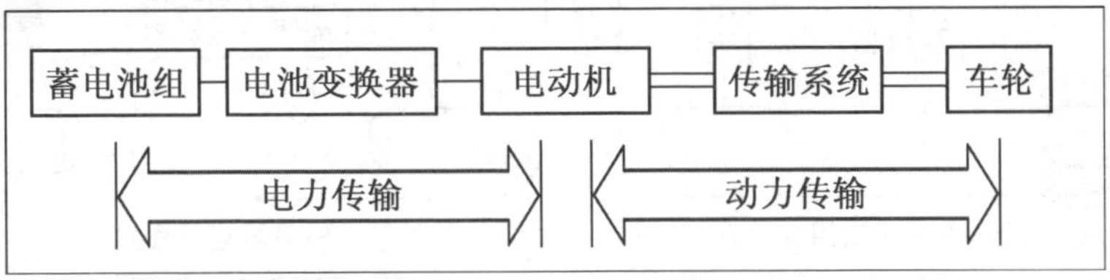

图4.1　用纯蓄电池作为动力源的纯电动汽车动力传输系统

纯电动汽车主要有以下几个特点：

(1)零排放、噪声低，在车辆使用过程中能够实现“零污染”，并且没有内燃机产生的噪声。

(2)能源效率高、多样化，电动汽车的应用可有效地减少对石油资源的依赖，电动汽车停止时不消耗电能，在制动过程中，电动机可自动转化为发电机，实现制动减速时能量的再利用；

(3)结构简单、使用维修方便，电动汽车较内燃机汽车结构简单，运转和传动部件少，维修保养工作量小。

(4)动力电源使用成本高、续航里程短，目前电动汽车尚不如内燃机汽车技术完善，且电动汽车的价格比较高。随着电动汽车技术的发展，电动汽车存在的问题会逐步得到解决。

驱动系统是电动汽车的核心部分，按驱动系统的布置形式划分，可以分为以下四种类型。

(1)传统的驱动形式。

图4.2(a)所示的驱动系统与传统汽车驱动系统的布置方式一致，带有变速

器和离合器，只是将发动机换成电动机，属于改造型电动汽车。这种布置可以提高电动汽车的启动转矩，增加低速时电动汽车的后备功率。

(2)电动机－驱动桥组合式驱动模式。

图4.2(b)和图4.2(c)所示的驱动系统取消了离合器和变速器，但具有减速差速机构，由1台电动机驱动两车轮旋转。优点是可以继续沿用当前发动机汽车中的动力传动装置，只需要一组电动机和逆变器。这种方式对电动机的要求较高，不仅要求电动机具有较高的起动转矩，而且要求具有较大的后备功率，以保证电动汽车的起动、爬坡和加速超车等动力性。

(3)电动机－驱动桥整体式驱动模式。

图4.2(d)所示为将电动机装到驱动轴上，直接由电动机实现变逆和差速转化。这种驱动方式同样对电动机有较高的要求，要求有大的起动转矩和后备功率，同时要求控制系统有较高的控制精度和良好的可靠性，保证电动汽车行驶安全、平稳。

(4)轮毂电动机驱动模式。

图4.2(e)和图4.2(f)同图4.2(d)布置方式比较接近，将电动机直接装到了驱动轮上，由电动机直接驱动车轮行驶。

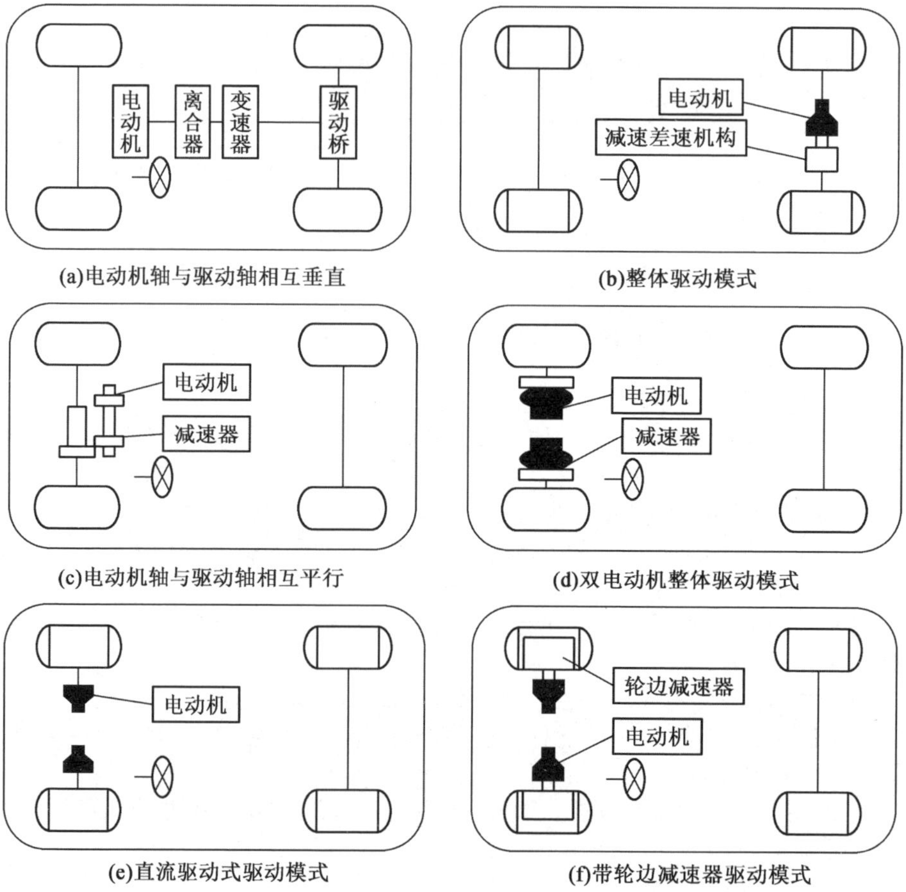

图4.2　纯电动汽车驱动系统布置方案

我们知道,传统汽车主要由发动机、底盘、车身和电气四大部分组成。与燃油汽车相比,纯电动汽车主要增加了电力驱动控制系统,取消了发动机。电力驱动控制系统包括电动机、机械传动装置和控制单元等组成部分。

当汽车行驶时,由动力电池输出的电能(电流)通过控制器驱动电动机运转,电动机输出的转矩经传动系统带动车轮前进或后退。电力驱动控制系统主要由电力驱动主模块、车载电源模块和辅助模块三大部分组成,电力驱动控制系统的组成与工作原理如图4.3所示。

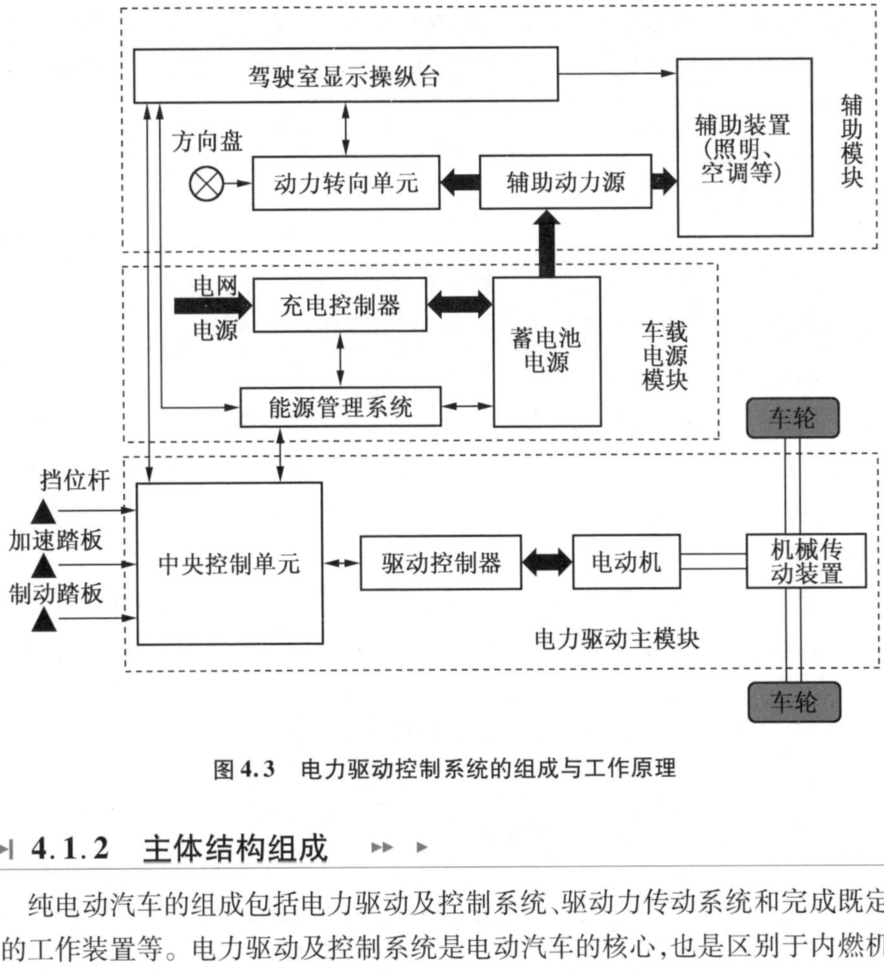

图4.3 电力驱动控制系统的组成与工作原理

4.1.2 主体结构组成

纯电动汽车的组成包括电力驱动及控制系统、驱动力传动系统和完成既定任务的工作装置等。电力驱动及控制系统是电动汽车的核心,也是区别于内燃机汽车的最大不同点,它由动力电池和驱动电动机等组成。

1. 动力电池

动力电池是纯电动汽车的核心总成,关系到新能源汽车的安全性、动力性、经济性、续航里程寿命与充电方便性等,主要种类有铅酸蓄电池、锂离子电池、镍氢电池和钠硫电池等。

(1)铅酸蓄电池。

铅酸蓄电池经过100多年的发展,技术已相当成熟,有着很高的可靠性和较低的成本。铅酸电池具有良好的大电流输出特性和较宽的温度使用范围,是使用非常广泛的化学电源。但铅酸电池的缺点也很明显,比能量低和循环次数少,这使得铅酸电池显得特别笨重而且使用寿命低。目前,铅酸电池主要应用在电动自行车上。

(2)锂离子电池。

锂离子电池是负极以碳素材料为主,正极为含锂的化合物的二次电池。锂离子电池有着高比能量、无记忆效应、自放电小和循环寿命长等特点,很适合作为动力电池。其突出的缺点是价格较高,但随着技术进步、工艺完善和大规模的生产应用,价格问题有望得到解决。

(3)镍氢电池。

镍氢电池正极为活性物质氢氧化镍,负极为储氢合金。镍氢电池具有放电倍率高、循环寿命长和快速充电等特点;主要缺点有成本较高、比能量低、有记忆效应和自放电大。目前被广泛应用于需要功率较大的消费型电子产品,如电动玩具、照相机和混合动力汽车等。

(4)钠硫电池。

钠硫电池是一种以熔融态金属钠为负极,硫和多硫化钠熔盐为正极,陶瓷管为电解质隔膜的二次电池。它具有比能量高和转换效率高、大电流充放电等优点。但其缺点也很明显:首先,保持电极在融熔状态需要额外的加热保温装置;再者,金属钠与硫接触将发生剧烈的放热反应,一旦受外力破损或是内部陶瓷隔膜受损,后果将不堪设想。因此,钠硫电池现阶段主要用于静态环境下,如电网的“削峰填谷”。

上述动力电池的性能优缺点的比较见表4.1。

表4.1　各类动力电池性能比较

电池类别	单体电池电压/V	比能量/($W \cdot h \cdot kg^{-1}$)	比功率/($W \cdot kg^{-1}$)	充放电次数	优点	缺点
铅酸蓄电池	2	35~40	50	400~1 000	技术成熟,原材料丰富,价格低,温度特性好	比能量和比功率较低,寿命短,铅有污染
锂离子电池	3.6	110	300	>1 000	比能量大,寿命长	成本高
镍氢电池	1.2	55~70	160~500	600	放电倍率高,免维护	自放电高,单体电压低

续表 4.1

电池类别	单体电池电压/V	比能量/$(W \cdot h \cdot kg^{-1})$	比功率/$(W \cdot kg^{-1})$	充放电次数	优点	缺点
钠硫电池	约2.4	109	150	1 000	比能量高，转换效率高，寿命长	工作温度高，性能不够稳定，使用不够安全

近年来随着技术的发展进步，新电化学体系和新电池技术的出现，可能会给动力电池带来跨越式发展。有可能获得广泛应用的各类新型电池有以下几种。

①半固态锂电池。

现有的锂离子电池采用多层薄膜电极设计，而半固态锂电池则采用厚电极，在结构设计上得到了简化，减少了集流体和隔膜所占的电池总质量的比例，在采用正负极材料相同的情况下，可以提高电池的能量密度，工艺成本也有望降低。但是由于采用厚电极、单层隔膜，无法实现快速充放电，这也意味着在应用上受到限制。另外，半固态锂离子电池的工艺与锂离子电池的工艺不能完全兼容，生产线设计、质量控制、测试标准和量产工艺等都要从头摸索，防止内部短路的隔膜等关键材料还需要有大的突破。

②石墨烯电池。

石墨烯本身不能形成电池，而是作为锂电池锂离子载体材料形成石墨烯电池。传统锂电池以碳质材料（以石墨烯为基本单元）为负极。锂电池的储能机制是靠锂离子在石墨层吸附、脱落，理论上石墨烯将会使电极的锂离子吸附能力翻倍。

石墨烯是现今已知材料中最薄的一种，仅有一个碳原子厚，也是目前导热效果最好的热导体。石墨烯电池理论质量是传统锂离子电池的一半，厚度也可大幅缩小，而储电量则高出数倍。按照美国有关科学家的估算，石墨烯阳极材料比锂离子电池中常用的石墨阳极充放电速度要快 10 倍。如用于电动汽车，充一次电只需 8 min，汽车可行驶近千千米。石墨烯虽然已被有关国家列为重要材料予以开发，但至今仍处于初级应用阶段，尤其是能让电池体积和质量大幅缩小的单层石墨烯材料，其成品率很低、生产成本很高，离商业化应用还有很长的路要走。

③金属空气电池。

当锂电池作为纯电动汽车的主要动力暴露出越来越多的问题及弊端之后，近来人们又把目光投向金属（例如锌、铝）空气电池。据称，以色列 Phinergy 公司和美国铝业公司（Alcoa）联合开发的铝空气电池装于雪铁龙 C1 电动汽车，其续航里程是特斯拉 Model S 型电动汽车的 2 倍以上，在能量密度、成本以及环保等诸方面均具有很大优势。然而,这类电池的能量密度虽高,但释放的功率很低。

④超级电容。

超级电容的基本原理和传统电容器一样,但其面积是基于多孔碳材料,可实现更大的表面积、更大的电荷储存量。由于基本工作原理是电极/电解质界面的静电应力,超级电容表现出高度的可逆性,能承受约100万次循环周期。故超级电容有着充放电速度快、比功率高和寿命长等优点,但存在比能量低的缺陷。

上述新概念电池是否具有实用性,只有经过实践检验才好确定。

目前,虽然电池的性能指标已经有了很大进步,但还有很多问题需要解决,比如普遍存在的安全性风险大、电池容量小、循环寿命短、质量和尺寸大以及价格昂贵等问题,由于技术水平的局限,目前还没有完美的动力电池出现。

2. 车用电动机

电动机是电动汽车的动力来源,它不同于传统汽油发动机的缓慢提速,其能量转换率高,低速时仍能输出大转矩,且结构简单、安全可靠。由于电动机的可逆原理,驱动电动机还可以在减速过程中实现能量回收。

现在用于电动汽车驱动的电动机主要有直流电动机、交流异步电动机、永磁同步电动机和开关磁阻电动机。

(1)直流电动机。

直流电动机是将直流电转化为机械能的装置,具有技术成熟、结构简单和调速性能好等特点。它分为两类:绕组励磁式和永磁式。其中绕组励磁式分为他励、并励、串励和复励式,此类电动机容易实现大功率;永磁直流电动机不用励磁电流、效率较高,但由于励磁场固定,机械特性不如绕组励磁电动机且功率受限。

(2)交流异步电动机。

交流异步电动机又称感应电动机。当通入三相交流电时,定子绕组产生旋转磁场,转子绕组受磁感应产生电流,并在旋转磁场作用下受到电磁力,进而产生电磁力矩。交流异步电动机有着结构简单、成本低、坚固耐用、过载能力强和维护方便等优点,很适用于电动汽车在运行中遇到的各种恶劣环境。

(3)永磁同步电动机。

三相永磁同步电动机的转子由钕铁硼等磁性材料构成,定子为三相分布的绕组。永磁同步电动机不需要传统同步电动机的电刷和肩环,具有结构简单、功率密度大和效率高等优点,是理想的驱动电动机。目前受永磁材料的特性和加工工艺的限制,使得永磁同步电动机功率较小、恒功率区较窄,调速困难且需要复杂的控制系统。

(4)开关磁阻电动机。

开关磁阻电动机是新型电动机。其转子为普通硅钢叠压成的凸极铁心,定子为多对径向相对的凸极绕组。不同于其他电动机的是，其转子运转不再受洛伦兹力，而是遵循磁阻小原则。运行时，一般只有一对绕组通电，其他绕组起能量反馈作用，通过给其他绕组依次通电，电动机得以运转。磁阻电动机有着结构简单、效率高、启动转矩大和启动电流小等特点，非常适用于电动汽车实际工况。缺点是其特殊的运转方式使得其控制相对复杂，转矩波动引起的噪声较大。

(5)可变磁通永磁电动机。

记忆电动机又称可变磁通永磁电动机，其通过永磁体励磁，无须励磁电流，能量转换率高，但气隙磁场调节难、恒功率区较窄且调速复杂。为了解决这一问题，可变磁通永磁电动机应运而生。其永磁体为高剩磁、低矫顽力的永磁材料 AlNi-Co，通过施加脉冲电流，可改变其磁化状态，从而改变气隙磁场。记忆电动机为永磁电动机调速范围的扩展提供了新途径，并有望为电动汽车驱动电动机提供新的选择。

由于汽车在行驶过程中需要频繁地启动/停车、加速/减速等，这就要求电动机比一般工业用的电动机性能更高。车用电动机在理想状态下应满足以下要求。

①在恒转矩区，要求低速运行时具有大转矩。

②在恒功率区，要求低转矩时具有高的速度。

③电动机应具有瞬时功率大、带负载启动性能好、过载能力强、加速性能好、使用寿命长的特点。

④在整个运行范围内，电动机应具有很高的效率，以提高一次充电的续航里程。

⑤电动机应能够在汽车减速时实现再生制动。

⑥可靠性好，能够在较恶劣的环境下长期工作。

⑦体积小、质量轻，一般为工业用电动机的$\frac{1}{3}\sim\frac{1}{2}$。

⑧结构要简单坚固，适合批量生产，便于使用和维护。

⑨价格便宜，提高性价比。

⑩运行时噪声低，减少污染。

虽然目前的电动机基本能够满足使用要求，但理想的纯电动汽车用电动机仍然是技术进步的追求。

4.2 纯电动汽车发展历程

4.2.1 国外发展历程

1. 起步期(1834—1989 年)

1834 年，安德森发明了第一辆电动汽车，这辆车采用的蓄电池是不可充电的。随后,斯特町应用法拉第电磁感应原理组装了一台电动三轮车,如图 4.4 所示。

图 4.4　斯特町的电动三轮车

1847 年,法莫制造了第一辆以蓄电池为动力的并可携带两人的无导轨电动汽车。

1881 年特鲁夫制作的电动三轮车和 1882 年阿顿和培理制作的电动三轮车,开创了私人电动汽车的先河。

1888 年,华德电气公司制造了一辆时速可达 11 km 的电动公共汽车,用于伦敦的公共交通。

1891 年,莫里斯制成了第一辆电动四轮车,实现了电动汽车由三轮向四轮的过渡。图 4.5 为莫里斯用于出租车队的电动四轮汽车。

1899 年,德国人波尔舍发明了一台轮毂电动机,以替代当时在汽车上普遍使用的链条传动。

19 世纪末期到 1920 年是电动汽车发展的一个高峰,形成了以蒸汽、电动和内燃机三分天下的汽车市场。但在 1920 年之后,电动汽车渐渐地失去了优势,市场逐步被内燃机驱动的汽车所取代。

图 4.5　莫里斯用于出租车队的电动四轮汽车

1965 年,日本正式将电动汽车列入国家项目。1971 年,日本通产省制定了

《电动汽车的开发计划》。

1973 年,美国 Vanguard – Sebring 公司展出 CitiCar(图 4.6),它依靠选择驱动电压的大小来控制车速,最高时速可达 64 km。

图 4.6 美国 Vanguard – Sebring 公司的 CitiCar

1975 年,美国邮政服务公司从美国汽车公司购买了 350 辆电动吉普车,用于试验运营,这一行动清楚地表明了政府对电动汽车的鼓励态度。

在起步期阶段,纯电动汽车的发展可以说是从无到有的过程:从一次电池到充电电池;从三轮车到现代汽车雏形;从试验车到小规模销售;从民间发展到出现政府规划。一百多年来,电动汽车发展缓慢、困难重重,经历了蒸汽车的退出和燃油车的兴盛,也奠定了未来发展的基础。

2. **成长期(1990—2009 年)**

1990 年,加利福尼亚州议会通过一项《零排放汽车(ZEV)法案》,要求在 1998 年的汽车总销售量中,必须有 2% 的零排放污染汽车,2003 年增至 10%。随后,美国东部的 10 个州也出台了相应的零排放法案。

1990 年,通用公司推出了 I MPact 电动汽车。这辆车的质量仅为 998 kg,采用三相交流感应电动机,最高时速达 176 km,以 88 km 的时速可以行驶 200 km。随后,通用又以I MPact为原型开发了 EV1 型纯电动轿车(图 4.7),被视为现代电动汽车开山之作。

图 4.7 通用 EV1 型纯电动轿车

1991 年,日本东京电力公司和研究开发公司联合研制出“IZA”豪华型电动汽车。它以 288 V 镍镉电池为动力电源,采用永磁同步电动机,并设有制动能量回收装置。以 40 km 的时速行驶里程高达 544 km,创下了当时的世界纪录。

1992—1996 年间,德国政府在吕根岛建立了欧洲电动汽车试验基地,进行了装备新型蓄电池和动力系统的电动汽车实测运行。

大众汽车生产的电动汽车是以高尔夫为原型车打造的 Golf City - Stromer 车型。第三代 City Stromer 车型所装备的电动机的连续功率提高到 17.5 kW,最大功率达到 22 kW,铅酸蓄电池分别安装于发动机舱和行李箱,蓄电量为 11.4 kW·h,支持 70 km 的最大行驶里程,最高时速达到 100 km,并带有制动能量回收装置。该车型在萨克森州莫塞尔的工厂生产了约 100 辆,售价为 49 500 马克起,主要的目标客户为能源供应企业。

日本两大汽车巨头丰田和日产分别设计出微型电动汽车 E - com 和 Hypermini,主要用于短途接送、购买商品和运货等,驾驶方便、外形小巧,深受日本女性的喜爱。

2007 年 5 月,美国国内收入局调整针对新能源车辆消费者实行的个人所得税减免优惠。2008 年,《紧急经济稳定法案》又规定了新的税收抵扣额度。

《零排放汽车(ZEV)法案》的出台标志着纯电动汽车进入成长期。这一期间,多个国家制定了鼓励政策,政府和企业对电动汽车重视程度空前增加,性能优越的车型不断涌现。相比起步期,纯电动汽车的技术和性能都有质的飞跃,政府积极引导和企业的不断投入使得纯电动汽车产业迅速成长,与燃油车之间的差距迅速减小,但仍然没有形成规模化市场,技术和价格等方面的制约比较明显。

3. 发展期(2010 年至今)

2010 年 4 月,日本经济产业省发布了《新一代汽车战略 2010》,提出了 2020 年将电动汽车与混合动力汽车等新一代汽车的比率提升至 50% 的目标。

2010 年底,日产 Leaf 率先在本土上市,随后面向美国及欧洲市场推出。Leaf 的诞生具有划时代意义。从上市截至 2017 年 7 月,据统计其全球销量已经超过 28 万台,成为目前全球最畅销的纯电动汽车。2017 年 9 月 6 日,第二代 Leaf 在日本全球首发亮相。

2012 年 6 月 22 日,Tesla Model S 在美国上市销售。这款车凭借优异的性能指标、科技化的配置和时尚新颖的造型,一举成为纯电动汽车行业的明星产品。Tesla Model S 在全球纯电动汽车销量排名仅次于日产 Leaf。

2013 年,英国发布了《活在当下,驱动未来——英国超低排放汽车发展战略》《2015 年至 2020 年英国超低排放汽车投资计划》,2015—2020 年间共拨款 6 亿英镑用于推广超低排放车辆,计划至 2020 年有 5% 车辆为电动汽车。

2014 年,宝马推出了宝马 i3(也被称作 MegaCity),这款车预示着宝马在向未来城市纯电动轿车的方向努力。

2015 年 9 月,Tesla Model X 全球首发,特斯拉 Model X 搭载的是双电机,分别驱动前、后轴。这套系统的最大输出功率将达到 701 马力,峰值扭矩为 931 N·m,性能指数可谓极致。Tesla Model X 在全球纯电动汽车销量排名中位列第三。

2016 年 7 月,美国政府首次以白宫的名义发布了电动汽车产业发展一揽子计划,包括提供 45 亿美元政府贷款担保,每年还资助 1 000 万美元推进“电池 500”项目。这是对美国已有税收抵免政策的有力补充。

2010 年至 2012 年成为电动汽车发展的重要时期,日产 Leaf、特斯拉 Model S 等多款明星纯电动汽车投放市场,它们在车辆性能、乘坐舒适性和使用成本等方面与燃油车形成竞争,标志着纯电动汽车产业进入发展期。该阶段的几个主要特点包括:政策引导进一步增强、技术进步显著、出现多款明星车型、形成一定规模的市场。这一阶段,纯电动汽车的实用性明显增强、价格大幅下降,在局部市场能够与传统燃油车展开自由竞争。

4.2.2 国内发展历程

随着我国经济的迅猛发展和国力的极速崛起,纯电动汽车的研发、生产能力、市场规模和充电设施逐渐世界领先,可将其发展历程划分为起步期和发展期。

1. **起步期**(1950—2009 年)

20 世纪 70 年代,由中国科学院上海硅酸盐研究所牵头、湖南大学等单位参加,成功研制出钠-硫电池驱动的电动汽车并进行了上千千米的试车运行。

1987 年,我国成立了电动汽车辆研究会。

1988 年,生产出电动汽车并参加了国际汽车展。

1989 年,依托于清华大学建设汽车安全与节能技术国家重点实验室,设立电动汽车研究室。

从 1991 年起,我国将电动汽车的研发列入“八五”重点科技攻关项目。到 1996 年,科技部将电动汽车列为“九五”及跨世纪国家重大科技产业工程。同年 6 月在广东汕头南澳岛建立了国家电动汽车试验示范区,并组建电动汽车出租车队和专线公共交通车队投入运营。

1997 年,国家质量技术监督局批准成立了电动汽车标准分委会,1998 年制定了《电动汽车标准化体系》。

1999 年,科技部启动清洁汽车行动计划。同年 2 月份,我国确定了北京、上海、天津和重庆等首批 12 座城市为清洁汽车试点城市。

2000 年,科技部将电动汽车的产业化列为“十五”科技规划的重大专项和“863”计划 12 个重大专项之一。从 2001 年开始,国家投入 10 多亿元资金进行电动汽车和新型燃料电池的开发和技术攻关,并建立了"三纵三横"的研发布局。

2004 年,国家颁布的《汽车产业发展政策》中明确提出鼓励发展节能环保型电动汽车与混合动力汽车技术。2005 年 5 月,国家发改委将电动大客车列入《车辆生产企业及产品公告》。

2007 年 11 月 1 日起,《新能源汽车生产准入管理规则》正式开始实施。12 月 18 日,发改委发布了《产业结构调整指导目录(2007 年本)》,新能源汽车正式进入发改委的鼓励产业目录。

2008 年,北京奥运会和残奥会期间,长安、奇瑞、一汽、东风和福田等企业联合清华、同济和北理工等单位提供了自主研发的各类新能源汽车 598 辆,经过奥运会期间的运行检验,为真正批量进入市场做好了充足的准备。

2009 年 1 月 23 日,财政部和科技部联合印发了《节能与新能源汽车示范推广财政补助资金管理暂行办法》,明确中央财政重点对试点城市购置纯电动汽车给予一次性定额补助。同年,科技部和财政部共同启动了"十城千辆"节能与新能源汽车规模化推广应用工程。

起步期内,我国纯电动汽车产业从零开始,利用后发优势实现了快速发展。这一阶段的主要特点是从研究、制造、产业和政策等方面奠定了我国纯电动汽车的基础,在国家政策和社会资金的强力支持下,初步形成了完整的产业体系。

2. 发展期(2010 年至今)

随着 2010 年三大指导政策的出台和 2009 年成品油价税费改革方案以及《节能与新能源汽车示范推广财政补助资金管理暂行办法》两大政策的落地,标志着我国纯电动汽车产业正式进入发展期。一批优秀的领军企业逐步引领市场,一批性价比较高的汽车产品逐步被市场认可,在国家政策的强力推动下,我国的纯电动汽车产业已经追上了世界的脚步。

2010—2012 年,新能源汽车产业政策密集出台。科技部的《电动汽车科技发展"十二五"专项规划》、发改委的《产业结构调整和指导目录(2010 年本)》、工信部的《节能与新能源汽车产业发展规划(2012—2020 年)》(国发〔2012〕22 号)三大指导文件相继出台,标志着新能源汽车的产业化发展空间得到了强有力的政策保障,因此,业界有人把 2010 年称为"中国新能源汽车元年"。

2012 年 3 月,电动汽车科技发展规划正式确立,全面推行纯电驱动技术转型战略。纯电动汽车销量从 2012 年的 1.3 万辆增长到 2016 年的 41 万辆。

截至 2017 年上半年,在纯电动汽车型全球销量排名中,知豆 D2 EV 和北汽 EC180 跻身前五名,位列前十五名的车型还有比亚迪 e5、江淮 iEV6S、吉利帝豪 EV、奇瑞 eQ 等共计六个车型。比亚迪、北汽新能源、知豆、上汽荣威、众泰、江铃、奇瑞、江淮和吉利等九家企业位列前二十名,说明中国纯电动汽车品牌在全球市场中的表现已后来居上。

2017 年 9 月 27 日,工信部、财政部等五部门联合发布《乘用车企业平均燃料消耗量与新能源汽车积分并行管理办法》,自 2018 年 4 月 1 日起施行。在此之前,跨国汽车集团与中国新能源车企合资的新闻频出。这足以说明,中国的纯电动汽车产业无论从规模还是政策激励,都已有足够的能力撬动世界汽车的格局。目前,中国十二个部委已相继出台政策 20 多项,形成了比较完备、系统的政策体系。

纵观我国纯电动汽车的产业状况,总体表现出生产企业很多、明星企业稀少,产品种类繁多、优秀产品稀少,总量世界第一、单车型销量排位不高的情形。以比亚迪和北汽集团为代表的整车企业,在各类纯电动汽车产品的市场占有率提升较快,比亚迪的纯电动公交车 K9 已进入欧美市场;宇通、比亚迪、中通、东风和金龙等客车企业,在纯电动公交车领域也显现出产业聚集的势头。“十三五”期间我国纯电动汽车产业已经实现质的飞跃。

4.3 纯电动汽车关键技术

纯电动汽车的技术繁复庞杂,尤其目前仍面临着较多的瓶颈。当前纯电动汽车处于技术发展的上升期,细分的技术连续量变引起整车的技术质变,本节从整体技术发展进行分析,不做细分技术研究。纯电动汽车的核心技术有动力电池技术、车用电动机及控制技术、能量管理技术和整车技术。

1. 动力电池技术

在电动汽车的核心技术中,电池的性能和成本是关键中的关键,它决定着电动汽车的性能和未来,也是制约电动汽车大规模普及应用的主要问题之一。

(1)电池技术的发展现状。

目前,业界普遍认为锂离子电池的能量密度高、放电功率大、寿命长和自放电小,是电池未来发展的方向,也是电动汽车的首选。但锂离子电池目前也存在着不足,如价格高昂、寿命短、容量小、充电耗时长、存在安全隐患、电池管理系统技术复杂等,尚需要下大力气攻关解决。

中、日、韩、美、德等国是目前锂离子电池研发、产业化及国际标准化的主要参与者和推动者。总体来看,美国和日本技术领先,韩国产值最大,中国产能最大。日本拥有世界上先进的锂离子电池基础材料、装配制造研发及产业化技术。日本车载能源储存公司(AESC)的电池产品配备了约 15 万辆日产 Leaf 电动汽车,电池容量为 33.1 A·h,比能量达到 157(W·h)/kg,年产能达到 2.2 GW·h。韩国在锂离子电池基础研发、原材料、生产装备及电池产业化技术等方面也投入巨大,建立了相对完整的锂离子电池产业链。LG 化学年产能达到 3.1 GW·h,电池容量为 15 A·h,比能量达到 145(W·h)/kg。三星 SDI 为德国宝马、大众和奔驰等配套 27 A·h 锂离子动力电池,已成为国际主流电动汽车的电池供应商。

我国已基本掌握了磷酸铁锂、锰酸锂、三元材料前驱体、石墨负极材料、钛酸锂负极材料、电解液和 PP/PE 隔膜和电池单体研发及制造等技术;动力电池正极材料、负极材料,电解液和隔膜实现了国产化,并且开始进入国际动力电池生产企业的供应体系;电池比能量持续提高磷酸铁锂电池单体的比能量从 2007 年的 90(W·h)/kg 提高到 2015 年的接近 140(W·h)/kg,三元材料混合锰酸锂材料的电池单体的比能量达到 180(W·h)/kg,基本与国际水平同步;功率型电池比功率最高达到 3.0 kW/kg,与国际先进水平相当。但是,锂离子电池的设计水平、原材料的制备、生产设备与大规模生产控制能力(一致性、可靠性等)和系统集成能力等仍有赶超空间;在电池包设计、电池热管理系统、高压电安全管理、剩余电量估计算法、故障判断和预警等技术方面亟待提升。

(2)电池技术的发展方向。

基于新材料、新结构的高比能动力电池技术已经成为各国竞争的焦点。在美国、日本、德国、韩国及欧盟其他成员国的科技规划及重点企业的战略规划中,高性能电池材料、高性能锂离子电池、高性能电池包、电池管理系统、热管理技术、电池标准体系、下一代动力电池、电池梯级利用及回收技术和电池生产制造技术及装备等都是重点关注内容。国外电池生产企业采用高效、全自动、人员非接触式生产方式,大大提高了产品的一致性;电极片制造、单体电池和模块制造逐步形成更加明显的分工。

以德国为代表,欧洲各国均进行了长远的规划。首先,制定动力电池可制造的结构标准,统一汽车企业、电池企业和装备企业标准。另外,国外在动力电池单项工艺装备水平(如制浆技术及装备、涂布技术、组装生产线和制造过程在线检测技术等)、单元自动化、流程自动化、集成一体化和非接触生产方面,在制造控制及管理系统一体化、制造执行系统(MES)等方面均处于领先地位。

下一阶段,我国动力电池的发展重点包括以下几个方面:

①动力电池新材料、新体系。开展锂硫电池、全固态电池、金属空气电池等下一代电池技术的研究。

②动力电池安全性及长寿命技术。探究电池热失控机理、热失控诱因和电池最大产热来源,开发具有针对性的安全技术。

③动力电池设计及仿真技术。

④动力电池及其关键材料产业化技术研究。

⑤动力电池系统及控制技术、动力电池不一致性演化机理和控制方法。

⑥动力电池测试分析技术及标准体系。

⑦动力电池梯级利用及资源回收技术。

2. **车用电动机及控制技术**

当前,电动汽车驱动电动机仍然是永磁和非永磁电动机并存。由于永磁电动机具有效率高、比功率高、功率因数大等优点,越来越多的电动汽车采用永磁电机,图 4.8 所示为电动机驱动系统结构组成。

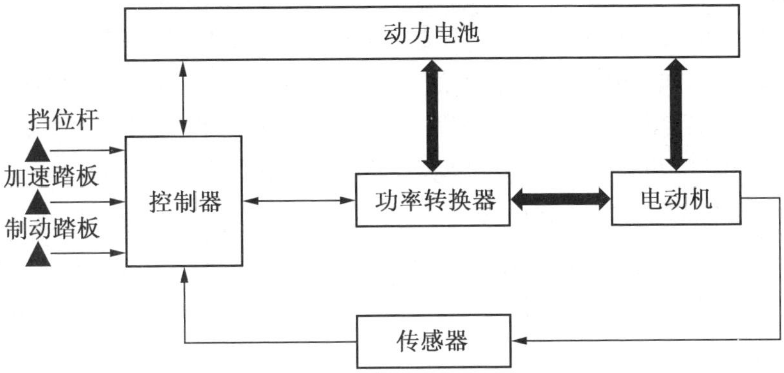

图 4.8 电动机驱动系统结构组成

从电动机来看,国外的制造技术依然领先。例如,大陆集团研制出了用于电动汽车的电励磁同步电动机,其峰值功率为 70 kW,最大转矩为 226 N · m,最高转速为12 000 r/min;特斯拉汽车的 ModleS 采用了异步电机,最大功率接近 300 kW,最大转矩为370 N · m。主流整车企业采用的电动机峰值比功率可达 3.8 kW/kg,连续比功率可达 2.8 kW/kg,最高转速可达 16 000 r/min。在分布驱动的轮毂/轮边电动机方面,米其林公司开发出集成悬浮驱动电动机及减速机构的电动轮,比功率达到 4.0 kW/kg 以上;英国 Protean 公司轮毂电动机采用一体化结构,电机输出能力也达到了 80 kW/800 N · m;德国 Fraunhofer 公司将轮毂电机与电力电子控制器实施一体化集成,其功率和转矩分别达到 55 kW 和 700 N · m。但是,搭载轮边/轮毂电动机的量产车为数不多,大规模产业化仍面临诸多挑战。从电机控制器来看,国际先进控制器的功率密度为 12 ~ 16 kW/L。近年来随着以碳化硅(SiC)和氮化镓(GaN)为代表的第三代宽禁带功率半导体技术及产品快速发展,国外企业(特别是日本和美国)不断推出 SiC 电力电子集成控制器或充电机的样机。全 SiC 功率半导体控制器功率密度比硅基半导体(IGBT 等)控制器提升数倍以上,某些 SiC 控制器产品样机已处于装车试运行的状态。

在电动机方面,我国基本处于跟随状态。某些企业掌握了多目标高性能车用电动机的极限设计、多领域精确分析以及系统集成仿真技术,实现了电机与变速器在机械、电磁和热管理的高度一体化设计与应用;开展了对矩形导体、分段导体、定子铁心嵌入和定转子铁心分段等电动机先进设计技术的探索;在高性能低成本绝缘材料开发、车用电动机专用电工钢开发和电机磁性材料的稳定性研究方面获得了初步成果；在拼块铁心、高密度的绕线和整体充磁等制造工艺领域开展了有益的探索，取得部分突破并用于产品实践。开发了系列化驱动电动机产品，功率范围满足从乘用车到大型公交车的需求，峰值比功率达到 2.8 ~3.0 kW/kg，与国际先进水平尚有差距。

在电机控制器方面，我国基本掌握了电机控制器的软硬件集成开发技术，比功率达到 5 ~8 kW/L；基本掌握了转速位置传感器、膜电容、电流传感器等电器元件的关键技术并实现了国产化；一批企业已掌握了 IGBT 模块的封装技术，个别企业具备了 IGBT 的开发能力；成功开发出具有自主知识产权的直接冷却 SiC 混合功率模块以及新型间接冷却膜电容组件和高比功率电机控制器样品，比功率达到 10 kW/L，最高效率达到 98%；电机控制器与 DC/DC、车载充电机的集成技术，电动机与传统系统的集成技术得到产业化应用；电动机控制软件的可靠性和容错水平显著提高。但是，国内整车电控产品对控制系统的目标设定和功能分解工作不够系统，没有形成具有指导意义的流程和标准；对于电控系统功能安全的理解和应用还存在不足，尚不能完全应用于整个开发过程。基于 ISO 26262《道路车辆功能安全》的硬件设计方法尚未成熟，AutoSar 方法和 ISO 26262 安全功能设计在软件设计中应用还未普及，标定系统、故障诊断系统开发较为滞后，仅有个别电控产品通过 ISO 26262 相关安全认证。

3. 能量管理技术

不同类型的动力电池，特性有很大区别；同一类型、同一规格、同一型号电池间在电压、内阻和容量等参数上存在差别，将导致电池组的使用性能达不到单体的原有水平，使用寿命大大缩短、系统使用和维护成本增加以及安全问题突出。电池管理系统（BMS）就是对电池组和单体电池运行状态进行动态监控，精确测量电池的电压、电流和温度等信号，实现防止过充、避免深放、温度控制、电压和温度的平衡、预测剩余电量和剩余里程以及电池诊断的任务（表 4.2），使电池工作在最佳状态。

表 4.2　电池管理系统的任务

任务	传感器输入信号	执行元件
防止过充	电池电压、电流和温度	充电器
避免深放	电池电压、电流和温度	电动机功率转换器
温度控制	电池的温度	热、冷空调
电压和温度的平衡	电池的电压和温度	平衡装置
预测 SOC 和剩余里程	电池电压、电流和温度	显示装置
电池诊断	电池电压、电流和温度	非在线分析系统

以特斯拉 Model S 为例,其电池包由 8 142 节松下 18 650 电池(3.6 V/2.75 A·h)组成,数量庞大,而且电池经常处于大电流充放电状态,内部温度、电解质浓度、正负极活性物质成分都发生急剧变化,这些因素都会影响电池组的性能。因此,动力电池是一个高度非线性系统。现阶段电池价格依旧偏高、相比电动机等其他器件寿命不足等因素,必须对其精心保护,对其设置专门的电池管理系统。

4. 整车优化技术

纯电动汽车是多学科的高合成度的产品,除动力电池、电动机以及电动控制系统之外,整车总布置和车身结构也是最基本的构成部分。对于整车技术的研究多借鉴于传统燃油汽车,并以此作为电动汽车的改进基础。整车集成技术和轻量化技术是当前整车优化技术中的核心内容。

(1)整车集成技术。

从国际典型电动汽车产品看,车身结构多进行了重新设计或全新开发,部分车型采用电池箱体与底盘一体化的设计方案;对悬架、转向和电动附件等进行了重新匹配;提高了整车 NVH 性能及可靠性;采用全新设计的仪表及中控屏幕,人机交互和信息化程度得到了很大提高;注重电池包的安全性设计,提高了电池的安全性;电池的比能量在逐步提高,可靠性依然是首要考虑因素。

目前,我国已经基本掌握纯电动汽车动力系统和车身结构的设计与评价技术,基于整车性能的提升及硬点优化的底盘匹配技术,高压系统安全设计,电驱动系统集成与标定,电气系统总线架构、仪表等关键零部件的匹配控制,以及整车总体布置与性能集成优化技术。同时,我国也基本掌握了纯电动汽车产品性能优化和评价技术,包括整车及关键零部件性能、耐久性、可靠性试验与评价技术,基于计算机辅助工程(CAE)方法的碰撞安全技术,NVH 优化技术和 EMC 优化技术。

(2)整车轻量化技术。

轻量化技术始终是汽车技术的重要研究内容。试验表明,汽车的质量每下降 10%,能源消耗约下降 3% ~5%。纯电动汽车由于布置了较大的电池组,随着整车质量的增加,轻量化问题比传统车更加突出。

2013 年 9 月发布的《关于继续开展新能源汽车推广应用工作的通知》(财建〔2013〕551 号)中,将电动汽车的补贴标准由此前的"根据动力电池组能量确定"转变为"由续航里程"决定。在电池能量密度暂时无法突破的背景下,增加续航里程的直接办法是提供更多的电池组,但增加的质量消耗掉了增加电池所带来的能量。为了提升续航里程,又不至于增加太多成本,采取汽车轻量化技术手段是必然选择。

实现汽车轻量化的主要方法有以下几种。

①通过对整车实际使用工况和使用要求的分析,对电池的电压、容量,驱动电

动机的功率、转速和转矩，整车性能等车辆参数的进行优化，合理选择参数。

②通过结构优化和集成化、模块化优化设计，减少动力总成、车载能源系统的质量。这包括对电动机及驱动器、传动系统、冷却系统、空调和制动真空系统的集成和模块化设计；通过电池、电池箱、电池管理系统、车载充电机组成的车载能源系统的合理集成和分散，实现系统优化。

③采用轻质合金材料，如电池箱的结构框架、箱体封皮和轮毂等部件。

④利用 CAE 技术对车身承载结构件（如前后悬架、新增的边梁和横梁等）进行有限元分析研究，用仿真和实验相结合的方式实现结构优化。

⑤采用先进的汽车制造工艺技术，例如激光拼焊等。

4.4 纯电动汽车典型产品

4.4.1 国外纯电动汽车

1. 纯电动乘用车

对于新能源汽车，国外主要采用混合动力技术路线，纯电动汽车大多作为技术储备、量产车型较少。其中，最突出的是日产的 Leaf 和特斯拉 Model S 两款产品。

(1) 日产汽车公司。

图 4.9 日产 Leaf 纯电动汽车

2010 年底，日产 Leaf 纯电动汽车在本土上市，Leaf 是在骐达的基础上开发的纯电动汽车（图 4.9）。Leaf 整备质量为 1 525 kg，轴距为 2 700 mm，与紧凑级车型的数据相近。该车采用多层碳酸铁锂电池驱动，单体数目为 48，电池容量为 24 kW · h，电池组的最大输出功率为 90 kW，标称电压为 345 V。驱动电动机的输出功率为 80 kW，峰值转矩达到 280 N · m，最高车速为 144 km/h；在满电、匀速 30 km/h 的情况下能实现 200 km 的续航里程。Leaf 有多种充电方式：在家充电，充满大约需要 8 h；在快速充电站，需 30 min 即可充 80% 电量，通过 10 min 的快速充电可行驶 50 km，方便消费者长途行驶。

2017 年 9 月 6 日，第二代日产 Leaf 正式在日本首发。

(2) 特斯拉汽车公司。

2012 年 6 月，Tesla Model S（图 4.10）于美国上市。它是一款由 Tesla 汽车公司制造的全尺寸高性能纯电动轿车，与同类汽车相比，Model S 拥有独一无二的底

图 4.10　特斯拉 Model S 纯电动汽车

盘、车身、发动机以及能量储备系统，并提供三种不同配置供选择。特斯拉Model S 60 配置的电动机最大功率为 222 kW，最大转矩为 440 N · m，电池容量为 60 kW · h，最高车速为 190 km/h，最大续航里程为 390 km，百公里加速时间为 6.2 s。特斯拉 Model S 85 配置的电动机最大功率为 270 kW，最大转矩为440 N · m，电池容量为85 kW · h，最高车速为200 km/h，最大续航里程为502 km，百公里加速时间为5.6 s。特斯拉 Model SP 85 配置的电动机最大功率为310 kW，最大转矩为 600 N · m，电池容量为 85 kW · h，最高车速为 200 km/h，最大续航里程为502 km，百公里加速时间为4.4 s。

该车可以选择传统插座充电和充电站充电两种方式。此外，特斯拉 Model S 还支持太阳能充电，对于容量为 85 kW · h 的电池，仅需 1 h 就可充满。

特斯拉是一家美国电动汽车及能源公司，产销电动汽车、太阳能板及储能设备。总部位于美国加利福尼亚州硅谷的帕罗奥多。2003 年最早由马丁 · 艾伯哈德和马克 · 塔彭宁共同创立，2004 年埃隆 · 马斯克进入公司并领导了 A 轮融资，公司命名为特斯拉汽车（Tesla Motors），以纪念物理学家尼古拉 · 特斯拉。特斯拉最初的创业团队主要来自硅谷，他们用 IT 理念来造汽车，而不是以底特律为代表的传统汽车厂商思路。2018 年特斯拉共交付电动汽车 24.5 万辆，占 2018 年全球电动汽车总销量 12.3%，旗下汽车型号包含 Model 3、Model S、Model Y、Model X、Roadster、Semi 和 Cybertruck（表 4.3）。

表 4.3　特斯拉旗下汽车型号

车型							
	Model 3	Model S	Model Y	Model X	Roadster	Semi	Cybertruck
售价/万美元	3.5 起	7.45 ~ 13.5	3.9 ~ 6	7.95 ~ 14.0	10.9 起	—	3.99 ~ 6.99
级别	B – CAR	B – CAR	A – SUV	B – SUV	跑车	牵引车	皮卡
质量/kg	1 610 ~ 1 730	2 100	—	2 459 ~ 2 509	—	—	—

续表 4.3

车型							
	Model 3	Model S	Model Y	Model X	Roadster	Semi	Cybertruck
百公里加速时间/s	5.3 ~ 5.8	2.7 ~ 5.8	5.3 ~ 5.8	3.1 ~ 6.3	2.1	5	2.9 ~ 6.5
风阻系数	0.23	0.24	—	0.24	—	0.36	0.3
电池类型	三元	三元	三元	三元	三元	三元	三元
电量/(kW · h)	50 ~ 75	75 ~ 100	—	50 ~ 75	200	—	—
续航里程/km	350 ~ 500	490 ~ 632	390 ~ 540	417 ~ 565	1 000	805	402 ~ 804

2008 年，特斯拉发布第一款纯电超级跑车 Roadster，这是全球首款量产版电动敞篷跑车。Roadster 是第一辆使用锂电池技术每次充电能够行驶 320 km 以上的电动汽车，其最大续航里程能达到 501 km。

2012—2016 年，特斯拉相继发布 Model S/X/3，产品覆盖中级 SUV、轿车市场，Model 3 放量生产后，凭借其超高性价比，迅速占领全球市场，截至 2018 年第四季度，Model 3 的周产能已经达到 1 000 辆/周，2019 年，随着特斯拉上海工厂的落地投产，特斯拉产量将在未来几年内实现持续爆发。Model 3 车型分为高性能全轮驱动版和长续航全轮驱动版，两者均采用双电动机系统，最大功率为 462 马力和 351 马力，峰值扭矩为 639 N · m 和 527 N · m，其中高性能该版本的官方百公里加速度时间仅为 3.5 s，性能非常强劲，长续航版本也可以达到 4.5 s 的百公里加速时间，两者的标准续航里程分别为 595 km 和 590 km。

2017 年，特斯拉发布其首款纯电动半挂牵引卡车——Semi，预计 2020 年投产。动力方面，官方称 Semi 在空载时的 0 ~ 96 km/h 加速时间仅需 5 s，在负荷 36 t的情况下，0 ~ 96 km/h 的加速时间为 20 s；在充电方面，快充模式下，充电 30 min可支撑 644 km 的续航里程。

2019 年 3 月，公司发布入门级电动紧凑型 SUV Model Y，产品价格虽下降，但产品组合不断丰富。

2019 年 11 月，特斯拉发布纯电动皮卡 Cybertruck，同非传统的皮卡造型的设计风格不同，该车使用“赛博朋克”风格。Cybertruck 0 ~ 96 km/h 的加速时间为 2.9 s，而它的拖拽能力可以达到 6.3 t。Cybertruck 有三种不同的电池续航里程

(250 mi(1 mi = 1.61 km)、300 mi 或 500 mi),续航能力具体取决于车型配置,该车车身长约 5.88 m,宽 2.03 m,高 1.93 m。

(3)宝马汽车公司。

2013 年 7 月,宝马 i3(图 4.11)在北京、纽约和伦敦三地同时举行世界首发仪式,并于 2014 年上半年正式量产。车辆首次采用了碳纤维材质乘客舱设计,大大减轻了质量。动力电池位于 Drive 模块的底部、免去了传动轴通道,永磁电动机功率为 125 kW,最大扭矩为250 N · m。续航里程最高可达 160 km,续航里程辅助控制系统可根据目的地建议切换到 ECOPRO 或者 ECOPRO + 驾驶模式,从而将电动续航里程提高到 190 km,最高车速可达 150 km/h,百公里加速时间为 7.2 s。

私人停车位可以通过 BMW i 充电墙盒充电。在外地可借助导航系统找到离自己最近的一个公共充电站。快充只需 1 h 即可充满电池,慢充需要 5.5 h。

(4)戴姆勒梅赛德斯奔驰汽车公司。

2016 年 9 月,smart Fortwo EV(图 4.12)正式在巴黎车展亮相。该车外观上与普通版并无太大区别,在原油箱的位置上被一个14 kW 的锂电池模块取而代之,可提供的最大功率为31 kW,最大扭矩为 122 N · m,0 ~ 60 km/h 加速可在 6.5 s 内完成,续航里程为121 km,最高车速 100 km/h,足以满足城市用车的需要。这款车的预售价大概在 4.99 万美元,约合 34.1 万元人民币。

图 4.11 宝马 i3 纯电动汽车

图 4.12 奔驰 smart Fortwo 纯电动轿车

(5)大众汽车公司。

图 4.13 大众 E – UP 纯电动轿车

2013 年 9 月,大众 e – up 纯电动轿车在法兰克福车展展出(图 4.13)。e – up 以最大输出功率为 60 kW 的电动发动机作为动力来源,传动系统则采用前置设计。e – up 的百公里加速时间需要 11.3 s,最高车速为 160 km/h。锂离子电池质量为 240 kg，电池容量为18 kW·h，续航里程为 130 km。快速充电时，仅需一个小时即可充入 80% 的电量，若是用欧洲当地的家用电源充电，将电池充满需要 5 h。

从以上车型可以看出，国外纯电动乘用车的定位基本围绕在城市短途代步车，在不断提高电池容量、最高车速和续航里程等性能指标的同时，竭力降低生产制造成本。日产 Leaf 成为全球纯电动乘用车的代表，特斯拉则是纯电动乘用车的另一个高峰，其出类拔萃的技术与别具一格的定位，成功引领了电动汽车的风潮。

2. 纯电动卡车

（1）载姆勒梅赛德斯奔驰汽车公司。

2014 年汉诺威车展上，奔驰旗下扶桑 Canter E－Cell 公开亮相（图4.14）。该车以 Canter 为原型，总质量为 6 t，载重为 3 t，轴距为 3 400 mm。它采用美国 EnerDel 公司的锂离子电池，容量为 48.4 kW·h，满电可行驶 100 km 以上；利用 AC230 V 慢充需 7 h，快速充电约需 1 h。车用电动机最高输出功率为 110 kW，最大扭矩为 650 N·m，起动后即可以达到最大输出功率和最大扭矩，提速远高于燃油车。

2016 年，奔驰推出两款纯电动卡车分别是都市纯电动卡车 Urban eTruck 与 eCanter。Urban eTruck（图 4.15）通过电驱动后轴和靠近轮毂安装的电动机实现驱动，该车采用液冷式高速异步三相电动机，额定电压共计 400 V，最大功率共计 2×125 kW，最大扭矩为 2×500 N·m。电动机的一个决定性优点在于全部牵引力从静止状态下起步时就已经完全可供使用了，所以 Urban eTruck 的车辆动力与柴油机版同等功率卡车的水平相当。该车动力电池容量为 212 kW·h 的锂离子电池且可实现模块化扩展，可实现200 km的续航里程，这足够应对配送运输中的日行驶里程。

图 4.14　Canter E－Cell

图 4.15　纯电动卡车 Urban eTruck

Urban eTruck 车在行驶模式下可再生充电，也就是说将制动能量转换成电能。在制动时,电动机用作发电机,可以给蓄电池充电,同时保护行车制动器。Urban eTruck 展示了城市短途运输的最新水平,是为了高效和清洁的短途运输量身定制的方案。

eCanter 是扶桑推出的首款纯电动轻卡(图 4.16),新车搭载 6 块由奔驰提供的锂离子电池,总容量为 82.8 kW·h,可提供 360 V 的电压并带有液冷功能,完全充满电需要 8 h。三菱扶桑 eCanter 纯电动轻卡自重为 3 t,最大有效载重为 4.25 t,满载状态下的最大续航里程为 160 km。该车售价将比普通柴油版扶桑贵出 15% ~20%。同时该车也是第一台搭载 Mobileye 6 系列智能防撞系统的扶桑车型。

2017 年,三菱扶桑又推出了全新的电动商用车品牌"E-FUSO"。2018 年汉诺威车展上,扶桑就带来了"E-FUSO"品牌旗下的首款车型"Vision ONE"新概念重卡(图 4.17)。"Vision ONE"虽属概念车的范畴,但已经非常完整并接近实用,整车设计流畅且没有配备传统形式的后视镜,通过导流罩后方的摄像头把车辆左右方的情况直接显示在驾驶室内,进一步减少了整车的空气阻力,全液晶仪表设置在方向盘上。该车总质量为 23.26 t,最大承载为 11.11 t,一次充电可行驶 350 km,电池容量达到了 300 kW·h。

图 4.16 纯电动轻卡 eCanter

图 4.17 Vision ONE 概念重卡

欧洲冷链运输发展成熟,为抢占这一细分市场,2018 年第 67 届德国汉诺威车展奔驰还推出了一款奔驰 eActros 电动冷藏车(图 4.18),该车搭载了一台 400 kW(545 马力)的电动机,与之匹配的动力电池为锂离子电池,容量为 240 kW·h,该车的定位是城市配送市场,该套动力总成可轻松满足要求。

(2)曼恩(MAN)商用车股份公司。

2016 年 MAN 公司在汉诺威车展上展示了其多种能源燃料、材料上的技术应用,其中推出的纯电动 TGS 牵引车(图 4.19)定位城市物流需求,该车匹配三组 35.3 kW·h 的高性能锂离子电池,同时还具有安装在框架侧面的附加电池和增程器或燃料电池，这种灵活性可附加的电池装置充分满足了客户的不同续航里程需求。

图 4.18　奔驰 eActros 电动冷藏车

图 4.19　纯电动 TGS 牵引车

2018 年第 67 届汉诺威车展上，MAN 公司基于 TGE 打造的电动 VAN 车型 eTGE（图 4.20）发布。该车主要面向城市配送，可装载 950 kg 或 1 700 kg 的货物。TGE 系列填补了 MAN 在小型货车市场的空白。eTGE 搭载功率为 100 kW 的全能励磁同步电动机，输出扭矩达 290 N · m，最高车速为 90 km/h。该车匹配 36 kW · h 的动力电池，续航里程为 160 km 且可根据电池衰减程度单独更换电池模块。

MAN 在推出 eTGE 同时还推出了一款基于 TGM 打造的纯电动冷藏车（图 4.21）。该车采用 6 ×2 的驱动布局，搭载 264 kW（360 马力）的永磁同步电动机，最大扭矩为 3 100 N · m。与之匹配的动力电池是 12 个锂离子电池组，容量达到了 185 kW · h，最高可接受 150 kW 的直流充电，续航里程可达 180 km。

图 4.20　曼恩 eTGE

图 4.21　TGM 纯电动冷藏车

(3)依维柯公司。

依维柯凭借 DAILY 系列产品的优秀表现稳居欧洲轻型商用车领导者行列，该车曾在 2014 年德国汉诺威车展发布会上获得最佳厢式货车(van)桂冠。在此次车展上，依维柯推出了 DAILY 系列未来产品油电混动、纯电动两个版本的“VISION”概念车(图 4.22)。“VISION”的车架、车身和内饰被重新设计，用平板电脑取代了车辆控制面板。车辆取消了后视镜，采用左右两侧摄像头及顶侧后摄像头采集道路信息，并在驾驶室内挡风玻璃位置全景投影出来。车辆还配备了负荷管理系统，通过一系列传感器识别货物的重量并指示正确的货物定位，不仅可以保证贵重物品不受损坏还能提高装货空间的管理，同时也提高了装卸速度。混合动力的“VISION”，更适合长途运输，而零排放的“VISION”更适合城市物流运输。

2018 年汉诺威车展上，依维柯打出“零柴油”主题，推出多款车型和丰富的交通运输解决方案。其中，Daily Blue Power 纯电动汽车(图 4.23)100% 零排放，续航里程在实际市区条件下可达 200 km。电池性能针对所有天气情况进行了优化，在快充模式下仅需 2 h 即可充满电，而 Eco(经济) - Power(运动)驾驶模式和再生制动策略进一步提高了其效率。

图 4.22 依维柯“VISION”愿景概念车

图 4.23 Daily Blue Power 纯电动汽车

(4)雷诺汽车公司。

2014 年，雷诺 D 系统纯电动卡车开始进行物流配送测试，总质量为 16.3 t，载重约为 6 t，轴距为 4.7 m。该车的动力由一台 103 kW/400 V LQ 160P 的异步电动机来提供，与之匹配的是一台 ZF 6S800 TSO 手自一体变速器。该车由额定容量为 170 kW · h 的两组锂离子电池组(质量达 2 t)来提供所需的能量，这套电源可以采用 380 V/64 A 的电源插头进行充电(充满电需要 7 h)，还可以通过制动能量回收系统进行充电，续航里程为 120 km。

图 4.24 雷诺 D 系统纯电动卡车

2018 年汉诺威车展上，雷诺推出了 2 款纯电动汽车分别是雷诺 Master Z. E.（图 4.25）与雷诺 D Wide Z. E.（图 4.26）。其中，雷诺 Master Z. E. 的定位是市场物流配送需求，搭载一台 57 kW 的电动机，最大扭矩为 225 N · m，匹配容量为 33 kW · h 的锂离子电池，充满电需要 6 h。理想状态下，车辆可行驶 200 km，综合工况下续航为 120 km，最高车速为 100 km/h。为保障市区行车安全，该车标配倒车摄像头、倒车雷达和宽视野后视镜。此外，该车还配备了语音提示系统，当车辆以 1 ~ 30 km/h 的速度行驶时可以警告靠近的行人。该系共有 6 种车型，其中有 4 款面包车和 2 款底盘。

图 4.25 纯电动汽车雷诺 Master Z. E.

图 4.26 雷诺 D Wide Z. E.

雷诺 D Wide Z. E. 定位城市垃圾作业车，轴距为 3 900 mm，总共搭载两台电机，总额定功率为 370 kW，最大输出扭矩为 850 N · m，动力电池为 200 kW · h 的锂电池组，可通过 22 kW 快充接口在 8 h 内充满电。该车最大续航里程可达到 200 km，而在收集垃圾的工作过程中续航里程则为 120 km。

(5)大众汽车公司。

大众卡客车公司于2017年9月在南美发布了E－Delivery纯电动轻卡(图4.27)。该车搭载了一台代号为WEG AL160的电动机,额定输出功率为109马力,额定扭矩为486 N·m。E－Delivery还特别针对电机的制动能量回收架构进行了强化,回收的电能最高可达30%,并增加了可供驾驶员选择的节能模式。该车续航里程为200 km,可以满足市区的物流运输。充电性能方面,可在15 min内完成30%的电量补充。

图4.27 大众E－Delivery纯电动轻卡

(6)特斯拉汽车公司。

2017年11月17日,特斯拉发布了旗下首款纯电动重卡Tesla Semi(图4.28)。该车百公里加速时间只需5 s,远快于柴油车。Tesla Semi最大牵引负荷约为36 t,最高时速可达105 km/h。该车后轴搭载4个独立电动机,最大续航里程可达到804 km,在快充模式下充电30 min可行驶644 km。

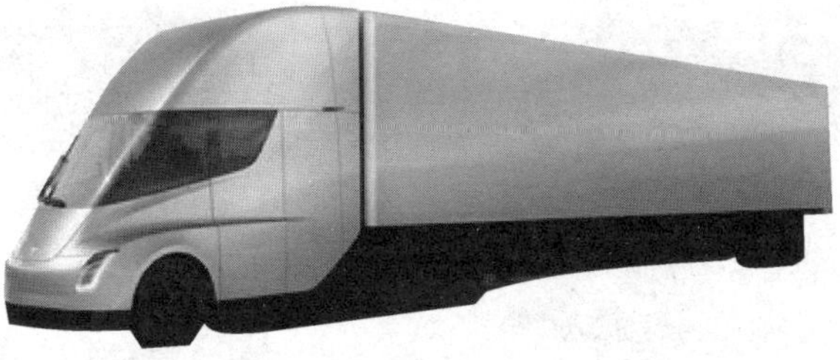

图4.28 Tesla首款纯电动重卡Semi

(7)尼古拉(Nikola)汽车公司。

美国尼古拉汽车公司是一家设计和制造电动汽车、能源储存系统和电动汽车传动系统等的初创公司。2017 年 12 月，该公司发布了首款燃料电池卡车——Nikola One（图 4.29），该车采用了氢燃料电池和高密度锂电池的混合动力系统，续航里程在 1 200 ~ 1 900 km，同时提供超过 735 kW 的功率和 2 010 N · m 的扭矩，是现有半挂式牵引车的两倍。

图 4.29　Nikola One

（8）达夫汽车有限公司。

2018 年汉诺威车展上，达夫推出了纯电动的 LF 车型（轻中型）和纯电动的 CF 车型（中重型）（图 4.30）。纯电动 CF 牵引车的定位是城市物流，驱动形式为 4 × 2，总质量为37 t以下。该车采用荷兰 VDL 公司的 E − Power 动力总成，其核心是额定功率为 10 kW 的电动机和 170 kW · h 的锂电池组。纯电动 LF 载货车，同样定位为城市物流，总质量为19 t，跟纯电动 CF 的最大不同是使用康明斯的动力总成，电机额定功率为 195 kW，最大功率为 250 kW，动力电池采用锂电池，容量达 222 kW · h，续航里程约 220 km。

(a)纯电动CF牵引车

(b)纯电动LF载货车

图 4.30　达夫新能源卡车

2. 纯电动客车

(1)曼恩商用车股份公司。

曼恩 Lion's City eBus(图 4.31)可以选择一个中央电动机(安装在第二根车桥上)作为动力,如果是铰接式客车需要两个电动机(在第二和第三根车桥上)。与靠近车轮的电动机布置相比,它们设计简单、更容易安装,在维护和总体拥有成本(TCO)方面具有优势。特别是铰接式公交车在操控性能方面得到提升,因为两个驱动桥增加了行驶稳定性,进而提高了安全性,并可以在制动时提供最大的能量回收。

Lion's City eBus 12 m 纯电动单机客车的输出功率为 160 ~ 270 kW,其动力主要来自模块化电池系统,容量分别为 480 kW · h(单机)和 640 kW · h(铰接式),车辆续航里程在 200 km 以上。只要将电池接入组合充电系统 CCS 就可以在停车场进行充电,单机车辆可在 3 h 内充满,而铰接式车辆在平均充电功率为 100 kW 的情况下 4 h 可以充满。

图 4.31 曼恩 Lion's City eBus

(2)载姆勒梅赛德斯奔驰汽车公司。

2018 年 9 月份法兰克福国际车展上,奔驰推出 Citaro 纯电动版(图 4.32),总长 12 m,续航里程约 150 km(夏季)。这款车配备两个轮内电动机,最大输出功率为250 kW,峰值扭矩为970 N · m,与目前在各地运营的柴油版 Citaro 基本一致。在电源方面,Citaro 配备锂离子电池,总容量为 243 kW · h,最多可以分为十个模块,两个在车顶,四个在车尾。此外,客户还可以再在车顶上追加两到四个电池模块。全电的 Citaro 通过标准的 Combo 2 接口充电。对于已经拥有这种线路配置的客户,奔驰还可以在 Citaro 车顶添加一个充电接口。

图 4.32　奔驰 Citaro 巴士

(3)依维柯公司。

依维柯 Crealis 铰接公交车(图 4.33)采用 340 马力的异步驱动电动机,最大扭矩为 3 300 N·m。与之匹配的是采埃孚的 AV133 门式电动驱动桥,中间的门式负重桥和双叉臂转向桥同样是采埃孚的产品,可靠性较高。除此之外,Crealis 还可选装 TECTOR 7 柴油发动机、混合动力系统、科索 9 柴油发动机或科索8 CNG 发动机。

图 4.33　依维柯 Crealis 铰接公交车

(4)斯堪尼亚汽车公司。

斯堪尼亚新型的纯电动自动驾驶城市概念车 NXT(图 4.34),可实现在早、晚乘客通勤、日间送货与夜间垃圾收集的不同任务间灵活转换。工程师将公司的 DNA(模块化系统)提升到了一个全新的水平,开发出一款可以为不同城市作业而变化的概念车。他们将 8 m 长的总线模块打造为一个复合单元,大大减轻了整车质量。NXT 的前、后驱动模块可以安装在巴士车身、城市运送车车身或垃圾收集车上,圆柱形电池放置在地板下方,不仅活用了空间死角,也有助于更好的质量分布。基于不足 8 t 的整车质量,该车的续航里程约为 245 km。

图 4.34　纯电动自动驾驶概念车 NXT

(5)沃尔沃汽车公司。

沃尔沃客车公司推出新版本的纯电动公交车——沃尔沃 7900(图 4.35)。该车配备了更大容量的电池组以提供更多的行驶里程。目前推出三种不同的电池容量选择,分别是 150 kW·h、200 kW·h 和 250 kW·h,最多能够支持行驶 200 km(124 mi)的距离。在充电方面,沃尔沃可用 CCS 和 OppCharge(用于车顶充电)两种。

图 4.35　沃尔沃 7900 型公交车

4.4.2　国内纯电动汽车

1. 纯电动乘用车

(1)比亚迪股份有限公司。

比亚迪的纯电动乘用车众多,包括 E5、E6、元和 F3DM 等,其中销量最大和最具影响力的是 E6(图 4.36)。该车于 2011 年 10 月在深圳上市,是一款纯电动四驱轿车,属于 cross 跨界车型。它将庞大的电池系统放到了后备厢及后座下方,这样可以为车厢提供良好的乘员空间。

E6 动力电池和启动电池均采用比亚迪自主研发生产的 ET－POWER 铁电池，额定容量为 57 A·h，标称电压为 320 V。这种电池经过高温、高压和撞击等试验测试，安全性高，其含有的所有化学物质均可在自然界中被环境以无害方式分解吸收，很好地解决了二次回收等问题，是绿色环保电池，标称充满电可以跑 350 km。

E6 装配了终身免维护的永磁电动机，额定功率为 75 kW，最大转矩为 450 N·m，官方公布的百公里加速时间在 10 s 以内，最高车速为 140 km/h。该车采用了 CVT 自动变速箱，资料显示每百公里平均消耗电能 21.5 kW·h。车载充电器的输入电压为 220 V，充电时间为 7 h，选择快充的话，15 min 可充电量为 80%。

（2）北京汽车新能源汽车有限公司（简称“北汽新能源”）。

北汽新能源的纯电动汽车型主要有 EV200、EU400、EX260、EC180 和 EC200 等，其中最具代表性的是 EV200（图 4.37）。

EV200 是北汽新能源于 2014 年底推出的一款纯电动汽车，搭载国际顶尖的 SK 电池，电池容量高达 30.4 kW·h，循环寿命（90% DOD）超长，完整充换电≥2 000 次，累计可使用 4×10^5 km。在工况路面行驶时，续航里程超过 200 km，可满足整个北京含郊区任何地方的单程往返。在经济模式下时，最大续航里程可达 245 km。

该车配备北汽新能源自主研发的高效率永磁电动机，最大功率可达 53 kW，最高效率≥90%，0～50 km/h 加速时间仅为 5.3 s，最高车速为 125 km/h。

EV200 拥有全新 Tricore 控制平台，双核六十四位核心处理系统，更高效的安全保障和电动汽车优化策略，耐高温、高寒。

图 4.36　比亚迪 E6 纯电动汽车

图 4.37　北汽 EV200 纯电动汽车

（3）吉利汽车有限公司。

吉利目前仅有帝豪 EV 一款纯电动乘用车型（图 4.38）。

2015 年 11 月，帝豪 EV 在广州上市。该车使用高性能三元锂电池，电池容量为45.3 kW · h，电机的最大功率为 95 kW，最大扭矩为 240 N · m，最高车速可达 140 km/h，0 ~ 50 km/h 加速时间仅为4.3 s。续航方面，新车在综合工况下最大行驶里程为 253 km，60 km/h等速巡航下最大行驶里程达 330 km。充电方面，帝豪 EV 配备了五种模式，在慢充模式下需 14 h 完成充电；在快充模式下，仅需 48 min 即可完成充电。

(4)知豆电动汽车有限公司。

知豆是新大洋集团与吉利汽车共同打造的电动汽车品牌，D2(图 4.39)是知豆旗下的第二款车型，也是目前销售的主力车型，共享汽车模式也为其提供了大量订单。

2015 年 5 月，在首尔举行的第 28 届世界电动汽车大会上，知豆 D2 举行了全球首发活动。D2 搭载了由波士顿电池提供的三元锂电池，容量为 15.12 kW · h，续航里程为210 km(在 45 km/h 匀速行驶的工况下)。知豆 D2 沿用了 D1 的电动机，其最大输出功率为18 kW，峰值扭矩仅为 82 N · m，最高车速为 80 km/h。

图 4.38 帝豪 EV 纯电动汽车

图 4.39 知豆 D2

(5)安徽江淮汽车集团股份有限公司。

江淮推出了多款纯电动汽车型：iEV5、iEV5S、iEV6、iEV6S、iEV7 和 iEV7S 等，目前销量最大的是 iEV6S。

2016 年北京国际车展上，江淮纯电动 SUV 车型 iEV6S(图 4.40)正式上市。iEV6S 电动机和电控系统都由江淮与安徽巨 ·的合资公司提供，最大输出功率为 85 kW、最大扭矩为 270 N · m。该车采用三星 18650 三元锂电池，容量为 33 kW · h。官方称新车可在 11 h 内完成充电，快充模式下，1 h 可充 80% 的电量；官方续航 251 km，而 60 km/h等速巡航里程达 300 km。新车最高时速为 130 km/h，百公里加速时间为11 s。

综上所述，我国的纯电动乘用车一直朝着小型化和低成本的方向发展，这也迎合了我国纯电动乘用车的市场需求，因而代表车型均能拿出漂亮的成绩单。尽管在市场容量及产业发展等发面已经取得领先的成绩，但缺乏全球性领军企业和车型，这也说明了我国的产业发展存在大而不精、创新不足等问题。

(6)上海蔚来汽车有限公司(NIO)。

蔚来是一家全球化的智能电动汽车公司,于2014年11月成立。蔚来致力于通过提供高性能的智能电动汽车与极致用户体验,为用户创造愉悦的生活方式。蔚来由李斌、刘强东、李想、腾讯、高瓴资本、顺为资本等深刻理解用户的顶尖互联网企业与企业家联合发起创立,并获得数十家知名机构投资。蔚来是立足全球的初创品牌,已在圣何塞、慕尼黑、伦敦及上海等13地设立了研发、设计、生产和商务机构,汇聚了数千名世界顶级的汽车、软件和用户体验的行业人才。旗下现有ES8、EP9和ES6三款产品。

蔚来ES8是蔚来首款量产车(图4.41),于2017年12月发布,ES8是一款高性能7座纯电动SUV,座椅采用2+3+2布局,车长超过5 m,轴距超过3 m。ES8由全铝合金车身和底盘打造,全系标配主动式空气悬挂,搭载前、后双电动机,采用四轮驱动。外观采用X-Bar前脸和"心跳曲线"LED尾灯等蔚来家族设计语言,ES8支持换电模式。

图4.40 江淮iEV6S

图4.41 ES8

ES8搭载前、后双电动机,最大输出功率为480 kW(650马力),最大扭矩为840 N·m,百公里加速时间为4.4 s,进入4 s SUV俱乐部。全系标配最新一代主动式空气悬挂。ES8搭载的70 kW·h液冷恒温电池组,采用能量密度最高的VDA车规级方形电芯,循环寿命为2 000次,配合低至0.29的整车风阻系数,60 km/h等速最大续航里程超过500 km,NEDC综合工况下为355 km。

ES6(图4.42)于2018年发布,采用高强度铝加碳纤维的复合架构,百公里加速时间为4.7 s,510 km超长综合工况续航里程和33.9 m制动距离。ES6延续了蔚来产品家族的设计理念,外观时尚运动,内饰精致而有科技感。

ES6共推出了标准版和性能版两种版本,标准版配备的是前、后一致的160 kW永磁直流电动机,性能版则配备了240 kW的交流异步感应电动机。标准版装配70 kW·h三元锂电池组,可选装容量为84 kW·h的镍钴锰NCM811电芯。

蔚来EP9(图4.43)是一款动力达1 360马力的电动超跑,于2016年发布。蔚来EP9搭载了四台高性能电动机以及四个独立变速箱,0~200 km/h加速时间为 7.1 s，极速为 313 km/h。EP9 采用弹匣式可换电池系统，快充模式下充满电仅需 45 min，续航里程可达 427 km。EP9 搭载了 DRS 可调扰流控制系统，包括采用了三种可调模式的动态尾翼系统和全尺寸底盘扩散器等空气动力装置，使得 EP9 在 240 km/h 的速度下能够获得高达 24 000 N 的下压力。

图 4.42　ES6

图 4.43　EP9

EP9 应用前瞻性的整车电控架构及传感器系统布局，可以适用新的无人驾驶技术。同时 EP9 应用了蔚来“Know－Me”人性化交互设计理念。

蔚来 NIO EVE 概念车（图 4.44）于 2017 年发布。这款概念车表现了 NIO 对未来汽车的愿景，即一个舒适的移动空间、一辆懂你的车。EVE 是一个无人驾驶的移动生活空间，以“第二起居室”为设计理念，让用户能够充分享受愉悦自由的出行时间。通过全景座舱和智能全息屏幕等交互技术，实现了车与环境、人与环境的融合。

EVE 是一辆无人驾驶汽车，搭载 L4＋的无人驾驶系统，但方向盘和踏板可在有需要时激活，让你依旧能体验驾驶的乐趣。这款车配备了状态指示灯，EVE 自动探测行人，通过前方灯带告知行人何时能够安全通行；智能 V2V 联网，EVE 能够辨识其他与它相似的汽车，并与它们通过智能方式相互协作，从而提升交通系统整体效率；智能路线规划，EVE 作为车联网中的一部分，能够收集分享有效信息，从而减少拥堵，帮助用车人更快到达目的地。

图 4.44　EVE

2. 纯电动卡车

（1）中国第一汽车集团有限公司。

2018 年 12 月，一汽携 J6F 纯电动卡车（图 4.45）参加香港数码生活和汽车博览展会。该车搭载绿控传动 TZ310XS - LKM0501 电动机，最大输出功率为120 kW，同时匹配绿控传动 J2S75 变速箱，动力电池容量为 92.16 kW · h，满电状态下续航里程达320 km。J6F 纯电动汽车型是一款按照欧洲标准开发的纯电动卡车，获得了英国车辆认证局颁发的欧标认证证书，并在参展期间同步在中国香港上市，成为第一款在中国香港投放的纯电动卡车。一汽也成为第一个在中国香港批量供应纯电动卡车的汽车品牌。

一汽解放的另一款纯电动轻卡是一汽解放轻卡虎 V 纯电动轻卡（图 4.46），该车轴距 3 300 mm，总质量为 4 495 kg，整备质量为 3 000 kg/3 100 kg/3 300 kg/3 500 kg，电动机采用永磁同步电动机，可选厂家较多，有上海中科深江、成都雅骏、湖南南车时代和绿控传动；动力电池类型有三元锂电池、三元镍钴锰酸锂电池、磷酸铁锂动力电池、锂离子动力电池和锰酸锂材料锂离子电池，各分属不同厂家。该车最高车速为 90 km/h，续航里程根据动力电池容量不同在 185 ~ 260 km 之间。该款产品也是一汽解放纯电动轻卡中经典产品之一。

图 4.45　一汽解放 J6F 纯电动卡车

图 4.46　一汽解放虎 V 纯电动轻卡

（2）东风汽车集团有限公司。

2008 年，得益于集团公司战略定位清晰，东风 EQ1030EV 纯电动物流车诞生，十年间东风纯电动物流车发展势头迅猛。截至目前，东风公司新能源物流车主要包含东风股份的御风 EM19 纯电动厢式运输车、EV300 纯电动厢式运输车、EM12 纯电动厢式运输车、EM13 纯电动厢式运输车、EV350 纯电动厢式运输车、EV350 纯电动冷藏车、EM10 纯电动厢式运输车和纯电动箱货共 8 款车型。东风柳州汽车有限公司生产了乘龙 L2EV 新能源轻卡，东风华神汽车有限公司生产了华神 T1 纯电动冷藏车。

现款东风 EV300 沿用凯普特 N 系列驾驶室，总质量在 4.5 t 以内，货厢容积约为17.8 m^3。该车提供一个快充接口，输入电压为 750 V，输入电流 125 A，充电时间为 4 ~5 h。设置在车辆底部的电动机冷却方式为水冷，而且防护等级也达到了 IP67，基本上能有效防止行驶中的灰尘以及液体对电动机的伤害。该车额定功率为 55 kW,满足一般的城市配送要求。另一款纯电动城市物流车 EV350 依旧维持原有的典型的东风商用车的设计,可选择16 m^3或17 m^3的货厢。EV350 最大的变化在于三电系统均来自上海精虹,其中电池容量为 86 kW/99 kW,材质为磷酸铁锂与三元锂。东风汽车集团旗下纯电动物流车型主要参数见表 4.4。

表 4.4 东风纯电动物流车主要参数

指标	参数	东风御风			
		EM19	EV300	EM12	EM13
整车	轴距/mm	2 925	3 400	3 050	2 925
	总质量/kg	2 550	4 495	2 505	2 520
	整备质量/kg	1 530	3 010	1 710	1 480
三电	电池种类	磷酸铁锂	磷酸铁锂	磷酸铁锂	三元锂
	总电量/(kW·h)	41.86	118.71	41.28	45.6
	电动机类型	永磁同步	永磁同步	永磁同步	
	电动机功率/kW	30/60	55/110	20/40	40/75
	电动机扭矩/(N·m)	90/230	275/550	200	72/165
	控制器类型	三合一	多合一	多合一	多合一
性能指标	续航里程/km	≥250	480	245	290
	最高车速/$(km \cdot h^{-1})$	90	90	100	110
指标	参数	东风 EV350 厢式运输车	东风 EV350 冷藏车	东风 EM10	东风纯电动厢货
整车	轴距/mm	3 308	3 308	2 700	2 900
	总质量/kg	4 495	7 320	2 290	4 000
	整备质量/kg	3 060	2 495/2 895	1 400	2 800
三电	电池种类	三元锂 磷酸铁锂	磷酸铁锂	磷酸铁锂	三元锂
	总电量/(kW·h)	86.02/99.8	98.09	43.22	73.26
	电动机类型	永磁同步	永磁同步	永磁同步	永磁同步
	电动机功率/kW	50/100	50/100	20/45	40/72
	电动机扭矩/(N·m)	478/955	400	55/205	
	控制器类型	多合一			
性能指标	续航里程/km	220/300	390	278	350
	最高车速/$(km \cdot h^{-1})$	90	90	85	80

(3)中国重型汽车集团有限公司。

中国重汽的纯电动商用车是从轻卡板块开始的。2010 年,是"十城千辆"工程的第二年,成都市经信委汽车处召集了成都地区有实力的卡车、客车、专用车生产厂和改装厂,要求相应厂家研发新能源汽车。

经过前期的技术设计工作、零部件试制和样车试装,工信部对重汽王牌新能源汽车的生产准入进行了评审。2011 年 12 月,重汽王牌通过了电动汽车资质审查,并于 2012 年3 月交付给成都市园林局 15 台电动洒水车试运行(图 4.47)。2013 年累计交付 149 台各种纯电动汽车给成都市城管局、园林局和水务局等相关市政单位,实现了批量生产。

图 4.47　重汽王牌纯电动汽车系列

在市政工程车得到认可后,重汽王牌在 2013 年年底开始研发纯电动物流车,并开始针对城市物流行业进行推广。目前的主要运营城市是成都、重庆、武汉、临沂等,下一步重点区域聚焦为京津冀、长三角和珠三角地区。

2017 年商务年会上,王牌推出新能源及专用车共 14 款车型,涵括载货、环卫、城乡建设、工程运输、危险品运输、冷藏和广告宣传等品类。采用永磁同步动力电动机 +4 挡 AMT 最优动力组合,优异的 0 ~ 80 km/h 无级变速控制系统,全新升级液压制动系统及制动能量回收系统(回收电能 10%),应用大容量三元锂电池,续航里程高达 260 km。底盘合理化布置,可适用于各种厢式运输车改装,全年预计销售电动汽车近千辆。

中国重汽集团总部也一直关注纯电动汽车的发展,在传统能源汽车取得长足的发展之后,立即着手新能源产品的研发和布局。通过对国家政策和行业趋势的深入研判,先是和深圳沃特马达成了全面合作协议,在重、中、轻卡各平台上推出量产车型。之后,和国际上具有雄厚研发实力的公司合作,全面进入新能源和智能网联汽车领域,打造新动能、新产业,图 4.48 所示为中国重汽集团总部在轻卡平台上推出的 HOWO 纯电动轻卡产品。

2017 年 8 月,重汽正式提出"再造发展宏伟工程",其中,"新动能汽车产业再造发展工程"成为三大战略之一。公司将依托氢动能汽车产业创新中心建设,构建人才队伍、加强国内外合作,加快产业布局、形成产业规模,力争走在行业最前面,与世界先进水平齐肩。

图 4.48 中国重汽 HOWO 纯电动轻卡

(4)陕西汽车控股集团有限公司(简称"陕汽")。

陕汽纯电动卡车涉及重卡、轻卡和物流车,主要产品有轩德系列、德龙自卸车和电牛物流车,卡车参数见表 4.5。

陕汽轩德 E9 厢式货车(图 4.49(a))率先开启商用车零排放解决方案,自 2016 年上市以来,就凭借高续航、高性能和高收益的特点深受客户好评。与 E9 相比,轩德 E9S(图 4.49(b))更为灵活高效,车身小和掉头灵活。产品主要应用于宽窄巷、街道、社区的商超、便利店、医药超市等地方的果蔬、副食百货和普通药品等各类货物配送,同时可用于搬家及部分限高限宽等细分市场。

轩德 E6 载货车(图 4.49(c))是陕汽在 2019 年陕汽商用车年会上推出的一款货厢长度为 7.75 m 的纯电动载货车。这款车搭载了力神的磷酸铁锂电池,总容量为217.2 kW·h,电动机的额定功率为 120 kW,峰值功率为 180 kW,最大输出功率为 245 马力,与之匹配的变速箱为 4EMT/4D1080 自动挡变速箱。如今大多数纯电动轻卡、VAN 车型都没有配备变速箱,而是采用单机减速器代替了变速箱。E6 这样的配置可以让车辆动力系统处于更合理的工作状态,传动效率和运营经济性更高。

德龙 M3000 自卸车(图 4.49(d))采用 AMT 变速箱,换挡平顺、驾乘舒适度高,车架采用 600 L 材质,承载性能好,拥有高强度悬架和大容量电池,车辆安全可靠。

电牛 2 号物流车(图 4.49(e))不仅是一辆运输工具,更是为城市物流最后一公里提供专业解决方案的智慧能手。电牛 2 号配备车载 G 马力导航,远程安防网系统，大尺寸高清多媒体触摸屏，倒车影像泊车辅助系统，使物流车真正实现智慧服务，科技互联。电牛 2 号采用高性能锂离子电池，超大电池容量，最长续航里程可达 260 km，每千米行驶成本低至 9 分钱且维护简单，降低了物流公司及个人的营运成本。

电牛 3 号物流车(图 4.49(f))满足客户的多样化需求，最高车速为 100 km/h，每千米只要 5 分钱，完全满足城市物流“最后一公里”的运载需求；由高压配电盒、DC/DC 直流转直流电动机和车载充电机三个零部件集成的三合一，整合小三电部件功能，具有体积紧凑、优化空间布置及节约线束等优点，搭载的整车控制单元与远程监控系统可实现物流快件信息随时可查。

表 4.5　陕汽纯电动卡车参数

车型	轩德 E9s 载货车	轩德 E9 载货车	轩德 E6 载货车
公告型号	SX5041XXYBEV281M	SX5048XXYBEV331L	
驱动形式	4×2	4×2	4×2
外形尺寸/(mm×mm×mm)	(5 330,5 510)×(1 800,1 820)×(2 220,2 500,2 700)	5 995×(2 100,2 200,2 300)×(92 850,2 880,2 930,3 030,3 130)	
轴距/mm	2 800	3 300	5 700
整备质量/kg	2 350	2 990	
总质量/kg	4 250	4 495	18 000
电池种类	三元锂	磷酸铁锂	磷酸铁锂
电池容量/(kW·h)	51.39	103.42	217.2
电动机类型	永磁同步	永磁同步	永磁同步
电动机功率/kW	40/80	67/159	120/180
电动机扭矩/(N·m)	—/210	—/419	
最高车速/($km \cdot h^{-1}$)	85	90	
续航里程/km	230	395	>200
车型	德龙 M3000 自卸车	电牛 2 号物流车	电牛 3 号物流车
公告型号	SX3317M4406EV	STJ5025XXYEV6H	STJ5031XXYEV2
驱动形式	8×4	4×2	4×2
外形尺寸/(mm×mm×mm)	10 770×2 520×3 515	4 030×1 620×1 900	4 900×1 755×2 100
轴距/mm	1 800+3 975+1 400	2 700	2 570
整备质量/kg	19 010	1 280	1 935

续表 4.5

车型	德龙 M3000 自卸车	电牛 2 号物流车	电牛 3 号物流车
总质量/kg	31 000	2 100	3 400
电池种类	磷酸铁锂	三元锂	三元锂
电池容量/(kW·h)	234.16	36～40.4	45.68～46.66
电动机类型	永磁同步	永磁同步	永磁同步
电动机功率/kW	210/250	—/45	—/80
电动机扭矩/(N·m)		—/160	—/350
最高车速/(km·h^{-1})	80	85	100
续航里程/km	110	260	240

(a) 轩德E9载货车

(b) 轩德E9s载货车

(c) 轩德E6载货车

(d) 德龙M3000自卸车

(e) 电牛2号物流车

(f) 电牛3号物流车

图 4.49 陕汽纯电动商用车

(5)北汽福田汽车股份有限公司。

北汽福田的欧马可“智蓝”厢式物流车(图4.50(a))集“智、蓝、专、安、全”五大超级性能于一身,是为“绿色城配、智慧物流”而生的深度定制化产品。“智蓝”采用福田1880驾驶室,车身强度满足ECE R29标准,有效降低风阻。该产品具备超长续航、超效节能和梯度回收的特点,大量轻量化方案可有效降低整车电耗达到5%。通过智慧联网、智联操控、智能交互和智慧处理等多个维度,大大提升运营效率,节省运营成本。

图雅诺“智蓝”物流车(图4.50(b))搭载了79.92 kW·h的锰酸锂电池,能量密度达144.1(kW·h)/kg,根据等速法来计算该车的续航里程可以达到350 km。采用锰酸锂电池有几大优势:一方面电池成本低,降低了购置成本;另一方面,锰酸锂电池能量密度指标好,适用于各个领域。

“智蓝iBlue”配送车(图4.50(c))选用高能量密度三元锂电池,续航里程达324 km,满足较长距离行驶需求。搭载高效电动机,额定功率和峰值功率分别达到35 kW和80 kW、额定扭矩和峰值扭矩分别为120 N·m和240 N·m。满载7人或最大载货容积4.8 m^3,匹配185R14C轮胎,设计承载可达1.2 t,配置6.6 kW大功率充电机,提高充电效率、省时方便。

福田纯电动卡车参数见表4.6。

表4.6 福田纯电动卡车参数

车型	欧马可“智蓝”厢式物流车	图雅诺“智蓝”物流车	“智蓝iBlue”配送车
公告型号	BJ5045XXYEV7	BJ5048XXYEV3	BJ5035XXYEV2
驱动形式	4×2	4×2	4×2
外形尺寸/(mm×mm×mm)	5 995×(2 100,2 160,2 240)×(2 980,3 180,2 800)	5 990×2 000×2 460	4 495×1 680×1 890
轴距/mm	3 360	3 750	2 995
整备质量/kg	2 990	2 600	1 490
总质量/kg	4 495	4 250	2 500
电池种类	磷酸铁锂	锰酸锂	三元锂
电池容量/(kW·h)	104.7	79.92	
电动机类型	永磁同步	永磁同步	永磁同步
电动机功率/kW	60/100	55/100	35/80
电动机扭矩/(N·m)	450/1 000	55/100	120/240
最高车速/($km·h^{-1}$)	90	100	1 228
续航里程/km	310	350	324

(a)欧马可“智蓝”厢式物流车　(b)图雅诺“智蓝”物流车　(c)“智蓝iBlue”配送车

图 4.50　福田纯电动卡车

(6)安徽江淮汽车股份有限公司。

江淮汽车帅铃 i 系列纯电动汽车(图 4.51)是基于原有的燃油车辆底盘,通过增加电动汽车动力系统、电动汽车控制单元和磷酸铁电池等相关零部件改造而来,在外形方面也会增加电动汽车相关的车身标识,便于日常区分。

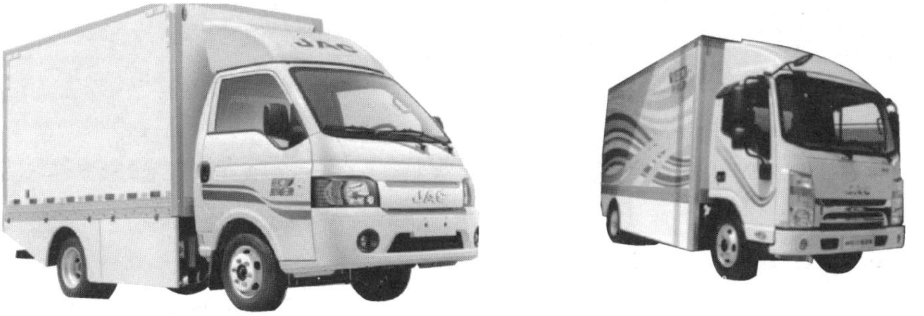

图 4.51　江淮帅铃 i 纯电动轻卡

帅铃 i3 沿用了帅铃 X 系微卡的驾驶室,只是在车身侧面加入了新能源拉花、车辆型号以及江淮新能源的标识。i3 配备了电动后视镜,支持上下左右四向调节,且带有防眩目功能,能够确保在夜间行车时视线清晰。采用电子挡杆,三挡位让驾驶员操控更简便。搭载合肥道一动力的永磁同步电动机,最大输出功率为 110 kW,峰值扭矩为 330 N · m,动力性好于同级别燃油车,具有起步和超速更快,推背感强等优点。另外,电动机运行噪声小,驾驶室密封隔音性强,使得驾乘更安静舒适,主要参数见表 4.7。

帅铃 i5 采用帅铃驾驶室,整车长度为 5 995 mm,可上蓝牌。采用磷酸铁锂电池,具有安全性能高、寿命长、高温性能好、大容量、重量轻和环保等优势;采用永磁同步电动机,峰值功率为 120 kW,带来最高车速 90 km/h,0 ~ 50 km/h 加速时间小于 10 s 的优异性能。采用轻量化货厢,容积达 14 m^3,主要参数见表 4.7。

表 4.7　江淮帅铃 i 系列纯电动轻卡主要参数

指标	参数	帅铃 i3	帅铃 i5
整车	轴距/mm	2 850	3 360
	总质量/kg	3 195	4 495
	整备质量/kg	1 890	3 150
三电	电池种类	磷酸铁锂蓄电池	磷酸铁锂蓄电池
	总电量/(kW·h)	55.29	94.62 kW·h
	电动机类型	永磁同步	永磁同步
	电动机功率/kW	40/110	60/110
	电动机扭矩/(N·m)	130/330	550/950
性能指标	续航里程/km	295	405
	最高车速/(km·h^{-1})	90	90

帅铃 i6 是江淮星锐的电动版，单排座、盲窗、长轴距和高顶(图 4.52)。它是一辆全尺寸的封闭厢货车，车身长度接近 6 m，上户吨位为 4.495 t，可上渐变绿色牌。该车宽度为 2.1 m，乘坐的横向空间大、三张独立座椅均带完整靠背和头枕，这在轻卡上很难看到。中控挡杆的设计除了操作顺手外，还腾出了座位之间的空间，方便人员移动，甚至可以躺在座椅上休息，其主要参数见表 4.8。

图 4.52　江淮帅铃 i6 纯电动厢货

表 4.8　江淮帅铃 i6 主要参数

指标	参数	帅铃 i6
整车	轴距/mm	3 570
	总质量/kg	4 495
	整备质量/kg	3 050
三电	电池种类	磷酸铁锂蓄电池
	总电量/(kW·h)	92.16
	电动机类型	永磁同步
	电动机功率/kW	60/120
	电动机扭矩/(N·m)	400/750
性能指标	续航里程/km	430
	最高车速/(km·h^{-1})	100

(7)上汽红岩依维柯商用车有限公司。

上汽红岩杰豹纯电动载货车是一款4×2中卡,该车车身长8.465 m,货厢长6.2 m,车高2.97 m,车宽2.55 m,总质量为15 t。该车装配宁德时代L271C01型磷酸铁锂电池,上海鑫国动力科技公司的M200D－F－2电动机,额定功率为100 kW。这款纯电动产品对于上汽红岩意义颇大,这意味着上汽红岩已完成纯电动产品的开发,其主要参数见表4.9。

表4.9 红岩纯电动卡车参数

车型	杰豹载货车
公告型号	CQ1150BEVAP461
外形尺寸/(mm×mm×mm)	8 465×2 550×2 970
轴距/mm	4 635
整备质量/kg	7 500
总质量/kg	15 000
电池种类	磷酸铁锂
电动机类型	永磁同步
电动机功率/kW	100/200
最高车速/(km·h^{-1})	75

图4.53 红岩杰豹纯电动载货车

3. 纯电动客车

(1)郑州宇通客车股份有限公司。

宇通的U12作为智能时代的产物,首先在安全性上实现了全面升级,配备360°全景环视、碰撞缓解控制系统、驾驶行为监测、油门防误踩、停车制动、坡道辅助、电子驻车和牵引力控制等8项自主研发的安全辅助驾驶功能,全面提升车辆的安全性和舒适性。同时,车身四周配备了16个超声波雷达,可提前预知驾驶路况,紧急情况下还能对车辆进行智能化主动控制,降低安全事故的发生,宇通纯电动汽车产品简介见表4.10。

表4.10 宇通纯电动产品简介

新能源	类型	系列	主要参数			
			车长/m	电池容量/(kW·h)	电动机功率/kW	最大续航/km
纯电动	公交	U12、E12、E12DD	12~12.3	251~351	150~200	205~315
		U10、E10、E10i	10.5	160~303	120~240	150~325
		E8、E8i、E8plus	8.5	100~220	80~160	130~325
		E6	6.5	86~125	50~100	180~235
纯电动	客车	E11	8~11	167~334	200	175~330
		E10	11.3	150~226	200	170~255
		E9	9	150~187	350	190
		E8、E8plus	8~8.5	111~222	160~200	175~275

E11纯电动城市客车储物空间大,采用一体式免维护结构。该车拥有同电量情况下续航里程更长、电耗更低的特点。整车轻量化设计、高性能电动机、高效控制策略确保整车电耗低。

E10i系列新造型纯电动公交车致力于营造贴心、舒适、安全的驾乘环境,让出行中人与车的交互变得更加愉悦流畅,让驾乘者悦享智慧出行的新生态。通过结构优化、高强轻质材料应用,辅以相应的先进工艺来提升车身、电动机和电池等轻量化水平,实现降重10%~20%,同等载客量能耗降低10%以上,更长的续航里程,满足安全、经济和可持续的公交运营需求。

宇通E6、E8和E8plus公交产品独有的高效电驱动技术、电池智能加热技术、睿控4.0技术等特质,可实现整车较大电量增加15%,续航里程较此前产品增加30 km。有测试数据显示,宇通纯电动客车目前可实现LCC(产品全生命周期成本)较传统车节约10%~65%。

(2)安徽安凯汽车股份有限公司。

安凯客车一直致力于新能源汽车的开发,从2003年第一代纯电动公交研发成功开始,安凯纯电动汽车现已完成了第六代产品的更新换代,产品涵盖6~12 m公交车和客车通勤车等。纯电动公交车主要分G6和G9系列及纯电动双层公交车,客车以短途通勤车为主,主要参数见表4.11。

表 4.11 安凯纯电动汽车产品

新能源	类型	系列	主要参数				
			车长/m	电池	电动机	电控	最大续航量程/km
纯电动	公交	G6	6~7	磷酸铁锂(宁德时代、北京国能、合肥国轩)	安凯永磁同步电动机(80~160 kW)	AKEVCU-1	296
		G9	8~10.5	磷酸铁锂(宁德时代、北京国能、合肥国轩、哈尔滨光宇)	安凯永磁同步电动机(80~200 kW)	AKEVCU-1	340
		双层	12	磷酸铁锂(宁德时代)	佩特米(130 kW)	AKEVCU-1	200
	客车	通勤	8~11	磷酸铁锂(宁德时代、北京国能)	安凯永磁同步电动机(160~200 kW)	AKEVCU-1	335

G6 系列纯电动客车有“小身材、大容量”“智能操纵、从容驾驶”的特点,拥有车身防撞结构设计、高度集成式控制器和环境适应性防护,使得车辆安全可靠。Cruise 整车优化匹配动力系统,让车辆更高效节能。该车搭载的无级变速驱动电动机和 NVH 降噪技术使车辆更加舒适。G6 采用掌握基于产品工况实际需求的驱动电动机迭代研发、量产核心技术,保证了纯电动客车的低能耗,在相同线路、同级别、电量接近情况下,G6 的综合能耗比同级产品低 5%,更节能、更环保。G6 系列最大续航里程可达到 296 km,满足中小型公交市内日常运营需求。

G9 系列纯电动客车是在安凯第六代新能源客车基础上全新打造的纯电动公交产品,具有完全的自主知识产权,定位于国内城市大客流公交。该车一次充电续航里程超过 340 km,充分满足了大型城市公交日常运营的需求。同时采用纯电驱动,具有节能环保、启动平稳及噪声小等优点,可以有效减少城市环境污染。

(3)比亚迪股份有限公司。

比亚迪商用车以“打造一流的品牌、一流的产品”为愿景,立志振兴民族汽车工业。秉承“技术为王、创新为本”的企业发展理念,结合强大的铁电池技术、整车研发能力和产业垂直整合能力,比亚迪商用车连续多年获得纯电动大客车销售冠军,持续引领全球新能源商用车产业变革,并奠定了世界新能源商用车引领者的地位。

目前,比亚迪商用车产品覆盖 K9、K8、K7、K6 和 K8S 等全系列纯电动公交车,C8、C7 和 C6 等全系列纯电动公路客车,主要参数见表 4.12。

表 4.12 比亚迪商用车产品

新能源	类型	系列	主要参数			
			车长/m	电池	电动机	最大续航里程/km
纯电动	公交	K9	12	铁电池	永磁同步电动机(150 kW/200 kW)	350
		K8	10.5	铁电池	永磁同步电动机(150 kW/200 kW)	350
		K7	8	铁电池	永磁同步电动机(75 kW/100 kW)	255
		K6	7	铁电池	永磁同步电动机(75 kW/100 kW)	260
		K8S	10	铁电池	永磁同步电动机(150 kW/200 kW)	250
	客车	C8	11	铁电池	永磁同步电动机(300 kW/360 kW)	≥250
		C7	9	铁电池	永磁同步电动机(135 kW/200 kW)	270
		C6	7	铁电池	交流永磁同步电动机	≥300

K9 是比亚迪纯电动公交产品的经典之作。自 2010 年投入市场以来,该车型被广泛应用于国内、外主流城市,具有丰富的规模化和市场化运营经验。

K8 是比亚迪打造的一款精品纯电动公交车型,该车凝聚了全球领先的新能源客车技术,续航里程高达 370 km,进一步满足了城市公交运营需求。

K7 是一款经济实用、节能环保的中型纯电动公交车,配备"一键启动""再生制动"等先进科技,可适用于城市公交和机场摆渡等多种用途。

K7/K6 可提供 6.5 m 与 7.1 m 车长,单门与双门、分体与一体式空调、交流与直流充电等不同型号与配置选择,续航里程可达 260 km,可广泛应用于公交车、通勤车和微循环巴士等领域。

C8 是为满足旅游公司、公交公司及公务用车等不同市场需求而开发的车型,可选用不同电量配置和续航里程,搭载全球领先的轮边驱动技术、智能启动系统、转向安全技术和双向逆变充放电技术,外观美观大方,彰显豪华纯电动大客车风范。

C7 传承了比亚迪纯电动客车多项核心科技,为整车性能与品质提供保障,全铝车身使其具有优异的耐腐蚀性能,实现车辆轻量化设计,提高电动续航里程和车辆耐腐蚀性,延长寿命,动力电池热管理系统的应用,可保障动力电池适宜的工作状态,可进一步提升整车性能,使整车具有耐高寒、耐高温、长寿命、高安全、易维护和适用广等特点。

C6 是一款新能源、新动力、新概念的纯电动客车产品,分为舒适型版和行政版两款车型,外观豪华大气,车内宽敞舒适,可满足城际客运、商务接待及公务出行等多种需求。

截至2018年底,比亚迪客车在新能源汽车公告布局情况为纯电动33个,其中公交车28个,客车5个。比亚迪客车所有新能源均为纯电动,并无混动及燃料电池的布局。作为国内新能源客车行业的佼佼者,比亚迪客车表现抢眼,近年来年销量都在1.2万辆以上,主要产品为公交类产品,客车较少。比亚迪纯电动汽车产品销量情况见表4.13。

表4.13 比亚迪纯电动汽车产品销量情况 辆

燃料类型	类型	2016年	2017年	2018年
纯电动	公交	9 280	12 974	12 557
	客车	915	976	71

基于IT、新能源、汽车和轨道交通四大产业体系,比亚迪在全产业链整合创新,已掌握电池、电动机和电控三大核心技术,可实现全市场领域快速布局。在整车制造领域,比亚迪拥有全球领先的三大实验室,可有效保障整车的性能与品质。

(4)辽宁曙光汽车集团股份有限公司。

辽宁曙光的黄海EV系列纯电动城市客车采用家族式的“刀锋”前围造型,锐利大气。整车采用全承载式结构及轻量化设计。采用永磁驱动电动机、锂离子动力电池和整车智能热管理系统,突出节能环保理念。乘客区、电池舱及控制舱“三区分离”式设计,确保行车安全。长轴距短前后悬结构,加大车内空间,提高运营效益。智能远程监控平台,实现整车全生命周期的安全可靠性管理。

(5)金龙联合汽车工业有限公司。

金龙客车自2001年开发了首款基于铅酸电池的混合动力客车,至今产销量已达2 500多辆,包括混合动力、插电式混合动力和纯电动汽车型。

在纯电动领域,有适应城市物流和团体需求的轻型客车,有插电直充和换电模式的纯电动公交车,有适应租赁需求的纯电动通勤车和团体车,也有采用快充电方式的纯电动汽车,有效满足了绿色运营的多种需求。

金龙12 m纯电动公交车(图4.54)最大总质量为18 t,载客46人,采用永磁同步电动机,额定功率为100 kW,储能装置采用磷酸铁锂、锰酸锂电池,总电池容量为255~350 kW·h、续航里程可达200~700 km。

图 4.54　金龙 12 m 纯电动公交车

金龙 10～12 m 纯电动公路客车(图 4.55)系列,车身采用 3H 全承载结构,车身结构安全性提高一倍,内饰采用环保材料,让旅途更加舒畅。独立空气悬架,使行车更加舒适平稳。采用永磁同步电动机,额定功率为 115 kW,储能装置采用磷酸铁锂、锰酸锂电池,总电量在 180～326 kW · h,续航里程可达 210～530 km。

图 4.55　金龙 10～12 m 纯电动公路客车

(6)中通客车控股股份有限公司。

LCK6120EVG 纯电动城市客车拥有时尚的造型和人性化的内饰,采用中通全承载封闭环结构,在侧翻、碰撞等极端情况下,能够确保安全;采用整车电泳、车身轻量化技术,选用国内一流电驱动系统,保证产品的性能最优,图 4.56 所示为中通 12 m 纯电动客车。

图 4.56 中通 12 m 纯电动客车

(7)北汽福田汽车股份有限公司。

福田欧辉智蓝 F3 迷你纯电动巴士(图 4.57)作为全球首款 6.5 m 纯电动巴士,是国内首创开发的社区“微循环”公交车,专为快速接驳打造,主要用于城市街区或社区之间的支线狭窄道路,可实现地铁与社区、干线交通与社区之间的无缝对接,是城市居民“最后一公里”的理想交通工具。

图 4.57 福田欧辉智蓝 F3 迷你纯电动巴士

智蓝 F3 纯电动迷你巴士采用快充技术,单次充电时间仅需 12 ~ 15 min,最高可行驶 150 km。该车也是“小身材,大容量”的完美代言者,身长 6.5 m,可搭载约 36 名乘客,满足大部分接驳线路载客需求。整车配有高压安全保护系统、智科监控系统和自主控制集成技术,确保安全可靠,车上装配高效永磁同步电动机,实现可靠直驱动力传递,同时车内的电动转向、电动空调、独立空气悬挂和低地板入口,打造舒适的样板车型。

(8)中国重型汽车集团有限公司。

从 2010 年起,中国重汽的济南豪沃客车公司就开始研发纯电动客车,实现了批量销售并取得了良好的经济和社会效益。2017 年 6 月份,一次性接到某大型公交公司订单3 000多辆,涉及的主要车型包括6 m凌沃车型、6.6 m纯电动城市客车、11 m纯电动班车和8.5 m纯电动城市客车等,图4.58所示为豪沃客车纯电动汽车型系列产品。

图4.58　重汽豪沃客车新能源产品系列

2018年10月12日,中国重汽成为国内首批、山东省首家获得自动驾驶路测牌照的企业。这标志着中国重汽在智能网联汽车高级别自动驾驶技术上取得关键突破,在智能网联汽车产业化道路上取得重大进展。“特定区域低速自动驾驶公交车”(图4.59)是中国重汽依托60余年造车的深厚底蕴和先进设计理念,融入人工智能、车联网、云计算、新能源和新材料等创新技术,配备了世界先进的驾驶系统和成熟可靠的纯电中央驱动控制系统的最新成果。

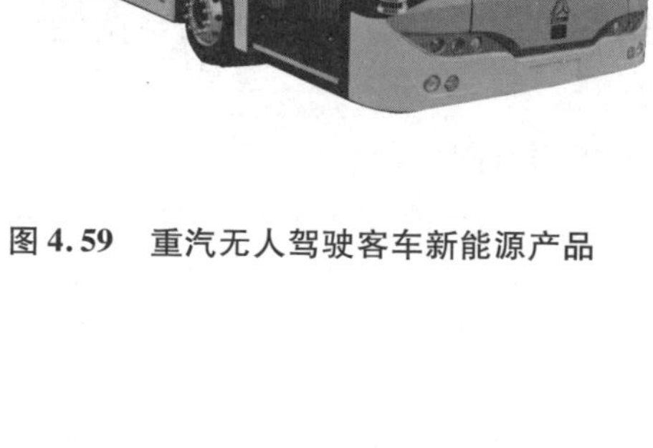

图4.59　重汽无人驾驶客车新能源产品

4.5 纯电动汽车发展前景

纯电动汽车产业作为我国七大战略性新兴产业之一、《中国制造2025》的十大领域之一，未来的发展将成为众多车企和道路交通领域转型升级的重要举措，也是实现"汽车强国"梦的必由之路。

1. 产业发展现状

虽然受政策激励，纯电动汽车的市场份额逐年攀升，但是当前核心技术缺乏质的突破仍是制约电动汽车发展的主要因素，如电池容量低、寿命短和价格高。

市场方面，我国巨大的市场需求为不同类型、不同层次的新能源汽车提供了广阔的发展空间。2012年，纯电动汽车的市场销量为8 733辆；2015年销量爆发式增长，高达247 482辆，首次成为全球最大的市场；2019年的销量更是增至97.2万辆，虽小幅下滑，仍蝉联世界第一。

政策方面，我国已经出台了一系列产业规划、激励政策、标准法规和管理办法，为新能源汽车市场的健康发展提供了良好的法律环境。国家各部委和地方政府在新能源汽车研发、生产、销售和充电设施建设方面的一系列举措也为产业发展指明了方向，提供了有力保障。

技术方面，仅以电池和电动机而言。在电池领域，我国自主研制的镍氧、锂离子动力电池在能量密度和功率密度方面显著提升。国内企业已突破了动力电池正、负极和隔膜材料关键技术；创新了微机处理电池管理系统，能保证每块电池充、放电时电压一致、稳定，并进行过滤保护，提高了电池的使用寿命；在大电流放电性能及低温大容量放电方面获得重大突破。北京航空航天大学、北京交通大学等高校和部分企业研制的电池管理系统，已经在国家多项示范项目及企业的产品中得到应用。

电动机领域，我国自主研发的200 kW以下车用永磁无刷电动机、交流异步电动机和开关磁阻电动机质量比功率超过1.3 kW/kg，满足整车的配套需求。随着技术革新，部分新型电动机显现出更明显的优势：如开关磁阻电动机，既有简单的结构又有宽泛的调速范围，综合了直流电动机和交流电动机的优点；记忆电动机继承了永磁电动机的高能量利用率，同时又有着良好的调速性。目前较为流行的交流电动机调速方法还有待改进，如矢量控制、转矩控制、神经网络控制和模糊控制等。

综上可见，电动汽车产业发展的外部因素非常有利，而产业内部可谓喜忧参半。一方面，技术进步明显、配套体系逐步完善；另一方面，合作模式有待创新、发展速度失衡、地方保护难以消除，行业发展亟待引导和规范。

2. 产业发展前景

近期国家政策和市场表明,"十三五"期间,纯电动汽车发展在整个国民经济和社会发展中仍将处在十分重要的地位,其技术研发、市场规模和充电设施等方面都将迎来快速的发展,行业前景大好。

2020 年,我国致力于使国内生产总值和城乡居民收入再翻一番,汽车消费也必然随之增长。我国地域辽阔、地区差异大,汽车可为有效连接城市圈提供助力。随着"一带一路"构想的推进,我国"产业输出"的蓝图中,汽车出口具有良好的前景。

2019 年发布的《中国汽车产业发展报告》预测,到 2030 年我国公交车约为 116 ~ 141 万辆,公务车1 311 ~ 1 602 万辆,出租车 307 ~ 375 万辆,私家车 15 915 ~ 19 451 万辆。假设那时私家电动汽车占总量的比例为 30% ,其余类型电动汽车占 30% ,则 2030 年电动汽车总规模将接近 6 500 万辆。同时,智能化、多能源融合和多网融合的充电基础设施体系将进一步完善,各种类型的电能补给模式相互配合,满足各类电动汽车的能源需求。

第5章 燃料电池汽车

5.1 燃料电池汽车概述

氢能作为洁净、高效、储量巨大的新能源，已经引起全世界的广泛关注。近年来，以氢为主要动力的燃料电池汽车(Fuel cell Vehicles,FCV)得到世界各国的高度重视，它为全球的能源紧缺和环境污染问题提供了有效的解决方案。

5.1.1 定义与特点

燃料电池汽车是利用氢气等燃料和空气中的氧在催化剂的作用下在燃料电池中经电化学反应产生的电能作为主要动力源驱动的汽车。

典型燃料电池汽车的工作原理如图5.1所示，高压储氢罐中的氢气和空气中的氧气在汽车搭载的燃料电池中发生氧化还原反应(而非燃烧)产生电能，将燃料电池和动力电池中的电能传给驱动电动机，然后经由电机转化为机械能，再经减速机构传给驱动轮，从而实现汽车的正常行驶。

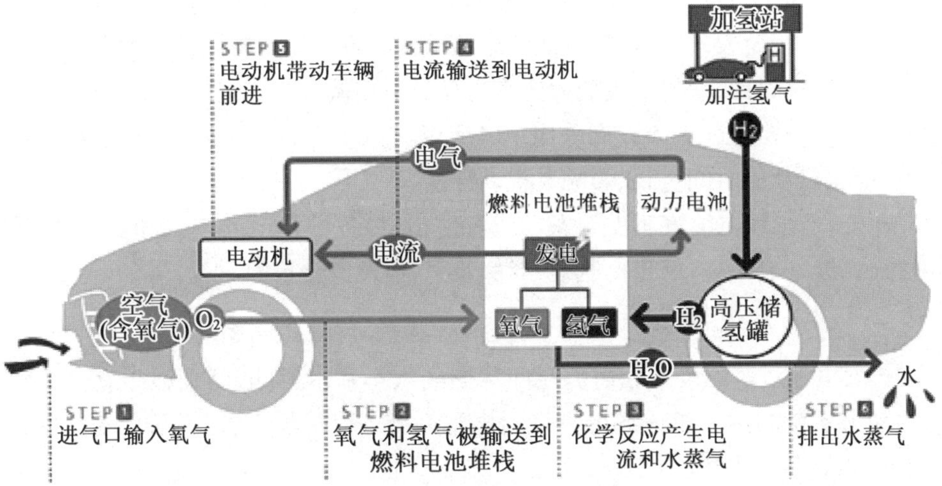

图5.1 燃料电池汽车的工作原理

(1)燃料电池汽车与传统汽车、纯电动汽车相比,具有以下几个优点:

①效率高。燃料电池的工作过程是化学能转化为电能的过程,不受卡诺循环的限制,能量转化效率可达60% ~70%,甚至更高,大致是内燃机的2 ~3倍。

②续航里程长。采用燃料电池作为能量源,克服了纯电动汽车续航里程短的缺点,其长途行驶能力及动力性已经接近传统汽车。

③绿色环保。燃料电池没有燃烧过程,以纯氢作为燃料、生成物只有水,属于零排放。若采用其他富氢有机化合物,用车载重整器制氢作为燃料电池的燃料,生成物除水以外还可能有少量的CO_2,也接近零排放。

④过载能力强。燃料电池除了在较宽的工作范围内具有较高的工作效率外,其短时过载能力可达额定功率的200%或更大。

⑤低噪声。燃料电池属于静态能量转换装置,除了空气压缩机和冷却系统以外无其他运动部件,与内燃机汽车相比,运行过程中噪声和振动都较小。

⑥设计方便灵活。燃料电池汽车可以按照线传控制(X - By - Wire)的思路进行设计,改变传统汽车设计概念,可在空间和质量等问题上进行灵活的配置。

(2)燃料电池汽车的主要缺点如下:

①燃料电池汽车的制造成本和使用成本过高。制约燃料电池汽车推广应用的最大因素之一是燃料电池的生产成本一直居高不下。另一方面,燃料电池汽车的使用成本也过高,氢气的售价并不廉价,因此其运行成本并不乐观。

②辅助设备复杂且质量和体积较大。在以甲醇或者汽油为燃料的燃料电池汽车中,经重整器出来的"粗氢气"含有少量使催化剂"中毒"失效的有害气体,必须采用相应的净化装置进行处理,增加了结构和工艺的复杂度,并使系统变得笨重。目前普遍采用氢气燃料的燃料电池汽车,因需要高压、低温和防护的特种储存罐,导致体积庞大,也给燃料电池汽车的结构布置和使用带来许多不便。

③启动时间长,系统抗震能力还需提高。采用氢气为燃料的燃料电池汽车启动时间一般需要超过3 min,而采用甲醇或者汽油重整技术的燃料电池汽车则长达10 min,启动的时间过长、影响其机动性能。

此外,当燃料电池汽车受到振动或者冲击时,各种管道的连接和密封件的可靠性需要进一地提高,以防止泄漏,降低效率、引发安全事故。

5.1.2 分类与结构

燃料电池汽车的外形和内部空间与燃油汽车基本相同,区别在于动力系统,它的动力系统的主要组成部分有燃料电池系统、辅助动力源、DC/DC变流器、电动机及电子控制系统。

(1)燃料电池系统。

燃料电池系统是燃料电池汽车的主要动力源,它是一种不燃烧燃料而直接以电化学反应方式将燃料的化学能转变为电能的高效发电装置。它的核心部件是燃料电池堆,此外还装有燃料(氢气)供给系统、氧化剂(空气)供给系统、水热管理系统和电能转换系统等。只有这些辅助系统匹配恰当且正常运转,才能保证燃料电池发动机的正常运转。如图 5.2 所示为燃料电池系统构成图。

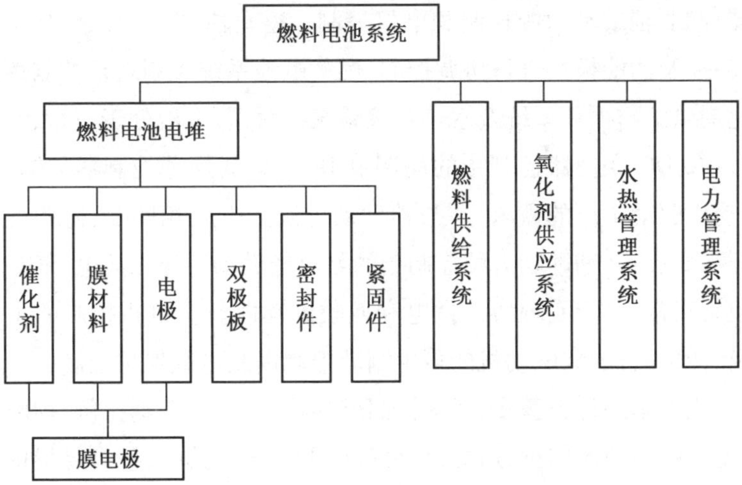

图 5.2　燃料电池系统构成图

(2)辅助动力源。

常用的辅助动力源是蓄电池组、飞轮储能器或超大容量电容器等,它们构成了燃料电池汽车的双电源系统。辅助动力源具有以下几个作用:

①带动车辆起步或者提供电能带动燃料电池发动机启动车辆。

②用于储存车辆再生制动时反馈的电能。

③为控制系统、仪表板、车载电子、照明系统、信号系统、电气设备等提供低压电源。

④在加速和爬坡时,若燃料电池提供的电能还不能满足车辆驱动的要求,则由辅助动力源提供额外的电能,形成燃料电池发动机和辅助动力源的双电源供电。

⑤当燃料电池发出的电能用于驱动还有多余时,可储存到辅助动力源中。

(3)DC/DC 变流器。

燃料电池需要装置单向 DC/DC 转换器,蓄电池和超级电容器需要装置双向 DC/DC 转换器。主要功能概括起来包括调节燃料电池的输出电压;调节整车能量分配;稳定整车直流母线电压。

(4)驱动电动机。

燃料电池汽车用的驱动电动机主要有直流电动机、交流电动机、永磁电动机和开关磁阻电动机等。驱动电动机的选型必须结合整车开发目标,综合考虑电动机的特点。

(5)电子控制系统。

燃料电池汽车的电子控制系统包括整车协调控制、燃料电池系统控制、DC/DC 变换器控制、辅助动力源控制和电机控制。整车协调控制系统基于设定的控制策略对各控制功能模块进行协调控制;燃料电池系统控制就是控制燃料电池的燃料/氧化剂供给与循环系统及水热管理系统,使燃料电池处于正常状态,能持续向外供电;DC/DC 变换器控制指的是调节 DC/DC 变换器控制器的输出电压,使其满足电动机驱动电压的需求,并与辅助动力源的电压相匹配,协调燃料电池和辅助动力源的电荷。辅助动力源控制指的是对辅助动力源充放电、SOC 等状态进行监控,使其正常工作,实现协助供电和回收制动能量。电机控制的主功能有电动机转矩和转速的控制、电动机的再生制动控制以及过载保护控制。

燃料电池汽车的种类繁多,通常按照燃料特点、混合驱动比例、燃料氢的存储方式和有无辅助动力源四种方式进行分类(图 5.3)。其中,按有无辅助动力源分类是最常用的分类方式。

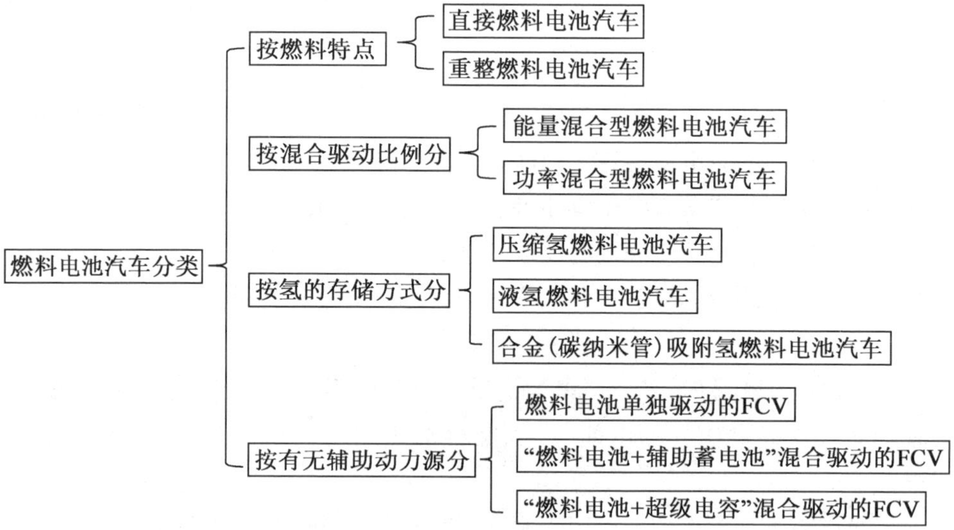

图 5.3 燃料电池汽车的分类

1. 燃料电池单独驱动的 FCV

燃料电池单独驱动的 FCV,其结构只有燃料电池一个动力源,汽车的所有功率负荷都由燃料电池承担。燃料电池系统产生的电能驱动电动机工作,电动机通过传动装置驱动汽车运动,其动力系统结构如图 5.4 所示。

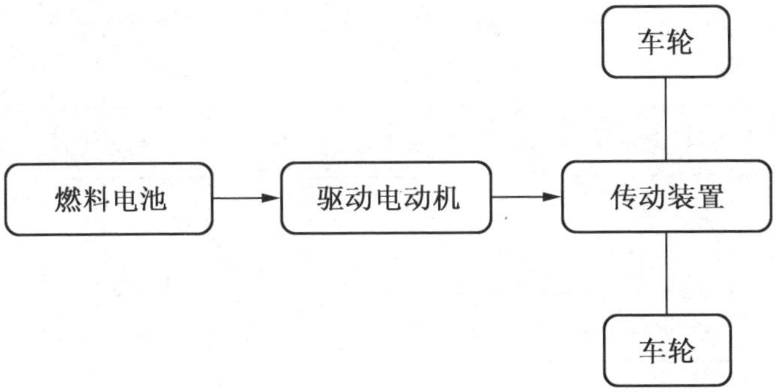

图 5.4　燃料电池单独驱动的 FCV 动力系统结构图

(1)这种燃料电池汽车的优点有以下几个:

①结构简单,便于实现系统控制和整体布局。

②部件少,有利于整车轻量化。

③整体的能量传递效率高。

(2)主要缺点有以下几个:

①燃料电池功率大,成本高。

②对燃料电池系统的动态性能和可靠性提出了很高的要求。

③不能进行制动能量回收。

目前,用燃料电池单独驱动的燃料电池汽车应用较少。

2."燃料电池 + 辅助蓄电池"混合驱动的 FCV

这种燃料电池汽车的动力系统结构中,有燃料电池和辅助蓄电池两个动力源。汽车的功率负荷由燃料电池和蓄电池共同承担,即燃料电池和蓄电池一起为驱动电动机提供能量,驱动电动机将电能转化成机械能传给传动系统,从而驱动汽车前进。在燃料电池和蓄电池联合供能时,燃料电池的能量输出变化较为平缓、变化波动小,而能量需求变化的高频部分由蓄电池分担。在燃料电池系统启动时,蓄电池提供电能用于空气压缩机或鼓风机的工作、电堆加热、氢气和空气的加湿等。在汽车制动时,驱动电动机变成发电机,蓄电池将储存回馈的能量,其动力系统结构如图 5.5 所示。

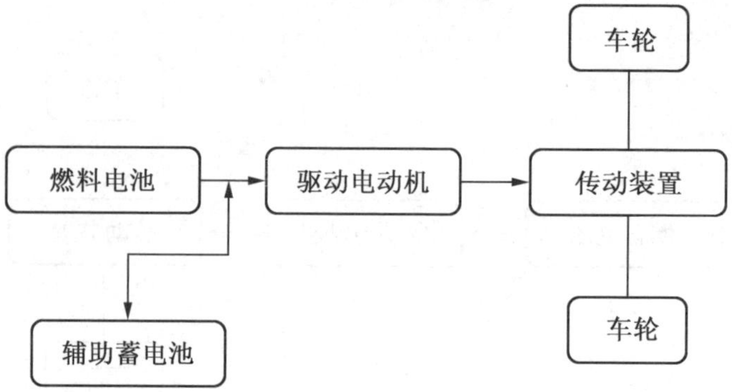

图5.5 “燃料电池+辅助蓄电池”混合驱动的FCV动力系统结构图

(1)这种结构的主要优点有以下几个:

①由于增加了辅助蓄电池联合驱动,且辅助蓄电池的比功率价格相对低廉得多,系统对燃料电池的功率要求较纯燃料电池结构形式有很大的降低,从而较大幅度地降低了整车成本。

②降低了燃料电池动态性能的要求。

③能够回收再生制动能量,增加整车的能量效率。

④汽车的冷启动性能较好。

⑤在车辆起步的时候和功率需求量不大的时候,蓄电池可以单独输出能量。

⑥燃料电池单独或动力电池共同提供持续功率,在车辆启动、爬坡和加速等工况下,动力电池提供峰值功率。

⑦由于蓄电池分担了能量需求变化的高频部分,燃料电池可以在比较好的设定工作条件下工作,燃料电池的效率也会进一步提高。

⑧蓄电池技术比较成熟,可以在一定程度上弥补燃料电池技术上的不足。

(2)其主要缺点有以下几个:

①蓄电池的使用增加了驱动系统的质量、体积和复杂性,使整车的动力性和经济性受到影响。

②蓄电池放电过程会有能量损耗,从而影响能量转换效率。

③增加了蓄电池的维护和更换费用。

④系统复杂,增加了系统控制和整体布置的难度。尽管“燃料电池+辅助蓄电池”混合驱动的FCV还存在一定的问题,但目前燃料电池汽车动力系统的一般结构还是这种模式。

3.“燃料电池+超级电容”混合驱动的FCV

“燃料电池+超级电容”混合驱动的FCV与“燃料电池+辅助蓄电池”混合驱动的FCV动力系统结构图类似,只是把辅助蓄电池换成了超级电容。汽车的功率负荷由燃料电池和超级电容共同承担,即燃料电池和超级电容一起为驱动电动机提供能量,驱动电动机将电能转化成机械能传给传动系统,从而驱动汽车前进。

相对于蓄电池,超级电容充放电效率高、能量损失小、功率密度大。在回收制动能量方面蓄电池有优势,循环寿命长、使用成本低。但是超级电容的能量密度小,随着超级电容技术的不断进步,这种结构将成为一种新的重要研究方向。

4.**"燃料电池+辅助蓄电池+超级电容"混合驱动的**FCV

在"燃料电池+辅助蓄电池"混合驱动的FCV的电压总线上再并联一组超级电容,用于提供加速或吸收紧急制动的尖峰电流,减轻蓄电池负担,延长其使用寿命。

这种动力系统结构如图5.6所示,燃料电池、蓄电池和超级电容一起为驱动电动机提供能量,驱动电动机将电能转化成机械能传给传动系统,从而驱动汽车前进;在汽车制动时,驱动电动机变成发电动机,蓄电池和超级电容将储存回馈的能量。

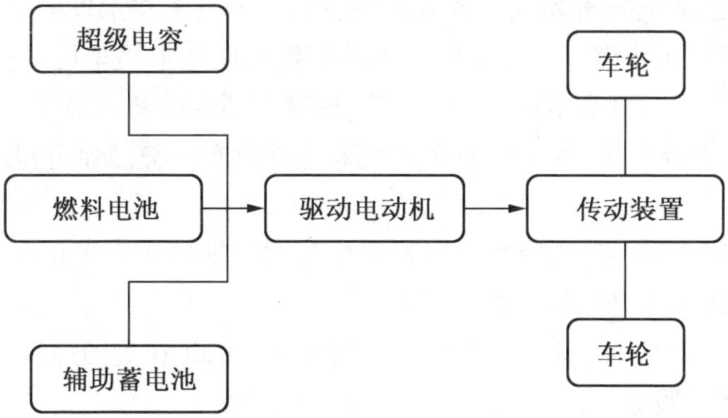

图5.6 "燃料电池+辅助蓄电池+超级电容"混合驱动的FCV

与"燃料电池+蓄电池"混合驱动的FCV比较,这种混合驱动的FCV优势更加明显,尤其是在部件效率、动态特性、制动能量回馈等方面更有优势。在三者联合供能时,燃料电池的能量输出更为平缓,随时间变化波动较小,而能量需求变化的低频部分由蓄电池承担,能量需求变化的高频部分由超级电容承担。各动力源的分工更加明细,使得它们的优势也得到了更好的发挥。但增加了超级电容,使整个系统的质量增加;增加了超级电容,系统更加复杂化,系统控制和整体布置的难度也随之增大。

5.2 燃料电池汽车发展历程

5.2.1 国外发展历程

燃料电池汽车是一种既古老又新型的高科技产品,国外燃料电池汽车的发展大致分为以下四个阶段。

1. 实验研究阶段(2002 年之前)

2002 年之前,国际上主要完成了燃料电池汽车的概念设计和原理性验证,戴姆勒、丰田、本田和通用等企业先后推出了多款燃料电池概念车。

(1)1994—1997 年,戴姆勒 - 克莱斯勒推出 NECAR1/2/3 系列燃料电池概念车。

(2)1997—2001 年,丰田推出 FCHV - 1/2/3 氢燃料电池混合动力概念车。

(3)1999—2001 年,本田推出 FCX - V1/2/3/4 氢燃料电池概念车。

(4)2001—2004 年,通用推出 HydroGEN1/2/3 氢燃料电池概念车。

2. 示范运行阶段(2002—2010 年)

2002 年之后,各国开始大力投入开展燃料电池汽车技术攻关研究,并陆续进行了技术验证性示范考核。此阶段上市的氢燃料电池乘用车均以租赁方式供客户体验使用,主要品牌有本田、福特、日产、梅赛德斯奔驰和通用雪佛兰等。

(1)2002—2007 年,本田的 FCX 氢燃料电池汽车在美国加州和日本开始提供租赁服务。

(2)2003—2006 年,福特的氢燃料电池版福克斯轿车在美国加利福尼亚州、佛罗里达州,加拿大开始提供租赁服务。

(3)2003—2013 年,日产的氢燃料电池版 X - Trail 在美国加利福尼亚州和日本开始提供租赁服务。

(4)2005—2007 年,梅赛德斯奔驰的 F - Cell 在全球范围内开始提供租赁服务。

(5)2007—2009 年,通用雪佛兰的 Equinox 燃料电池轿车在美国加利福尼亚州和纽约开始提供租赁服务。

与此同时,燃料电池客车在全球各地开展商业化示范工程,主要有:

(1)2003—2010 年,以 30 辆奔驰公司 Citaro 氢燃料电池客车为主、在欧盟 7 个城市以及中国北京和澳大利亚珀斯进行的欧盟 HyfleetCUTE 工程。

(2)2003 年至今,在全球多个城市开展的氢燃料电池客车商业化运行示范工程。

(3)2002—2010 年,日本的 JHFC 工程。

(4)2006 年至今,美国氢燃料电池客车示范工程。

3. 特殊领域应用阶段(2010—2015 年)

2010 年以后,燃料电池汽车已逐步在某些特殊领域开始应用,并率先取得商业化进展。其中最为重要的是氢燃料电池汽车在物料运输领域的应用，如在美国沃尔玛、可口可乐和西斯科等超市和食品批发运输领域。截至 2015 年，共有 34 家企业 8 000 多辆氢燃料电池叉车投入运行。由于其具有良好的经济性，企业主动购买使用的车辆数量超过政府支持的 10 倍，起到了积极的技术和市场引导作用，实现了真正的商业化。

4. 商业推广初级阶段(2015 年至今)

燃料电池乘用车开始面向部分区域的私人用户销售，进入商业化阶段。主要汽车品牌有现代、丰田和本田。

(1)2013 年，ix35 FCV 现代汽车在韩国蔚山工厂正式下线，成为世界上第一款量产版氢燃料电池汽车，2014 年，现代宣布在韩国本土销售氢燃料电池汽车。

(2)2015 年，丰田推出(Mirai)氢燃料电池汽车，仅限在日本、美国和欧洲地区销售。

(3)2016 年，本田推出仅在日本本土销售的氢燃料电池轿车 Clarity。

这里需要指出的是，国际汽车界人士认为：2015 年是燃料电池汽车商业化的元年，这主要以丰田的“未来”(Mirai)正式进入初期的商业化运作为标志而提出的。实际上，2013 年现代 ix35 燃料电池汽车上市，是全球首款实现燃料电池汽车量产的汽车，但由于韩国国内基础设施不够，国外售价偏高，车辆性能较 Mirai 没有优势等原因，市场表现不尽人意。

5.2.2 国内发展历程

我国燃料电池汽车的研发工作起步较晚。从发展历程来看，可分为实验研究阶段和示范运行阶段(图 5.7 和图 5.8)。

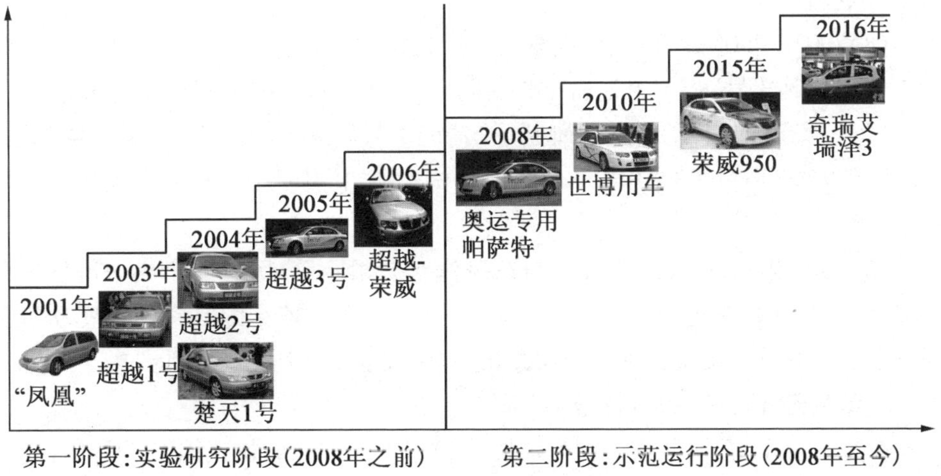

图 5.7 我国燃料电池乘用车发展历程

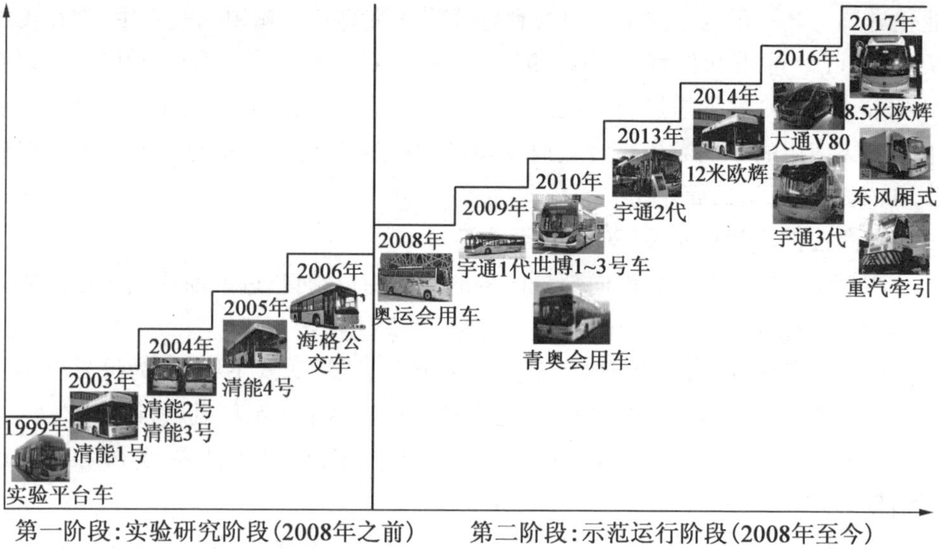

图 5.8　我国燃料电池商用车发展历程

1. 实验研究阶段(2008 年之前)

2008 年之前,属于燃料电池汽车技术研发阶段。国家"863"重大专项明确指出要支持燃料电池汽车的研发,并给予项目资金支持。那时燃料电池、动力电池和驱动电动机等核心零部件都不成熟,所以主要是做一些实验研究及概念车。在此阶段,我国在燃料电池汽车方面取得的成绩主要包括以下几个方面。

(1)1999 年,清华大学"做"出了第一辆燃料电池观光车。

(2)2001 年,上海通用泛亚技术中心以 GL8 公务商用车为原型,研发出一款"凤凰"燃料电池样车。

(3)2003—2005 年,以同济大学为主要科研力量自主研发的"超越 1 号""超越 2 号""超越 3 号"燃料电池轿车先后问世,其主要性能接近国际先进水平。

(4)"十五"期间,清华大学研制了"清能 1 号""清能 2 号""清能 3 号"燃料电池城市客车,通过了3×10^4 km的道路考核实验,其燃料经济性能大大优于国际主流车型。

(5)2004 年底,武汉理工大学与东风汽车公司联手,历时 2 年成功研发出以功率为25 kW氢燃料电池为动力的"楚天 1 号"轿车。该车的燃料电池发动机在同济大学国家重点实验进行了全面测试,主要性能指标均达到设计要求。

2. 示范运行阶段(2008 年至今)

在这一阶段,燃料电池汽车关键技术和整车生产能力快速提升,国家科技部及各地政府十分支持新能源汽车的示范推广,先后在北京奥运会、上海世博会、新加坡青奥会和美国加利福尼亚州等活动和区域进行了示范运行。我国燃料电池汽车进入研发与商业运营相结合的阶段,取得的主要成绩如下。

(1)2008 年在北京奥运会示范运行。20 辆帕萨特氢燃料电池轿车和 3 辆氢燃料电池城市客车共同组成了示范车队,完成了比赛及公交运行任务,成为"科技奥运、绿色奥运"的一个亮点。其中,帕萨特项目由上汽集团、大众集团、上海大众和上燃动力四方共同完成。3 辆氢燃料电池客车则由福田和亿华通共同打造。

(2)2009 年在美国加利福尼亚州示范运行。完成 2008 年北京奥运会示范的 16 辆帕萨特氢燃料电池轿车于 2009 年赴美国加州萨克拉门托参与国际示范运行,运行时间持续半年之久。

(3)2010 年在上海世博会示范运行。上海市政府在园区内投入燃料电池公交车客车 6 辆、燃料电池观光车 100 辆和园区外燃料电池轿车 90 辆,组织了大规模的氢燃料电池车示范运行活动。

(4)2010 年新加坡青奥会示范运行。海格和清华大学合作研发的 2 辆燃料电池客车参与示范,这是国产氢燃料电池客车首次出口。

(5)2015 年飞驰公司投放 30 辆 11 m 燃料电池公交车在广东示范运营。

"十二五"期间,我国还重点针对燃料电池的可靠性、耐久性和成本等问题开展攻关,并实现整车的小批量生产和销售,为以后的大规模商业推广做准备。2019 年全国共销售 2 737 辆氢燃料电池汽车,同比增长 79%,中国氢燃料电池汽车保有量超过 6 000 辆。

5.3 燃料电池汽车关键技术

燃料电池汽车除具备纯电动汽车的一些共性技术,如电动机及其控制技术和辅助电源(电池或电容)技术等技术外,还有其独有的技术,主要包括燃料电池系统技术、高压储氢技术、动力系统集成与控制技术和整车平台技术。

1. 燃料电池系统技术

燃料电池系统相当于传统汽车的发动机,影响其工作特性的主要因素有燃料电池电堆技术、辅助系统关键零部件技术及系统控制技术。

(1)燃料电池电堆技术。

燃料电池的电堆把氢气系统、空气系统输入的氢气和空气进行化学反应产生电,电堆的状况对燃料电池系统的性能起着关键作用。而影响电堆性能的主要因素包含两方面:一方面是电堆的均一性,电堆中一节或少数几节电堆不均会导致局部单节电压过低和限制电流的过载幅度,通常需要从设计、制造、组装及操作等过程中控制电堆的均一性;另一方面是电堆关键材料和组件技术,如膜电极的结构、制备方式和条件,电解质膜的类型、厚度、预处理情况、传导质子的能力、机械强度、化学和热稳定性,催化剂的含量及制备方法,双极板的结构形式和流场的结构和布置等。

国外比较成熟的电堆企业有日本的丰田和加拿大的巴拉德。其中，丰田的电堆采用 3D 流场设计，使流体产生垂直于催化层的分量，强化了传质、降低了传质极化，保证电堆在运行过程中保持各节电池的均一性。在关键材料和组件方面，Mirai 采用的催化剂中铂用量已经大幅下降，由十年前的 0.8 ~ 1.0 g/kW 降到现在的 0.2 g/kW。开发了高孔隙结构、低密度的扩散层，扩散能力比原来提高了 2 倍；电解质膜的厚度大幅减薄，只有10 μm，透水性强，质子传导率高。在膜电极及气体扩散层组件中加入了自由基淬灭剂，并降低了来自附件系统的铁离子污染，从而提高了电解质膜的寿命。双极板基材采用钛金属，能满足抗腐蚀性，并用无定型碳纳米涂层对其进行表面处理，以降低接触内阻。在上述措施下，Mirai 电堆体积比功率可达 3.1 kW/L，输出功率达 114 kW。

国内从事电堆研究的单位主要有大连化学物理研究所和新源动力股份有限公司等。大连化物所从设计、制备及操作三方面出发进行调控，保证电堆在运行过程中保持各节电池均一性。在关键材料和组件方面，我国做出了合金催化剂并开始使用。上海交大还研发核壳催化剂，用钯镍做核、用铂做皮，电解质膜采用自由基淬灭，延长了膜寿命；另外，国内研究的碳纸性能也已经超过日本；膜电极使用电喷涂技术，性能比现在用喷枪喷涂有所提高，接近国际最高水平；金属双极板解决了冲压成型和激光焊问题。我国在电堆关键材料及组件技术的研发上并不比国际水平差，主要差距是没有批量生产线和高水平设备。目前，我国车用燃料电池堆的输出功率一般在 30 ~ 60 kW，功率密度达2.7 kW/L，以更高功率密度(3.1 kW/L)为目标的电堆开发工作也取得了明显的进展。

燃料电池的电堆将来还要在高活性催化剂、低铂电极、有序化膜电极、3D 流场方面做深入研究，在国内建立关键材料和组件的批量生产线并实现国产化。根据《节能与新能源汽车技术路线图》的规划，2020 年，电堆比功率达到 3.0 kW/L，输出功率为70 kW；2025 年，电堆比功率达到 3.5 kW/L，输出功率为 90 kW；2030 年，电堆比功率达到4.0 kW/L，输出功率为 120 kW。

(2)辅助系统关键零部件技术。

燃料电池辅助系统部件涉及空压机、增湿器和氢气循环泵等。燃料电池系统性能除与电堆技术有关外，还与辅助系统部件技术密切相关。

①空压机技术。

车载空压机是车用燃料电池的重要部件之一，空压机的任务是对空气供应系统的空气进行加压，以增加燃料电池反应速度。由于车辆体积限制，要求空压机尽量小型化，并用高的电动机转速满足供气量要求。此外，能耗也是空压机的重要指标，一般空压机的能耗占电堆输出功率的 10% 以下才能保证系统具有高的发电效率。常用的空压机种类有离心式、螺杆式和罗茨式等。

目前，燃料电池车载空压机还是技术瓶颈之一。丰田的空压机是专利技术并没有对外转让，我国自主开发的车载空压机还在研究中。根据《节能与新能源汽车技术路线图》的规划，2020 年，高速无油小型专用空气压缩机技术取得突破，压缩比达到 2.2，流量为 70 g/s；2025 年，专用小型压缩机量产，压缩比达到 2.5，流量不低于 75 g/s；2030 年，小型空气压缩机量产，压缩比大于 2.5，流量大于150 g/s。

②氢气循环泵技术。

从燃料电池中排出的水，含有未发生反应的氢气。正常情况下，排出的氢气应低于 1% 以下，氢气循环泵可以将这部分氢气回收。利用循环泵回收氢气的过程中，一方面，可以把尾气的水分带入电池起到增湿作用；另一方面，可以提高氢气在燃料电池阳极流道内的流速，防止阳极水的累积、避免阳极水淹。循环泵有喷射器和电动回流泵两种，前者的回流能力是固定的，因此只能在一定的输出功率范围内有效；后者是采用电机变频控制电机，使回流能力根据不同功率进行响应。

氢气循环泵在丰田 Mirai 燃料电池车上得到了应用，目前国内尚在开发中。根据《节能与新能源汽车技术路线图》的规划，2020 年，氢气循环泵进出口压力比大于 2.5，标准状况下循环量大于 24 m^3/h，实现阳极氢气循环自加湿；2025 年，开始研究大流量循环泵技术；2030 年，进出口压力比大于 2.0，标准状况下循环量大于等于 60 m^3/h 循环泵的批量生产。

③增湿器技术。

质子交换膜在工作的时候需要保持湿润的状态，一方面增湿器可把燃料电池反应所需的水带入燃料电池内部。另一方面，把燃料电池反应生成水的尾气（湿气）与进口的反应气（干气）进行湿热交换，也可达到增湿的目的。常用的增湿器包括膜增湿器及焓轮增湿器等。

目前，国外主要是美国和韩国的公司提供的产品，丰田 Mirai 去掉了增湿器，利用空气供给系统进行加湿，将水热管理做到极致，主要采用了以下几个关键技术：①采用10 μm薄的质子交换膜，有利于阳极和阴极之间的水传导；②空气和氢气采取逆流方式；③把热管理控制在空气入口，出口的温度比较高，入口温度比较低，蒸发量下降，膜不容易变干；④氢气采用很大的循环量进行循环，实现自增湿技术。在国内燃料电池上，目前采用膜增湿器增湿。未来发展趋势是采用氢气循环泵带入反应尾气的水，系统不再需要增湿器部件，使系统得到简化。根据《节能与新能源汽车技术路线图》的规划，2020 年以后，我国将实现无增湿器的水管理技术。

(3)系统控制技术。

燃料电池由多个子系统组成,每个子系统既相互独立又相互联系,燃料电池控制系统对各个子系统进行协调控制,以确保整个系统可靠运行,控制系统包括以下几个部分:①工作压力控制;②氢气供给系统的控制;③空气供给系统的控制;④水热管理控制;⑤低温冷启动控制。

各辅助系统现阶段的发展水平前面已做介绍,此处仅介绍工作压力控制和低温冷启动性能的国内外发展水平。日本已经研发出了一种燃料电池控制系统,它可以至少根据发动机的一个操作条件的燃料喷射量计算出高压燃料所需压力值,丰田 Mirai 能够实现在 -35 ℃冷启动;我国在燃料电池系统目前实行流量解耦控制,北京亿华通量产的燃料电池系统也实现了 -30 ℃低温冷启动。

系统控制技术的发展趋势是进一步提高工作压力和低温冷启动性能。根据《节能与新能源汽车技术路线图》的规划,2020 年,实现压力/流量解耦控制,工作压力以中压(0.17 MPa)为主,逐步攻克低能耗 -30 ℃冷启动技术;2025 年以后,逐步实现阴极高压(0.22 MPa)运行以提升功率密度,攻克 -40 ℃冷启动技术。

2. 高压储氢技术

氢瓶在燃料电池汽车上相当于传统汽车的油箱。燃料电池储氢方式主要包括高压储氢、液态储氢以及储氢材料储氢,为了达到一定的续航里程,目前燃料电池汽车大多采用高压气态储氢技术。高压储氢瓶分为四种:全金属气瓶(Ⅰ型)、金属内胆纤维环向缠绕气瓶(Ⅱ型)、金属内胆纤维全缠绕气瓶(Ⅲ型)及非金属内胆纤维全缠绕气瓶(Ⅳ型)。

国际上大部分燃料电池汽车(如 Mirai)采用的都是Ⅳ型瓶,其质量储氢率可以达到 5.7%。Ⅳ型瓶以其轻质、廉价的特点得到认可。国内目前还没有Ⅳ型高压氢瓶的相关标准,一些供应商可提供 35 MPa Ⅲ型氢瓶,如斯林达和科泰克等。同济大学对 70 MPa 氢瓶及加氢系统方面进行了开发,上汽集团则基本掌握了 70 MPa 高压储氢和加注系统的关键技术。

高压储氢技术的发展方向是在安全防碰撞的基础上进一步提高其储氢压力,达到减小体积和质量、提高体积密度的目的。根据《节能与新能源汽车技术路线图》的规划,2020 年,Ⅲ型氢瓶储氢压力达到 70 MPa 国际标准,质量储氢率为 5.0%,体积储氢密度为35 g/L,系统成本为 3 000 元/kg;2025 年,Ⅳ型氢瓶储氢压力达到70 MPa 的国际标准,质量储氢率为 5.5%,体积储氢密度为 40 g/L,系统成本为 2 000 元/kg;2030 年,Ⅳ型氢瓶储氢压力达到 70 MPa 的国际标准,质量储氢率为 7.5%,体积储氢密度为 70 g/L,系统成本为1 800元/kg。

3. 动力系统集成与控制技术

目前燃料电池作为单一动力源还无法满足车辆的使用要求,一般需要增加辅助动力源，采用电－电混合的技术驱动。燃料电池动力系统的结构及匹配必须保证其具有良好的动力性、经济性及安全性，同时保证系统方案的可行性和可靠性。此外，多能源动力系统的能量管理也是关键技术之一。

国外燃料电池汽车动力系统多采用大功率的燃料电池搭载小功率的动力电池，Mirai 和 Clarity 配备的镍氢电池或锂离子电池，主要起到启动点火和回收制动能量的作用。

国内燃料电池汽车动力系统采用的是小功率的燃料电池搭载大功率的动力电池，如宇通最新一代燃料电池城市客车配备额定功率为 30 kW 的燃料电池，同时搭载 40～60 kW·h的锂离子动力电池，车身顶部设置了八个容量为 140 L 的氢瓶，续航里程超过 300 km，每加一次氢需要 10～15 min。国内外燃料电池动力系统的匹配差异，除燃料电池技术的差距外，还受车型和运行工况的影响。

在能量控制策略方面，控制器需要时刻根据汽车的功率需求及电池管理系统所提供的动力电池的电荷状态，来决定能量在燃料电池系统和动力电池系统中的分配。根据油门踏板、制动踏板以及挡位等信息算出转矩和需求功率，然后再进行最优的能量分配，将燃料电池和动力电池的输出经电机控制器转化为驱动电动机的功率输出，从而驱动车辆行驶。

随着燃料电池技术的不断提高和成本的下降，动力系统的发展方向是大功率乃至全功率燃料电池驱动。根据《节能与新能源汽车技术路线图》的规划，2020年，乘用车领域掌握 60 kW 和 70 kW 中等功率燃料电池与大容量动力电池深度混合技术；2025 年，商用车领域掌握大功率燃料电池与小容量动力电池的动力系统技术；2030 年，乘用车领域掌握 100 kW 全功率燃料电池动力系统技术。

4. 整车平台技术

由于燃料电池汽车拥有通过线束传递动力、动力生成装置结构变化多样及各总成部件布置较少受到机械装置限制等特点，给车身和底盘的设计留有更大的空间。为了减小整车的行驶阻力系数，提供舒适的乘坐空间和较好的主(被)动安全性能，在燃料电池整车平台的设计开发上，通常有三种技术路线选择，即传统汽车平台、基于传统平台的电气化改造和燃料电池汽车专用平台等三种。

国外已经由基于传统车辆平台改造形成燃料电池汽车模式走向为打造燃料电池汽车整车平台阶段，如本田 Clarity、丰田 FCHV、戴姆勒奔驰 F－Cell 和通用 Chevrolet Equinox 等均是根据燃料电池汽车动力系统的特点而全新打造的专用化整车平台。基于这些整车平台，国外公司开展了如空气动力学性能、轻量化、车身碰撞安全性、底盘系统主动控制及面向舒适性的人机界面与人机工程等研究。

在国内，以上汽股份、上海大众、一汽、长安和奇瑞等为代表，这些公司开发的燃料电池轿车均基于传统内燃机车辆进行改制，尚未掌握燃料电池汽车专用车身开发、底盘开发和底盘动力学主动控制等关键技术。随着燃料电池系统等关键技术的突破，开发燃料电池汽车专用整车平台是发展趋势和必然结果。

5.4 燃料电池汽车典型产品

5.4.1 国外燃料电池汽车

1. 乘用车

(1)丰田汽车公司。

丰田一直致力于燃料电池汽车的研发，是在该领域投入力度最大、技术最先进的汽车制造商。自 1992 年起，先后推出了 FCHV、Fine - S、Fine - N、Fine - T、FCV - R 和 FCV - Concept 多款燃料电池车型，其中最具代表性的是量产版 Mirai (图 5.9)。

丰田 Mirai 于 2015 年 1 月在北美车展上推出，成为全球首款面向普通市场发售的燃料电池汽车。该车采用氢燃料电池，功率密度为 3.1 kW/L、最大输出功率为 114 kW，满电情况下最大续航里程可达 500 km 左右，从 0 到 100 km/h 的加速时间为 9.6 s。Mirai 在车身中后部配备了两个容量分别为 60 L 和 62.4 L 的高压储氢罐，最大可以储存约 5 kg 的氢燃料，储气压力达到 70 MPa，加氢时间只需 3 ~5 min，这套氢燃料电池组合在 -22 ℃以上的环境中可正常使用。Mirai 在日本的售价为 700 万日元左右，享受政府补贴后售价为 500 万日元，折合人民币 29.85万元左右。

(2)本田汽车公司。

自 1999 年起，本田先后推出了 FCX、FCX - V1、FCV - V2、FCV - V3、FCV - V4、FCX Clarity 和 FCEV 等燃料电池车概念车，最具代表性的是量产版车型 Clarity(图 5.10)。

图 5.9 丰田 Mirai 燃料电池汽车

图 5.10 本田 Clarity

Clarity 于 2015 年 10 月底在东京车展亮相，2016 年 3 月起在日本本土销售。该车的美国版为“CLARITY FUEL CELL”，2016 年底在美国加州销售。Clarity 是本田发布的首款量产版燃料电池汽车。Clarity 搭载氢燃料电池动力系统,功率密度达 3.1 kW/L,总功率达到 103 kW。电机功率达到 130 kW,最大扭矩达 300 N·m。CLARITY 最大续航里程为 750 km,存氢罐容量为 14 L,可存 5.0 kg 高压氢,其材质采用东丽的高强度碳纤维作为内衬,填充压力为 70 MPa,在燃料耗尽后仅需3~5 min 即可充满。Clarity 在日本售价为 766 万日元,约合 42 万元人民币。

(3)现代汽车公司。

现代自 1998 年开始研发燃料电池汽车,先后推出现代 Tucson、起亚 Sportage、I-Blue 和 Bor-rego 多款车型,最具代表性的是首款量产车型 ix35 途胜和最新发布的 FE Fuel Cell 氢燃料电池概念车。

ix35 途胜(图 5.11)搭载了一套输出功率为 100 kW 的燃料电池系统,两个储氢罐,续航里程达 594 km,最大功率为 98 kW,最大扭矩为 221 N·m,最高时速为 160 km/h,-20 ℃低温冷启动,完全能够满足日常使用的需求。该车售价高达 14.4 万美元(当时约合人民币 85.5 万元),后为应对丰田 Mirai 的挑战,ix35 途胜削减售价 4 成以上。

FE Fuel Cell 氢燃料电池概念车(图 5.12)于 2017 年 3 月在日内瓦车展上发布,与途胜 ix35 燃料电池汽车相比,新车的动力配置更加轻量化(质量减少了 20%),续航里程约 560 km。同时,全新 FE Fuel Cell 概念车的燃烧效率提升了 10%。另外,现代基于全新 FE Fuel Cell 概念车打造的一款 SUV 燃料电池汽车,已于 2018 年 1 月份全球上市。

图 5.11　ix35 途胜

图 5.12　FE Fuel Cell 氢燃料电池概念车

(4)宝马公司。

宝马和丰田早在 2013 年就开始共同合作研发燃料电池技术。2015 年,宝马展示了基于宝马 i8 和 5 系 GT 车型的氢燃料电池原型车;2017 年,配燃料电池动力系统的宝马 X7 概念车(图 5.13)在法兰克福车展上正式发布。该车续航里程大大超越当前的纯电动汽车,同时也能满足零排放的环保需求,未来这套动力有望搭载于量产车型上。

(5)戴姆勒－奔驰汽车公司。

奔驰从1994年起对氢燃料电池进行研发,数年前就已开发出概念车,但由于售价高昂,迟迟未推向市场。2015年和2016年又先后推出了两款燃料电池概念车 Vision Tokyo 和 GLC fuel－cell,最具代表性的是最新发布的 GLC F－Cell(图5.14)。

GLC F－Cell 于2017年法兰克福车展亮相。GLC F－Cell 不仅是一款氢燃料电池汽车,还是插电式混合动力汽车(可以采用外接电源进行充电)。GLC F－Cell 装备了2个重达4 kg的碳纤维罐用来储存氢气,可在3 min内充满。此外,还配备了容量为9 kW·h的锂离子电池,续航里程达49 km,总续航里程可达483 km(270 mi)。

图5.13　宝马X7燃料电池概念车

图5.14　GLC F－Cell

(6)奥迪汽车公司。

奥迪曾在2015年斥资1.12亿美元购买加拿大巴拉德动力系统(Ballard Power Systems)公司研发的燃料电池技术。在2016年的北美车展上,奥迪 h－tron quattro 氢燃料电池概念车(图5.15)首次亮相。h－tron quattro 搭载的是第五代氢燃料电池动力系统,前轮电机功率为88 kW,后轮电机功率为138 kW,百公里加速时间不到7 s,极速可达200 km/h。新车可在4 min内充满氢气,燃料加满时拥有600 km的续航里程。奥迪 h－tron quattro 的量产版已在2020年推出。

图5.15　奥迪 h－tron quattro 氢燃料电池概念车

2. **商用车**

SORA(图5.16)是一辆氢燃料电池巴士。SORA 由 Sky、Ocean、River 和 Air 四个单词的首字母组成,表示地球水循环。SORA 搭载了与丰田首款氢燃料汽车 Mirai 相同的 TFCS 燃料电池系统,其动力总成包括两个114 kW的燃料电池组和双电动机驱动,电动机最大功率为113 kW,峰值扭矩为335 N·m。SORA 百分动力源的是总容量达 600 L 的十个氢气罐,同时配备了一块镍氢电池以应对紧急措施。

此外,SORA 还搭载了大容量外部供电系统,用于紧急情况时的动力输出,最大功率为 9 kW,燃料满载的情况下可供应 235 kW · h 的电量。

技术方面,车内外共有八个高清摄像头,可以位于驾驶席位置的监视器查看这些摄像头所拍摄的图像。SORA 搭载的"视野辅助摄像头系统",可以在停车时监测巴士四周运动的物体,并通过声音和图像提醒驾驶员,提高安全性。

SORA 通过电动机驱动消除换挡时的顿挫感,搭载的加速控制系统可以控制驾驶过程中出现的急加速。此外,SORA 搭载的自动到达控制系统还可以帮助驾驶者,将巴士指引到正确的停车位置。

图 5.16　丰田燃料电池巴士"SORA"

丰田燃料电池卡车(图 5.17)概念版 Project Portal,于 2017 年开始在洛杉矶港口试运行,该款卡车采用两个 Mirai 燃料电池堆及一个小功率动力电池,动力输出和峰值扭矩分别为500 kW和 1 795 N · m。小电池被用于维持该卡车的负载(装卸货)操作。该款概念车的组合式车辆总质量为 36 t,在进行常规码头短泊业务时,充满电后的续航里程大概在 320 km 以上。

图 5.17　丰田燃料电池概念卡车

5.4.2 国内燃料电池汽车

1. 乘用车

上海汽车集团股份有限公司（简称“上汽”）。

上汽于2000年开始研发燃料电池汽车，先后推出“凤凰”、奥运会和世博会专用燃料电池汽车。较成熟的是荣威950插电式氢燃料电池汽车（图5.18）。

荣威950插电式氢燃料电池汽车于2014年在北京车展上发布，该车已具备小批量生产能力。这款车最大的亮点在于其搭载动力蓄电池和氢燃料电池双动力源系统。以氢燃料电池为主、动力电池为辅，车载的随车携带式蓄电池充电器，可通过市网电力系统为动力电池充电。在氢燃料电池方面，新车搭载两个70 MPa氢气瓶，其氢气储量可达4.34 kg，最大续航里程为400 km。通过优化车辆启动系统，即便是在 -20 ℃的环境中，新车依旧可以正常启动与行驶。

2. 商用车

（1）中国第一汽车集团有限公司（简称“一汽”）。

作为国内商用车企的龙头企业，解放在氢燃料电池车型的研发上不落下风。J6F氢燃料电池物流车（图5.18）是一汽解放推出的首款氢燃料电池产品，搭载国际先进燃料电池系统，电机峰值功率为120 kW，动力充沛，加氢时间短，操作简便，使用习惯与传统车相当。车辆有效储氢量为9.8 kg，城市工况下续航里程超过350 km，货厢容积可达21 m^3，载重为3.2 t。J6F氢燃料电池物流车秉承着一汽解放的优秀品质，安全环保、高效可靠，适用于城市物流运输。

图5.18 荣威950插电式氢燃料电池汽车

图5.19 一汽解放J6F氢燃料电池物流车

氢燃料电池技术在商用车领域正在被越来越多的企业广泛应用。在客车领域，有不少企业研发的氢燃料客车已经步入了商业化落地的状态。在卡车领域，则受成本、技术和氢基础设施等因素的限制，氢燃料电池技术路线还尚未成熟。

不过,还是有不少企业的氢燃料电池卡车已经正式亮相。

(2)东风汽车集团有限公司(简称“东风”)。

东风于 2005 年左右开始研发燃料电池汽车,并推出“楚天一号”轿车(图5.20)。在 2017 年第五届节能与新能源汽车成果展会上,东风推出了一款氢燃料电池物流运输车,型号为 EQ5080XXYTFCEV1。该车采用锰酸锂电池、永磁同步电机,电池容量为20.45 kW·h,并配以容量为 340.8 L 的储氢瓶,在半载情况下的续航里程不低于350 km(满载不低于 250 km),且其加氢时间不超过 9 min。

图 5.20　东风氢燃料电池车

(3)中国重型汽车集团有限公司(简称“中国重汽”)。

2013 年,PowerDisc 公司在加拿大氢能协会主办的氢能与燃料电池展会上,展示了他们的新型电流分布均匀燃料电池。eFlow(TM)FC 的设计,从单个元件到系统采用了一种全新的设计方法,提高了氧气、氢气和水在 FC 内的流动,增加了电流的均匀性,降低了 FC 膜和堆材料的衰减率,从而获得更高的 FC 耐久性,实现更高的峰值功率。由于膜更大的弹性、昂贵系统组件的替代,成本显著降低。

2014 年 12 月,中国重汽与 PowerDisc 公司签署合作协议,一起开发燃料电池商用车(图5.20);这款氢动力码头牵引车高效、清洁、零污染和零排放,除解决了传统汽车效率低、环境污染的问题外,也解决了现阶段纯电动汽车续航里程不足的问题,是未来汽车发展的重要方向。氢动力码头牵引车采用增程式技术方案(燃料电池作为增程器,动力电池作为辅助系统),可根据实际需求配置氢气瓶,满足各种运营工况。作为替代传统汽车、纯电动汽车和混合动力汽车的技术方案,氢燃料电池只要满足氢气的供应即可。氢气来源极其广泛,仅山东省内制氢、储氢企业就非常之多,且相关技术也已非常成熟,适合在山东省内或国内大规模推广氢燃料电池汽车。

图 5.21　中国重汽研发的首款氢燃料码头牵引车

(4)陕西汽车控股集团有限公司(简称“陕汽”)。

2018 年 2 月,陕汽在“2035 战略”规划发布会现场上展示了国内首辆使用氢燃料电池作为动力的德龙 L3000 氢燃料环卫车,是国内首款针对城市环卫市场研发的燃料电池专用车(图 5.22(a))。这款车的续航里程可达 300 km,采用氢燃料电池 + 动力电池的组合。环卫车的工作区域一般都在城市核心区域,使用清洁无污染的氢燃料电池汽车,对于改善城市空气质量具有很大的环保优势。

2019 年 5 月,搭载了弗尔赛燃料电池系统的陕汽氢燃料电池轻卡也正式下线,氢燃料电池轻卡续航里程同样可达 400 km,氢气加注时间不超过 5 min(图 5.22(b))。

陕汽重卡 2020 商务年会上展出的德龙 X5000,底盘增加了侧围板,可以很好地避免底盘被污水腐蚀,并且可以降低整车的风阻(图 5.22(c))。该车采用了汉德 7.5 t 前桥,该款前桥不但有着足够的承载力,而且质量也更轻。

(a)德龙L3000环卫车　(b)陕汽氢燃料电池轻卡　(c)德龙X5000牵引车

图 5.22　陕汽燃料电池卡车

(5)北汽福田汽车股份有限公司(简称“福田”)。

2019 上海国际车展上,福田智蓝新能源在与京东物流联合打造的智慧物流展区上,展示了一款欧马可智蓝氢燃料电池轻卡(图 5.23)产品。此次展出的欧马可智蓝氢燃料电池轻卡产品,是商用车行业首次批量商业化示范运营项目的成果,为客户定制生产,已于2018年开始陆续交付市场,其加氢时间小于5 min,运行仅排放水,更加环保。氢气容量为495 L,搭载的动力电池容量为50.37 kW·h,续航里程达到410 km,最高车速可达90 km/h,是一款真正实现零污染、零排放的清洁动力卡车,其主要参数见表5.1。

表5.1　欧马可燃料电池轻卡参数

车型	欧马可智蓝氢燃料电池轻卡
驱动形式	4×2
外形尺寸/(mm×mm×mm)	4 300×2 100×2 100
满载质量/kg	8 275
电机额定功率/kW	60
动力电池容量/(kW·h)	50.37
氢气容量/L	495
最高车速/($km \cdot h^{-1}$)	90
续航里程/km	410

图5.23　欧马可智蓝氢燃料电池轻卡

(6)上汽依维柯红岩商用车有限公司(简称"上汽红岩")。

上汽红岩依托上汽集团前瞻技术和IVECO先进重卡技术,打造红岩燃料电池自卸车(图5.24),抢先布局燃料电池重卡市场。相比市面上重卡燃料电池功率小、动力弱和低温状态无法启动的普遍缺点,红岩燃料电池自卸车搭载了行业最大功率电机系统,实际最大功率可达352 kW,与之匹配的是AMT变速器,并与坡度传感器协同工作,提高整车坡道换挡舒适性,大大降低运行能耗。

此外,该款车型搭载的上汽集团自主研发的燃料电池,采用了世界一流的金属双极板和领先的低温启动策略,无须外部加热,就可在-30 ℃低温条件下自启动。并通过优化电堆结构设计、优化系统策略,实现自增湿功能,降低了燃料电池系统成本。除了节能高效,高度集成化也是其一大亮点。整个燃料电池系统采用模块化设计,部分零件共用壳体和安装结构模块化集成,整个系统由多个模块组成,可适应车辆前舱布置要求。通过功能模块化和嵌入式集成,车辆实现了关键部件的功能合并、外形合并、模块化集成、传感器集成和控制器集成。

图 5.24　红岩燃料电池自卸车

(7)郑州宇通集团有限公司。

宇通客车已成功开发出三代燃料电池客车,全面掌握了燃料电池客车整车动力系统匹配与优化、燃料电池系统氢－电结构耦合安全、燃料电池系统集成与控制以及快速加氢等关键技术,形成了燃料电池系统、车载氢系统、整车设计开发及验证能力、一致性保证能力和零部件采购与管理能力等。第三代燃料电池客车已在综合路况下运行了3.5×10^4 km,系统稳定运行已超过 1 000 h,百公里氢耗7.28 kg,优于国外水平。2017 年获得车载氢系统安装资质。宇通燃料电池客车产品简介见表 5.2。

表 5.2　宇通燃料电池客车产品简介

新能源	分类	车长/m	电池	储能	电动机
燃料电池	公交	10.5	氢－空型质子交换膜/上海重塑、北京亿华通、广东国鸿	磷酸铁锂/宁德时代	采埃孚
		12	氢－空型质子交换膜/北京亿华通	磷酸铁锂/宁德时代	宇通
	客车	9	氢－空型质子交换膜/上海重塑	磷酸铁锂/宁德时代	宇通

宇通形成了 10 m 和 12 m 双车型双配置系列化车型。燃料电池系统方面均

提供两种配置,分别为 60 kW 和 50 kW 能量型燃料电池系统,可针对不同的城市公交工况,进行多元化选择,满足不同客户的需求。同时能量型配置可使燃料电池系统大部分时间运行在 50% 负荷区,系统效率更高,寿命更长。

(8)安徽安凯汽车股份有限公司。

早在十多年前,安凯抢先布局氢能源,不断推进氢燃料电池客车的产品研发及核心技术发展。安凯氢燃料电池客车在研发之初,就设定了轻量化、集成化、低氢耗、宽温域和平台化的设计理念,使得整车在安全性、可靠性、环境适应性及综合成本上十分具有优势。安凯燃料电池汽车产品简介见表 5.3。

表 5.3 安凯燃料电池汽车产品简介

新能源	分类	车长/m	电池	储能	电动机
燃料电池	公交	8.5	质子交换膜/安徽明天氢能	锰酸锂/盟固利	安凯永磁同步电动机/120 kW
		12	氢-空型质子交换膜/北京亿华通	磷酸铁锂/合肥国轩	安凯永磁同步电动机/200 kW

安凯 12 m 氢燃料客车基于平台化设计理念打造,在安全性、可靠性、环境适应性及综合成本上具有突出优势。在公交工况下,车辆加满氢时间不超过 10 min,续航里程500 km以上,实现在 -30 ℃低温环境下的自动启动,可以充分满足城市公交的高强度运输要求。

安凯 8.5 m 氢燃料客车基于全承载结构平台打造,其燃料电池系统具有高度集成的定制式设计、优化的系统匹配和极简的系统架构设计等优势,整车在动力性、经济性及舒适性上可实现协调平衡,是打造创新、绿色、和谐和协调发展理念城市的最好载体,整车在安全性、可靠性、环境适应性及综合成本上更具优势,是一款完全瞄准商品化开发的新一代氢燃料电池公交客车。

(9)中通客车控股股份有限公司。

中通客车最具典型的车型是燃料电池公交车,是国内最早布局氢燃料客车产业的企业之一。自 2016 年成功推出国内首台 9 m 氢燃料电池客车以来,截至目前,中通客车已形成了 9 ~ 12 m,涵盖客运、公交、高端商务和物流等在内的全系列氢燃料客车产品车型。

2014 年,中通客车正式开始了氢燃料电池客车的研发。2017 年,推出了 9 m 客运版氢燃料电池客车和12 m氢燃料城市客车。此后,中通氢燃料客车的发展步伐逐渐加快。图 5.25 所示为中通10.5 m氢燃料电池客车。

图 5.25　中通 10.5 m 氢燃料电池客车

2018 年,中通客车燃料电池汽车(含物流车)产量为 790 辆,占到行业总数的 49%,位居第一位。2018 年 12 月,40 台中通 10.5 m 氢燃料客车交付山西大同。目前,该批氢燃料客车已分批次投入到大同 62 路和 201 路公交线路上。2019 年 3 月,30 台中通 9 m 氢燃料客车交付山东潍坊并投入运营。该批次氢燃料客车设计续航里程为 350 km,被分配到潍坊 55 路和 65 路两条公交线路上。

5.5　燃料电池汽车发展前景

氢和燃料电池技术是世界能源转型和动力转型的重大战略方向。燃料电池汽车具有环保性能佳、转化效率高、加注时间短和续航里程长等优势,是未来汽车工业可持续化发展的重要方向,也是应对全球能源短缺和环境污染的重要战略举措。

1. 产业发展现状

从政策导向看,发达国家都高度重视燃料电池汽车,并制定各种政策抢占先机。我国政府也一直高度重视燃料电池汽车的发展,“863”计划电动汽车重大专项”确定的“三纵三横”战略中就包括燃料电池汽车,之后又出台了一系列政策进行支持,尤其是财政补贴方面。2017—2020 年其他新能源车型补贴标准都大幅退坡,而燃料电池汽车车型补贴维持不变:乘用车每辆补贴 20 万元,燃料电池轻型客车、货车每辆补贴 30 万元,燃料电池大中型客车、中重型货车每辆补贴 50 万元,对行业发展作用巨大。

从企业参与度看,目前国内外多家车企已着重发展燃料电池汽车产业。丰田、本田、奔驰、通用、现代、福特和宝马等国际车企都研发并推出了多个车型,并纷纷推出宏大可行的燃料电池汽车计划。目前,国内领先的燃料电池车企有福田、宇通、东风、青年汽车及上汽集团。大部分车企是以商用车为突破口,只有上汽在燃料电池乘用车领域实现突破。

从技术水平来看,日本、韩国、美国等燃料电池技术趋于成熟,各方面性能可与传统汽车相媲美。我国燃料电池汽车技术研发也取得了重要进展，基本掌握了整车、动力系统与关键零部件的核心技术，建立了燃料电池系统技术平台，形成了关键零部件配套体系，具有百量级燃料电池汽车动力系统与整车生产能力。在国家政策的支持和产学研各界的努力下，各种关键技术有望实现突破，规模化生产也将带来成本的大幅下降，大规模加氢基础设施快速建设。

氢能基础设施方面，欧美及日韩政府正在加大加氢站建设力度。如德国计划在2023年之前将加氢站的数量增加到400个，日本截至2020年11月已建成146座商业化加氢站，另有23座在建和拟建的加氢站。计划到2035年建成320座加氢站。除政府外，大型车企、加油站运营商也加入加氢站建设中，如丰田、日产、本田、宝马和戴姆勒等都以实际行动支持氢气开发和商业化投资。截至2019年底，全球加氢站约450座，其中日本116座、德国81座、中国61座、韩国30座，我国在建的还有38座（不包括立项，只统计动土建设）。截至2020年底，我国建成加氢站118座。

2. 产业发展前景

燃料电池汽车被视为节能与新能源汽车的终极解决方案，目前已基本具备产业化条件，整体呈较快发展态势。美、日、欧盟等主要国家和地区将燃料电池汽车纳入国家或地区战略发展体系进行规划。

我国是全球能源消耗和汽车产销大国，随着能源、环保压力的加大，发展燃料电池汽车已迫在眉睫，并具有广阔的前景。2016年发布的《节能与新能源汽车技术路线图》明确提出：2020年，燃料电池汽车示范规模累计达到5 000辆，燃料电池商用车占60%，燃料电池乘用车占40%，加氢站超过100座；2025年，燃料电池汽车推广规模累计达到5万辆，其中燃料电池商用车1万辆、燃料电池乘用车4万辆，加氢站超过300座；2030年，燃料电池汽车推广累计超过100万辆，加氢站超过1 000座（有机构预测可能超过4 000座），可再生能源制氢达到50%。

第6章 气体替代燃料汽车

众所周知，随着我国经济体量的迅猛发展，石油对外依存度连年上升，2019年突破70%，严重威胁国家能源安全。因此，推动我国能源多元化和产业转型意义重大。

1989年3月，从我国第一座CNG汽车加气站——四川荣县加气站营业开始，我国推进"油改气"已有30余年。截至2018年底，我国天然气汽车保有量超过670万辆，加气站9 000余座，连续4年蝉联世界第一。

6.1 气体燃料汽车概述

6.1.1 定义与原理

气体替代燃料汽车主要指NG类气体燃料汽车，NG气体燃料汽车是指以天然气作为燃料的汽车。天然气的甲烷含量一般在90%以上，是一种很好的汽车发动机燃料。

NG气体燃料汽车的工作原理与汽油汽车的原理一致，简言之，天然气在发动机的气缸中与空气混合，通过火花塞点火，推动活塞上下移动做功。尽管天然气与汽油相比，可燃性和点火温度存在一些差别，但基本的运行方式一致。

天然气作为一种替代燃料，具有以下优势：

（1）污染小。试验结果表明，车用天然气与燃油相比，PM2.5排放减少93%，CO_2排放降低约20%，CO、CH和NO化合物也有明显下降。

（2）储量大。2018年我国天然气探明储量约为15万亿m^3，居世界前五，页岩气（1.2万亿m^3）和煤层气（0.8万亿m^3）的资源量均为世界第一。

（3）技术成熟，加装工艺与燃油车相近。

（4）经济性好，燃料成本可节省40%～55%，油气价在1:0.6及以下效果明显。

（5）安全性好，气源有保障，储存和运输没问题，改装和加装工艺成熟。

综上,我国发展天然气汽车具有较大优势。

6.1.2 结构与分类

NG 气体燃料汽车可按燃料状态和燃料供给系统特征两种方式进行分类。

(1)按燃料的状态分类。

气体燃料汽车可分为两类:压缩天然气汽车(CNG)和液化天然气汽车(LNG)。

①压缩天然气汽车(CNG)。

压缩天然气是指压缩到 20.7 ~24.8 MPa 的气态天然气(主要成分为甲烷),储存在车载高压气瓶中。CNG 汽车的缺点就是高压钢瓶质量过大、体积大且储气量小,占去了汽车较多的有效质量,限制了汽车携带燃料的体积,从而缩短了续航里程,在短距离运输的轻卡或出租车上应用较为广泛。

CNG 汽车一般是由传统汽油车改装而成,在保留车原有供油系统情况下,增加一套“CNG 型车用压缩天然气装置”,改装部分由以下三个系统组成:

a. 天然气系统,主要由充气阀、高压截止阀、天然气钢瓶、高压管线、高压接头、压力表、压力传感器及气量显示器等组成。

b. 天然气供给系统,主要由天然气高压电磁阀、三级组合式减压阀和混合器等组成。

c. 油气燃料转换系统,主要由三位油气转换开关、点火时间转换器和汽油电磁阀等组成。

②液化天然气汽车(LNG)。

液化天然气是指常压下温度为 -162 ℃液体天然气(主要成分为甲烷),储存于车载绝热气瓶中。液化天然气的燃点为650 ℃,爆炸极限为5% ~15%,安全性较高。天然气液化后可以明显地压缩天然气体积,一次充气可以行驶 500 ~1 000 km,非常适合于长途运输使用。与 CNG 汽车相比,LNG 汽车在安全、环保、轻量化和整车续航里程方面都具有较大优势,成为中大型客车和中重型卡车的首选。

LNG 的燃料系统由 LNG 气瓶、汽化器、管路降压调压阀、缓冲罐、电磁阀和发动机组成。

a. LNG 气瓶。

LNG 气瓶是一种用以替代汽车油箱盛装、储存和供给燃料(天然气),并且可以多次重复充装的低温绝热压力容器。其主要结构是双层容器,内胆能够承受一定的压力用来储存和供给低温液态的液化天然气,外胆主要用来与内胆形成夹层空间和把内胆支撑起来。气瓶所有的外部管路和阀件都设置在气瓶的一端,并用保护环或保护罩进行防护。阀门系统的设置能够满足液化天然气的充装和供给。

b. 汽化器。

汽化器主要是利用发动机循环冷却水对液化天然气进行加热汽化,使天然气达到满足发动机使用温度和流量要求。汽化器是一种水浴蛇管式换热器,加热时液化天然气和冷却水的流动方向是并流。

c. 管路降压调节阀。

管路降压调节阀的主要作用是将汽化后的天然气进行减压,使之满足发动机的使用压力要求且保持压力稳定。

d. 缓冲罐。

缓冲罐的作用是储备一定量的气体,以备不时之需。当汽车功率较大,启动时需要较多的天然气时,可以在管路降压调节阀后配备一只缓冲罐。如果受到汽车安装空间的限制,汽车功率不大且供气管路的长度(其作用相当于缓冲罐)满足需要的情况下,可以不配备此容器。

e. 电磁阀。

电磁阀的作用是当发动机点火开关关闭或处于次要位置,以及发动机熄火点火开关仍处于开启状态时,防止天然气泄漏。

(2)按照燃料供给系统特征分类。

按照燃料供给系统特征不同,气体燃料汽车可分为三类:专用燃料气体汽车,两用气体燃料汽车和双燃料汽车。

①专用燃料气体汽车,只使用气体燃料作为燃料,这种车辆的发动机专门针对气体燃料的供给、燃烧特点进行设计,燃烧效率高、排放污染低。

②两用气体燃料汽车,既可以使用气体燃料也可以使用汽油作为燃料。这类车辆多由燃油汽车改装而来,同时具有汽油和气体两套燃料供给系统,但只能分别单独向发动机供给燃料而不能同时供给,使用时可在两种模式之间切换。

③双燃料汽车,可以同时使用液体燃料与气体燃料。这类车辆也具有两套燃料供给系统,一套柴油供给系统,一套气体燃料供给系统,并且能同时向发动机供给两种燃料,混合燃烧。使用时,可以在单独燃烧柴油、柴油与气体混合燃烧两种模式间切换。这种模式应用较少,已逐渐被专用气体燃料汽车所取代。

6.2 气体燃料汽车发展历程

6.2.1 国外发展历程

天然气汽车是燃气汽车的重要分支和典型车型,大体经历了孕育期、起步期、稳步发展期和成熟期四个阶段。

(1)孕育期。

1860 年,德国道依茨研制出世界上第一台气体燃料发动机;1872 年,天然气发动机问世;20 世纪 30 年代,意大利推出了天然气汽车。

(2)起步期。

从 20 世纪 30 年代起,意大利等少数国家开始应用天然气汽车。

第二次世界大战期间,由于汽油价格昂贵,贫油富气的意大利加快了天然气汽车的应用步伐,走在了世界前列。

1969 年,美国引入天然气汽车改装系统,但受加气网络和服务系统的限制,在以后的几十年中没有获得实质性的进展。

总之,20 世纪 70 年代之前,受压缩机技术限制、加气站数量少,天然气汽车种类和数量有限的影响,天然气汽车只在少数国家得到重视和应用。

(3)发展期。

1979 年,新西兰总理率先驾驶天然气汽车上路,该国政府制定了强有力的政府激励政策,大力推行天然气汽车。

1982 年,加拿大开始发展天然气汽车;1986 年,建立了天然气汽车研究和开发基金;1994 年,又为开发天然气汽车提供了 1 500 万加元的资助。

1984 年,美国福特推出了单燃料天然气概念车;同年,美国铝材公司的铝合金内衬/玻璃纤维缠绕式轻质储气瓶研制成功,促进了天然气汽车的发展。

1986 年,不同国家的 30 多家燃气企业在加拿大渥太华成立了国际天然气汽车协会(IANGV)。

1988 年,美国 21 家燃气公司参与组建了美国天然气汽车联合会(NGVC)。

20 世纪 70 ~ 80 年代,由于环境污染问题凸显,改善环境的呼声很高,加之压缩机技术的进步,天然气汽车获得了较快的发展。期间,除意大利以外的许多国家也开始关注天然气汽车的发展。

(4)成熟期。

1990 年,美国颁布《清洁空气法案修正案》,天然气汽车的发展得到了法规和政策的有力支持。1992 年,美国又颁布了《能源政策法》,进一步为天然气汽车的发展提供了良好的政策环境。

自 1996 年起,每两年在北京举办一届"国际电动汽车与替代燃料汽车博览会与技术交流会",替代燃料汽车中就包括天然气汽车。

1998 年 5 月,IANGV 在德国科隆召开第六届研讨和展览会。此后,俄罗斯、澳大利亚、英国和法国等国家分别成立了天然气汽车协会。

20 世纪 90 年代以后,由于发展天然气汽车的各种要素进一步成熟,各国天然气汽车的发展从量变到质变,进入快速成熟阶段。截至 2018 年 6 月,全球天然气汽车保有量为 2 520 万辆，主要集中在发展中国家。

6.2.2 国内发展历程

(1)起步发展期。

20 世纪 80 年代伊始，我国开始对气体燃料汽车开展了研究工作，主要是在压缩天然气和液化石油气等方面。

1988 年，四川石油管理局从新西兰引进了充气装置和天然气汽车的改装件，并在南充建立了 CNG 加气站，成为全国第一家使用 CNG 汽车的单位。此后十年，在天然气－柴油双燃料发动机汽车及电控技术、电控缸内喷气技术、天然气稀薄燃烧方面均做了大量研究，并取得了很好的成果。

1999 年，由科技部、环保总局联合 13 个部委启动实施“空气净化工程——清洁汽车行动”，并公布了首批 12 座燃气汽车示范城。

2000 年，实施清洁能源汽车行动计划，天然气汽车被列为主要清洁能源汽车。

这一阶段，我国天然气汽车实现了从无到有的突破，并发挥后发优势，实现了从有到多的跨越。

(2)成熟应用期。

进入 21 世纪后，我国天然气车辆的技术研发、生产制造、市场销售均取得重大突破，进入成熟期。

从市场看，多年来一直稳步增长至 100 万辆。2010 年以后更是进入爆发式增长期。2018 年我国天然气汽车销量(不含改装，下同)达到 89 454 辆。其中，天然气乘用车销量25 890辆，天然气商用车销量 63 564 辆。至 2018 年底，我国天然气汽车保有量从 110 万辆猛增至 670 万辆，已成为世界第一天然气汽车大国。

近几年，天然气汽车的崛起绝非偶然，背后有经济、环保、技术、能源等多重因素的共同推动。尤其是技术和产品成熟后，燃料价格涨跌、改装成本与收益对比、国家宏观政策等都成为天然气汽车推广的决定因素。

6.3 气体燃料汽车关键技术

由于天然气储量比较丰富，储运也比较方便，所以发展前景广阔，但也必须解决一些关键的技术问题。

1. 压缩气体的存储和运输轻量化技术

压缩天然气的存储、运输技术，尤其是大容量压力容器的轻量化技术尤为重要。西方发达国家在大容量碳纤维复合材料压力容器领域发展迅速，20 MPa、35 MPa、70 MPa，甚至 90 MPa 以上的压力容器都采用碳纤维复合材料。

由于碳纤维的获取及价格严重影响我国该领域的发展,2019 年中国碳纤维需求总量为 37 840 t,进口比重达 68.3%,总需求中近 4% 用于压力容器中制造。高性能碳纤维的国产化、批量化、稳定化和高端化,对提升我国天然气汽车的发展水平至关重要。

2. 车载式天然气加氢技术

众所周知,天然气加氢掺烧,可以提高天然气的燃烧速度和热效率,改善天然气汽车的动力性、经济性和排放性,一举数得。加氢方式有两种:一种是先按一定比例(例如 20%)与天然气混合后再加压到 25 MPa;另一种是先将氢加压到 25 MPa,再和同为 25 MPa 的 CNG 混合。这两种方式究竟何种更优,尚待通过经济性、可靠性等方面的试验,才能得出令人信服的结论。

3. 国六排放标准的实施及升级技术

在国家大力推行清洁能源的环境下,NG 气体燃料汽车产业面临着更高的环保要求。目前,天然气发动机的燃烧温度高于同排放量的汽、柴油机,容易造成缸内氮气氧化,如果不采用专门的燃烧处理技术和装置,排放的尾气中必然含有一定量的氮氧化物。随着国六排放标准的实施,治理氮氧化物排放已经成为天然气汽车技术改造中的重要任务。目前,我国已成功开发出天然气汽车专用的三元催化装置,在改善尾气排放问题上取得了一定成效。一些汽车主机厂也对新出厂的双燃料汽车发动机做了改动,性能和排放均有所改进。

6.4 气体燃料汽车典型产品

6.4.1 国外气体燃料汽车

全球 NG 气体燃料汽车的主要研发对象是中重型卡车。近年来,各大卡车公司纷纷推出油气混合、压缩天然气 CNG、液化天然气 LNG 等新车型。下面介绍一下国外具有代表性的天然气卡车。

(1)斯堪尼亚。

斯堪尼亚一直在研发替代燃料车辆,2012 年 P 340 天然气卡车(图 6.1)在汉诺威商用车展亮相。该车匹配斯堪尼亚 9 L 直列五缸欧Ⅵ发动机,340 马力、1 600 N·m,6 挡自动变速箱,一体式缓速器,可使用生物燃气、LNG、CNG 等气体燃料驱动。

随着斯堪尼亚的技术不断突破,P 系列天然气卡车(图 6.2)新产品在意大利获得了“2018 年度可持续发展卡车”大奖。该车装有全自动的 Opticruise 变速箱,搭配五缸 280 马力的天然气发动机,定位为城市配送卡车。无论从环保角度还是经济方面,P 系列天然气卡车都占据很大优势。

图 6.1　汉诺威车展上的斯堪尼亚 P340

图 6.2　斯堪尼亚 P 系列天然气卡车

(2)肯沃斯公司。

肯沃斯为了迎合客户需要,在 2014 年发布了一款 T 880 卡车(图 6.3),主打特点就是轻量型。T 880搭载的是康明斯天然气发动机,最大功率为 405 马力、最大扭矩为 1 450 N·m,可使用压缩天然气 CNG 和液化天然气 LNG,变速箱为伊顿的超轻型手自一体变速箱,可选 10 挡或 13 挡。除了发动机和变速箱外,T 880 还配备了空气辅助液压离合器、前照灯反射镜和原厂的升降轴。

图 6.3　肯沃斯 T 880 卡车

(3)戴姆勒 - 奔驰汽车公司。

2016 年国际城镇规划和环境贸易展会上,奔驰推出了梅赛德斯 - 奔驰 Econic NGT 天然气卡车(图 6.4)。该车搭载艾里逊 3 000 系列全自动变速箱、302 马力的压缩天然气 M936G 发动机,达到欧Ⅵ排放标准。它具有全景视野、出色的操控性、极低的尾气排放,理所应当的定位成城市环保卡车。

图 6.4　奔驰 Econic NGT

(4)沃尔沃集团。

沃尔沃在天然气卡车领域也有突出

的表现，在2018年春季推出了符合欧Ⅵ标准的液化天然气卡车沃尔沃FM LNG（图6.5）。这款车型所用的燃料是由甲烷组成的LNG（液化天然气）或沼气（生物LNG），可有效减少尾气排放污染，并尽可能地增加沃尔沃卡车的行驶里程。

（5）依维柯公司。

依维柯作为唯一一家提供全系天然气动力车型的制造商，车型包括轻卡到重卡及客车。目前，已有超过25 000辆NG类卡车投入使用。2019年，这款Stralis NP卡车（图6.6）先后获得“英国年度低碳卡车”和“意大利年度可持续卡车”两项殊荣。该车额定功率为460马力，装备有双LNG罐，平均气耗为百公里22.6 kg，具有依维柯最佳的公路节油技术。相比柴油车可节省15%的燃料，使用总成本最高可节省9%。

图6.5　沃尔沃FM LNG

图6.6　依维柯Stralis NP

6.4.2　国内气体燃料汽车

中国已经形成了较为完整的天然气汽车产业链，在乘用车和商用车领域都有一些成熟的企业和产品。

1. 乘用车

（1）重庆长安汽车股份有限公司。

长安天然气车型主要以长安两用燃料多用途乘用车（图6.7）车型最具代表性。该车型由河北长安汽车有限公司生产制造，装配1.5 L东安动力生产的汽油/CNG两用燃料发动机，使用天然气燃料时，发动机净功率最大可达70 kW。

（2）浙江吉利控股集团有限公司。

吉利天然气乘用车代表车型是远景和帝豪EC7（图6.8），在出租车行业推广较多。吉利帝豪EC7 CNC是吉利公司全新改款车型，配备100 L天然气大罐（号称同级容量最大），可减少加气频率、增加续航里程（最高可达320 km），大幅提升了经济效益。

图 6.7　长安两用燃料多用途乘用车

图 6.8　吉利帝豪 EC7 双燃料乘用车

2. 客车

(1)金龙联合汽车工业有限公司。

金龙天然气客车主要有 NG 和 NG/电混合动力两种类型，集团下属的金龙、金旅、海格和开沃等品牌都有相应产品。其中，海格 NG 客车全面覆盖客运、旅游、公交和团体等用车领域，拥有 6～18 m，共 50 多类 300 多个品种，可满足超长途、中途、中短途客运，市内公交、旅游团体等用车领域。金龙海格 NG 公交车如图 6.9 所示。

图 6.9　金龙海格 NG 公交车

(2)郑州宇通集团有限公司。

宇通天然气客车燃料类型主要有 NG 和 NG/电混合动力两种类型，主要用于城市公交和出口贸易。2020 年 5 月，宇通获得哈萨克斯坦 760 辆燃气客车订单。从配置来看，宇通在售天然气车型轴距覆盖3 800～6 050 mm，总重覆盖10～18 t，主要装配玉柴 6.9 L 机，最大功率可达 191 kW。宇通 ZK6108HGH 燃气客车如图 6.10 所示。

图 6.10 宇通 ZK6108HGH 燃气客车

(3)北汽福田汽车股份有限公司。

福田欧辉系列天然气城市客车依托福田新能源产业基地,实现了将节能、环保及动力性相融合。其主要车型包括 NG、NG/电混合两种动力模式,采用 CNG 和 LNG 两种燃料类型,包括 BJ6122 系列(图 6.11)和 HC9 系列。其中,BJ6122 系列城间客车搭载潍柴 WP10HNG350E60 发动机,通过“八大创新突破 + 智能服务应用”,宣称比行业同类产品节能 22%。

图 6.11 福田 BJ6122 系列城间客车

3. 卡车

(1)中国第一汽车集团有限公司。

一汽解放气体替代燃料卡车主要是天 V、悍 V 和龙 V 系列,包含牵引车、载货车、自卸车三大类多款车型,各天然气车型均基于大排量理念开发,发动机马力大解决天然气发动机动力弱问题,且寿命长、效率高、可靠性好,发动机扭矩大,起步、爬坡少用两个挡,超车更容易、故障发生率低。

2019 年 10 月,一汽解放国六全新 LNG 燃气重卡(图 6.12)上市,采用了

CA6SM3 发动机、EGR 燃烧技术路线，最大功率可达 440 马力、与柴油机相当，每年的运营成本下降 30% 以上，实现了重卡利润的最大化。

(2)东风汽车集团有限公司。

东风现有气体替代燃料卡车主要是牵引车、载货车与自卸车，种类多、涵盖面全。其中，乘龙 H7 LNG 国六牵引车(图 6.13)于 2019 年 8 月上市，采用全新平台 13 L 系列天然气发动机、动力提升至 460 马力，应用先进的内燃机技术、最低比气耗 195 g/(kW · h)，低速大扭矩，起步加速更快。该车标配 1 000 L 气瓶，可选 2 ×1 000 L 的双气瓶，更长续航里程。

图 6.12　一汽解放国六 LNG 燃气重卡

图 6.13　国六乘龙 H7 LNG 牵引车

(3)中国重型汽车集团有限公司。

借助于完善的动力系列，中国重汽天然气车型十分完善，包括牵引车、载货车、仓栅车、厢式车、自卸车和各类专用车，产生了巨大的经济和社会效益。2019 年 7 月，随着重型天然气车率先在全国范围内实施国六排放标准，中国重汽及时调整产品策略，包括汕德卡 G 系列、豪沃 T7 系列、豪沃 TX 系列，以及豪瀚 N 系列在内的多品系产品均推出天然气车型供用户选择。

其中，豪沃 T7H 国六 LNG 牵引车(图 6.14)采用 MT13 国六燃气发动机，动力区间覆盖 400 ~520 马力，最大输出扭矩达 2 400 N · m，能完美适应各类运输工况的需求。车辆装配995 L大容量气瓶，最大续航里程高达 1 100 km，同时标配数字液位计，不必下车便可以检查气瓶燃料余量。

(4)陕西汽车控股集团有限公司。

在天然气重卡领域中，陕汽无论是在技术还是产品上，都走在行业领先的位置，可以说是“燃气重卡潮流的先驱者”。近些年，陕汽在天然气重卡市场创下多项第一，得益于“打赢蓝天保卫战三年行动计划”的政策利好及明显优势的气价的推动，其天然气重卡成为运输人兼顾运营与环保的选择。

2005 年，陕汽开发出了中国第一辆 CNG 重卡——奥龙 6 ×4 CNG 牵引车(图

6.15),填补了国内该领域空白,并在当时处于国际领先水平。

图 6.14　豪沃 T7H 国六 LNG 牵引车

图 6.15　奥龙 CNG 牵引车

陕汽德龙 X3000 6×4 国六 LNG 牵引车(图 6.16),是陕汽与潍柴合力打造的一款跨时代产品,其搭载的潍柴 HPDI 天然气国六发动机,革新燃烧方式、提高能源利用率,动力性、爆发力行业领先,并与法士特变速箱、汉德车桥形成了“黄金动力链”。

(5)北汽福田汽车股份有限公司。

2019 年上海车展,福田戴姆勒汽车展出了首款欧曼 EST LNG 车型(图 6.17),这是一款全天候、全工况天然气国六重卡产品。该车搭载了潍柴 13 L 460 马力国六燃气发动机,转速在 1 900 r/min 时可以输出最大扭矩为 2 300 N·m。该款发动机通过优化专用活塞、活塞环,使燃烧更充分,提高燃烧效率,加入了 LNG 专用大流量喷嘴,燃气压力需求更低,更方便进气,寿命更长,冷却能力提升 20%,进一步降低有缸热裂风险。该车后方气罐容积达 1 000 L,可以有效地满足车辆长途运输要求,同时配备全快插 LNG 管路接头,燃气密封性更好。

图 6.16　陕汽德龙 X3000 6×4 国六 LNG 牵引车

图 6.17　福田替代燃料卡车

6.5 气体燃料汽车发展前景

1. 产业发展现状

21 世纪以来,天然气汽车的推广应用进入了快速发展阶段。1999—2009 年,我国开展“清洁汽车行动”,示范推广天然气汽车,取得了很大成绩。目前大约有 255 家车企能够生产天然气整车,约有 3 000 余个车型(含底盘)获得产品公告。天然气发动机有几十种机型,功率覆盖 40~480 kW,产能达到 10 万台/年。天然气车保有量突破 500 万辆,全年消费量超过 2 000 亿 m^3;国内加气站近 7 000 座,配套的车用气瓶产能超过80 万个/年,稳居世界首位,图 6.18 所示为全国天然气汽车销量数据。

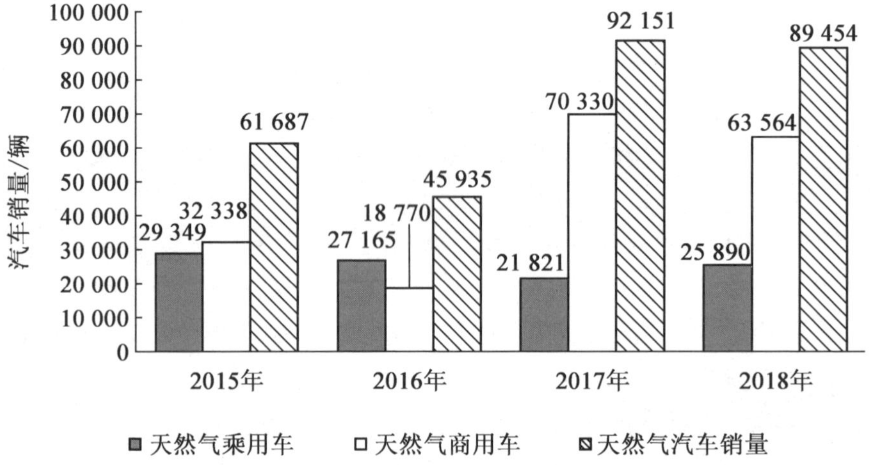

图 6.18　全国天然气汽车销量(单位:辆)

目前,我国已形成了天然气生产、运输、加注和天然气汽车整车及零部件研发、制造及推广使用的技术标准体系和产业链。加气站用成套设备的设计制造已全部实现国产化,配套齐全、性能可靠,不仅满足国内需求,还已经批量出口海外。

2. 产业发展前景

我国推广天然气汽车是从 CNG 车起步的,大多数是出租车,其次是公交车,还有少量的城际客/货运输车。LNG 汽车续航里程约为 CNG 汽车的 3 倍,而 LNG 加气站建站费用约为 CNG 气站的 70%,且日常运行和维护费用减少近 50%。随着 LNG 技术的发展,未来将成为代用燃料汽车的主要方向。

近几年,由于电动汽车发展火热,国家政策、社会舆论的倾向性比较明显,NG 类车的热度有所下降。但是作为一种成熟的清洁燃料汽车,从市场需求、运营模式、产品性能等多方面都有自己的优势和特点,尤其是对于国家转换能源结构、减少石油依赖,减少污染排放、加强环境保护等具有重要意义。专家预计,2020 年中国天然气占一次能源的比例将达到 10% 以上,天然气汽车仍有很大的发展空间。

6.6 其他气体燃料汽车

6.6.1 液化石油气汽车

液化石油气(LPG)是一种在大气温度条件下,只要稍加压(1.6 MPa 左右)便可成为液态的烃类(丙烷和丁烷为主要成分)混合物。液化石油气的低热值和混合气热值与天然气接近,低热值高于汽油和柴油,但混合气低热值低于汽油和柴油,它的辛烷值也较高,具有较好的抗爆性,表 6.1 为 CNG、LNG、LPG 三种燃料种类优缺点对比。

表 6.1 CNG、LNG、LPG 三种燃料种类的优缺点对比

燃料种类	CNG	LNG	LPG
优点	加气方便	续航里程长	动力好
	价格便宜	气瓶装载效率高	存储压力小
缺点	充气时间长	存储温度较低	爆炸安全性不好
	气瓶装载率低	价格昂贵	燃料经济性较差
	续航里程短	加气站少	加气站少

早在 20 世纪初,LPG 已用作汽车燃料,但由于经济性较差、技术进展不快,应用并不普遍。直到 20 世纪 70 年代爆发的能源危机,促使世界各国致力于解决减轻石油依赖问题,LPG 才逐渐成为一种比较普遍的车用替代燃料。

20 世纪 80 年代,我国开始发展 LPG 汽车,最初是在石油行业内部开始使用。1997 年,国务院召集各部委开展全国“空气净化工程——清洁汽车行动”,并确定了第一批十二个试点示范城市和地区的清洁汽车推广应用工作,地方政府和有关企业以试产运作方式促进 LPG 汽车改造和 LPG 加气站建设,打下了一定基础。

目前 LPG 主要应用是大中型城市公交车。由于 LPG 的经济性弱于 NG,在 NG 类汽车发展的过程中,LPG 汽车逐步减少了。截至 2017 年 6 月,国内商用车 LPG 量产车型已消失,仅有 6 款汽油/LPG 双燃料轿车公告。合资的有东风日产及北京现代,国产的有广汽传祺、华晨中华及重庆力帆,属于小众化产品。

LPG 汽车发展的阻力主要来源于以下几点:

(1)改装后的液化石油气汽车动力性下降。

(2)续航里程远小于燃油车,充气频繁;LPG 加气站不够普遍,使用受限。

(3)双燃料汽车需要在原车基础上增加供气装置,整车的成本较高。

(4)储气瓶占用空间大,不利于在车上布置、挤占有效载客/载货空间。

6.6.2 氢气内燃机汽车

氢气的资源丰富,在自然界大量存在。目前主要从水中通过裂解制取,或者从各种工业副产品中获取。氢气没有毒性和放射性,是一种真正的清洁能源,可以有效存储、循环再生。其燃烧产物既没有 HC、CO 和炭烟等污染物,也没有造成温室效应的 CO_2,唯一有害的排放物是 NO_x。因此,氢气是理想的清洁燃料。

目前,氢气作为车用能源,有两种方式:一种是把氢气的化学能转变为电能,再转变为机械能,即燃料电池;另一种是燃烧将化学能变为热能,再转变为机械能,即作为发动机燃料。氢内燃机汽车与燃料电池汽车相比具有购车成本优势,但能源转换效率较低,随着燃料电池汽车的成本进一步降低,氢内燃机汽车的优势将不复存在,目前已经不是主要发展方向。

氢燃料汽车按携带方式不同可以分为压缩氢汽车、液化氢汽车和吸附氢汽车。

压缩氢汽车是指氢气以一定的压力储存于高压容器中,工作时经降压、计量和混合后进入气缸,也可以直接喷入气缸。

液化氢汽车是指以液态储存于高压容器中,工作时液态氢经升温、降压和计量,然后直接喷入气缸或在机外混合后进入气缸。但是,液态氢容器必须承受 -253 ℃下的超低温、材料要求很高,管道及阀门要求有极高的绝热能力及耐低温性能;另外,液态氢容器各接头密封难度很大。

吸附氢汽车是指以金属氢化物或碳纳米管携带氢的汽车。工作时,储存器中的氢释放出来直接喷入气缸或者在机外与空气混合后进入气缸。

目前来看,制约氢气内燃机发展的主要因素有以下几点:

(1)成本高。制氢需耗费大量的其他能源,生产设施建设也要很大的投入,氢的压缩存储及运输成本同样高昂。有专家指出,只有将生产氢气的成本降至目前的 1/10 以下,才能真正启动氢经济。

(2)安全性低。H_2密度小、容易着火和气化,因此在制取、储存和运输过程中都面临泄漏和爆炸的危险,而现在的条件无法完全保证氢能的安全性。

(3)制氢过程中的污染。目前最常用的制氢方法都会生成大量 CO_2。因此,虽然使用氢能的汽车本身不排放 CO_2,但制氢过程释放的 CO_2 比传统汽/柴油汽车释放得还多。

2008 年北京车展上,长安推出了一款“氢程”概念车(图 6.19)。这是中国自主研发的首款氢动力概念跑车,展示了氢能源汽车的特性和我国的技术水平。该款车搭载的是一台氢内燃机，直接以压缩氢气为燃料驱动汽车。在工作效率方面，它比同排量的汽油机高30%以上，可以实现超低排放并且具备良好的低温启动性；在续航里程方面，"氢程"在加满燃料的情况下，可以行驶230 km以上。

图6.19 长安"氢程"概念车

第 7 章 液体替代燃料汽车

7.1 醇类燃料汽车

20 世纪 70 年代初的“石油危机”后，使许多国家为了能源安全和平衡外汇，积极寻找石油的代用能源。醇燃料作为液体燃料，其储运、分配、携带和使用都与传统的汽、柴油差不多，而且其原料资源多、燃烧洁净，因而受到国际重视。1976 年,许多国家代表在瑞典召开了第一次国际醇燃料会议（ISAF）用来推动醇燃料（主要是甲醇和乙醇）发展。后来发现,醇燃料不仅可以替代石油，而且其汽车尾气污染物排放比汽、柴油更低。因此,到了 20 世纪 80 年代，虽然石油价格回落，但发展醇燃料的推动力已转为改善大气环境质量。美、德、加、法、日、巴西、瑞典和新西兰等国家政府和汽车公司，都大力推动醇燃料汽车的研究、试验和示范推广。

随着甲醇本身的一些特点和甲醇汽车的技术瓶颈,以及电动汽车的快速发展,甲醇汽车在轰轰烈烈的试运行之后,逐步由热转冷,逐渐退出了发展热潮,只有中国还在不断地探索和突破,国产吉利汽车也已成为全球领先的甲醇汽车研发和生产企业。

7.1.1 甲醇燃料汽车

1. 定义与特点

甲醇俗称“木醇”或“木精”,其主要是由煤经过汽化加氢而生成的液体,性能与汽油接近。制取甲醇的资源非常丰富,除了煤之外,天然气、生物质原料也可以制取甲醇。调查显示,现在大部分汽车仍以汽油等作为燃料,只有少部分汽车以甲醇作为燃料。这种专门设计的用于燃烧甲醇燃料的汽车称为甲醇汽车。

甲醇汽车的优点可概括为以下几点：

（1）甲醇的来源广泛,采用甲醇燃料可以部分缓解石油紧缺的现状。我国的煤储量丰富,采用甲醇作为替代燃料的意义重大。

（2）甲醇的含氧量高、燃烧充分,能有效降低和减少有害气体的排放。与汽油相比,甲醇燃烧的碳氧化物降低90%以上,碳氢化合物降低85%以上。

(3)甲醇的燃烧特性能有效清除燃烧系统各部件的积炭,避免了传统汽/柴油车因积炭的形成而引起动力下降、燃烧不充分等现象,而且可以降低各工况排气温度,有利于降低零部件热负荷,延长发动机部件的使用寿命。

(4)甲醇是一种性能优良的溶剂,能有效消除油箱及油路系统中杂质的沉淀和凝结,有良好的油路疏通作用,避免了使用油路通、燃油精等添加剂。

(5)普通汽油发动机只需要花费很低的改装费用,就可以使用甲醇汽油。

(6)甲醇汽油辛烷值高,适用于高压缩比发动机,可以提高发动机的效率。

当然,甲醇作为燃料也有自己的缺点:

(1)甲醇燃烧产生腐蚀,对发动机燃烧系统造成腐蚀与磨损,一般采用添加腐蚀抑制剂或在燃烧过程中生成耐高温的油膜来保护汽缸壁。

(2)甲醇汽油的稳定性低。当甲醇体积分数在5% ~70%之间时,二者会发生分层,需要添加助溶剂。

(3)甲醇汽油具有溶胀性。甲醇和汽油对发动机的弹性胶体、密封件等均有不同程度的溶胀作用。解决办法有两种:一是采用不会被甲醇腐蚀的氟橡胶;二是在燃油中添加溶胀抑制剂。

(4)甲醇汽油具有高温气阻性,导致发动机燃料供给不足而熄火。甲醇的沸点单一(64.8 ℃),大量加入汽油后会严重偏离原来汽油的馏程曲线,需要添加高沸点的组分以调整馏程曲线,确保甲醇汽油在输油管中不汽化。

(5)甲醇汽油的低温启动性差。汽油沸程很宽,即使低温也易启动;甲醇沸程单一,掺入汽油中会使汽油馏程严重偏离,需要添加高沸点的组分以改善甲醇汽油的冷启动性能。

(6)甲醇的溶水性强。甲醇极性很强,可以与水无限互溶,所以水分对于甲醇汽油的稳定性影响很大,会使甲醇与汽油的临界互溶温度提高,导致稳定均一的甲醇汽油分层。目前改善甲醇汽油稳定性的助溶剂有醚类、高级醇及脂肪烃、低碳杂醇、芳香族化合物等。

(7)甲醇汽车动力下降。由于甲醇的热值仅为汽油的45%,所以车辆的动力性能下降。通常采用添置助燃剂以改善其动力性能。

(8)甲醇加注站的建设缓慢。鉴于其剧毒性质,甲醇在运输、存储以及使用过程中存在困难,加注站的缺失对甲醇汽车推广造成了阻力。

2. 原理及分类

甲醇易于吸水且密度低于柴油,与柴油的互融性较差,因此在柴油机中应用较少。甲醇与汽油的混合燃料被称为甲醇汽油(用MX表示),X表示甲醇在燃料中所占的体积分数,如M5、M10、M15、M85等,M100为纯甲醇燃料。目前车用甲醇汽油可分为低比例和高比例。

(1)低比例是指在汽油中添加30%以下的甲醇,使汽油充分燃烧、降低排放和使用成本,起到部分替代能源的作用。一般甲醇含量在15%以下,对车辆的油耗基本没有影响;甲醇含量超过15%油耗就会增加,但是混合燃料的价格更低。低比例甲醇汽油对汽车动力影响不大。

(2)高比例是指M85~M100的甲醇汽油,目前以使用M85为主,M85可以起到大量替代汽油,大幅降低燃料成本、降低排放的作用。使用这种燃料的车辆需要再加装一套燃料转换器,这样就可以灵活转换燃料,既可以使用甲醇燃料,又可以使用汽油。

甲醇用于汽车燃料有掺烧、纯烧和改质三种方式。

(1)掺烧是甲醇在汽车上的主要应用方式,是指甲醇以不同的体积比例掺入汽油(柴油)中。掺烧方法主要有混合燃料法、熏蒸法和双供油系统法三种,前两种可用于汽油机和柴油机,双供油系统法仅用于柴油机。混合燃料法是最常用的甲醇掺烧方法。

(2)纯烧是指单纯燃烧甲醇燃料,主要有裂解法、蒸汽法、火花塞法、电热塞法、炽热表面法、加入着火改善剂法等六种,后三种只能用于柴油机,其余方法可用于汽油机和柴油机。

(3)改质是指利用发动机的余热将甲醇分解成H_2和CO,然后输送到发动机内燃烧,采用甲醇改质需要对发动机进行较大的改造。

3. 甲醇汽车发展历程

甲醇作为代用燃料始于20世纪20年代,在70年代以后受二次石油危机的影响,加上世界甲醇生产能力过剩和人们对环境质量要求越来越高,各国先后大力进行甲醇燃料及甲醇汽车技术的研究开发。

(1)国外发展历程。

国外甲醇汽车产业及燃料产业发展由1973年石油危机所引发,带动了美国、日本、德国等汽车大国相继开展相关研究,甲醇汽车产业迅速兴起,但发展至20世纪90年代末期逐渐衰落。

①发展战略与重要决策阶段(20世纪70~90年代)。

自20世纪70年代起,美国先后出台了《替代车用燃料法案》《清洁空气法修正案》和《能源政策法案》,日本出台了《日本通产省关于"甲醇汽车及燃料"研究计划》《甲醇燃料及汽车试验运行计划》一系列促进甲醇汽车发展的政策法案。从政策层面为甲醇汽车及甲醇燃料产业发展扫清了障碍。在此期间,甲醇燃料和甲醇汽车产业在日本和美国得到了充分重视。

②试点示范运营阶段。

美国加州能源委员会牵头组织了美国最早、最大范围的甲醇汽车试点示范项目。据统计,1980—1995 年期间,共有超过 12 000 辆甲醇汽车参与了示范运行,包括通用、福特等知名车企都参与了此次示范运营。日本甲醇汽车试验运营主要发生在 1973—1993 年间,甲醇汽车累计市场投放量超过 200 辆。同期,瑞典也实施了 M15 车用燃料替代计划,组织 M15、M85、M100 三种类型车辆开展运行试验,完善燃料加注、匹配试验方案。

③产业化阶段。

从 20 世纪 80 年代中期开始,通用、福特、克莱斯勒参与了甲醇汽车的研发,共开发了四种甲醇汽车车型,其中"福特金牛座"甲醇混合燃料汽车的经济性能最好,售价略低于同型号汽油车并最终获得了量产,"福特福克斯"也在 2000 年开发了配备甲醇燃料电池系统的车型。美国在甲醇汽车快速发展的时期(1987—1997 年),甲醇汽车保有量超过20 000辆,很多车型投入了量产,为产业化奠定了良好基础。日本也进行了产业化尝试,但受外部环境变化的影响,产业发展停滞。

近年来,国外天然气及甲醇燃料供应过剩,随着中国甲醇汽车技术的日趋成熟,重新引发了美国以及欧洲、中东地区很多国家对甲醇汽车发展的新一轮的研究与应用。以美国为例,美国能源委员会已多次派能源专家至中国考察甲醇燃料及汽车运行情况,部分汽/柴油发动机企业、科研机构也在尝试研发新型甲醇发动机。荷兰、瑞典、冰岛、以色列等多国也开展了相关实验和应用。

(2)国内发展历程。

从 20 世纪 70 年代开始,石油危机对世界各国的能源政策产生了深远影响,我国开始了本国的甲醇汽车研究工作,时至今日,我国甲醇汽车产业主要经历了以下几个发展阶段。

①起步发展阶段(1973—1985 年)。

20 世纪 70 年代,受欧美国家大范围研发甲醇替代汽车的影响,我国同步开展了相关研究,但并未将其制定为国家战略。到了"六五"时期,国家对甲醇燃料的研发开始重视,由国家科委组织、交通部牵头开展 M15 甲醇汽油国家重点科研项目研究。1985 年,上海大众在国内首次推出甲醇混合燃料轿车,这两件重要事情标志着我国逐步涉足甲醇燃料及甲醇汽车领域研发试验工作。相比同一时期美国、日本等国的试点示范,我国还仅局限于 M15,M85 甲醇燃料研究欠缺,关于甲醇燃料汽车相关领域的研究也刚刚起步。

②同步成长阶段(1973—1995 年)。

"七五"期间,由国防科工委组织,中科院牵头开展了 M85 甲醇发动机的研发;"八五"期间,中国与德国开展了 M100 甲醇发动机研发项目,这标志着甲醇汽车研究领域实现了全覆盖；1996 年，山西大同研制出我国第一台甲醇燃料中巴车。在燃料领域，国家进一步组织开展了 M30、M50 相关技术攻关项目，M85 和 M100 甲醇燃料适配甲醇发动机工作同步开展。这一时期，国家在相关领域给予了一定的支持，我们在研发领域逐步跟上美国、日本的步伐。

③引领发展阶段(1997 年至今)。

这一时期，美国、日本、德国等欧美国家因为受能源政策调整，汽车生产商停止甲醇汽车及燃料的研发工作，促使我国成为世界甲醇汽车及燃料产业领域的一枝独秀。随着我国的研究持续推进、更加全面深入，国家也积极出台了相关政策支持甲醇汽车及燃料领域的发展。以 1997 年国家在山西省开展的"国家甲醇燃料汽车示范工程项目"为标志，我国正式开始了全国范围内的研发进程。

在甲醇发动机研发方面，2005—2006 年，M85 甲醇轻型汽车项目实施、M100 甲醇汽车及燃料应用"863"计划实施；到了 2009 年，重型甲醇发动机成功研发。在整车研发方面，2012 年甲醇发动机动力已经可以适配中型卡车、公交车。在燃料领域，关于 M100、M15、M85 不同甲醇比例的燃料也伴随着甲醇汽车的发展不断更新，相关燃料的国家标准、地方标准得到确立。

2012—2015 年，甲醇汽车车型已经包括轿车、专用车、轻型卡车、重型卡车、中巴车、大型公交车等；2018 年，国家甲醇汽车试点示范验收工作已正式结束，示范结果通过验收，标志着我国甲醇汽车及燃料技术已经成熟，并领先于世界。

4. 甲醇汽车主要产品

吉利汽车从 2005 年开始甲醇整车技术的研发，同时承担了国家科研课题项目，先后突破了多个关键技术难点，甲醇燃料汽车产品也在不断扩展，其中关于 M100 甲醇汽车(图 7.1)的研发，吉利一直走在世界前列。甲醇燃料乘用车和甲醇燃料商用车的开发齐头并进。

2019 年，吉利远程首款量产的 M100 甲醇重卡在第四届"甲醇汽车及燃料输配送加注装备展览会"上亮相。这款车搭载 12.54 L 发动机、最大功率达到460 马力，最大爬坡度达到 30%、动力性与柴油车不相上下，具备完全市场化的技术实力。历经 15 年，吉利积累了丰富的甲醇汽车研发和应用经验。随着技术的不断完善，未来还将拓展甲醇直驱牵引车、自卸车和平板车产品，同时也将开发甲醇混动、甲醇制氢燃料重卡，不断地丰富甲醇产品系列。

吉利帝豪甲醇车(图 7.2)搭载的是以甲醇为燃料的 1.8L 自然吸气发动机，标配 AQS 空气质量管理系统、六位一体安全系统集成 ABS 等一体式防护，驾乘舒适又安全。

图 7.1　吉利 M100 甲醇重卡

图 7.2　吉利帝豪甲醇车

除吉利汽车外,工信部已分 17 批次公告发布了 9 家甲醇汽车生产企业和 32 款甲醇汽车产品,形成了包括甲醇轿车、甲醇/柴油二元燃料重型商用车、微型车、城市客车等系列车型,基本形成了甲醇汽车整车及专用零部件制造体系。

5. 甲醇汽车关键技术

甲醇燃料汽车的关键技术问题包括低温冷启动问题和燃油泵及燃油管路的腐蚀问题,经过多年的试点,这些关键技术问题已基本得以解决。

(1)燃油泵和燃油管路的腐蚀问题。

燃料甲醇在应用过程中会对燃油泵和燃油管路造成较大的腐蚀作用,要广泛地使用燃料甲醇,必须积极克服和解决腐蚀带来的问题。目前,解决甲醇汽油腐蚀性的手段:一是加入含氮物质作为腐蚀抑制剂,如苯并三氮唑类、二聚亚油酸等;二是加入助燃剂使燃料汽油燃烧充分,也能降低其腐蚀性。

(2)低温冷启动问题。

由于甲醇的汽化潜热为汽油的 3 倍多,甲醇燃料蒸发形成混合气需要吸收更多的热量,会造成发动机进气温度降低、影响燃烧效率。在空气温度较低的寒冷地区,当发动机燃烧高比例甲醇汽油(通常为 M85、M100)时,会造成发动机启动困难。通常采用预热、启动时喷入辅助启动燃料等方法来改善甲醇发动机的冷起动性。

①预热。预热分为进气道预热和共轨油管预热。进气道预热是在进气道中安装预热装置,共轨油管预热是在共轨油管上安装预热装置。通过预热可以保证发动机可靠点火,冷启动阶段 HC 排放也有所下降。

②进气道喷射辅助启动燃料。由于在冷启动阶段甲醇蒸发形成混合气困难,因此可以在该阶段通过在进气道中喷入容易蒸发形成混合气的 LPG、纯汽油或丁烷等,在较低的环境温度中也能形成较浓的混合气,保证高比例甲醇发动机可靠点火燃烧,以改善高比例甲醇汽油发动机的冷启动性。这种方法需要加入独立的

喷射和控制系统，对发动机的改动较大、成本较高。

③启动时引入废气。废气再循环一般是在发动机中等负荷时用来降低燃烧温度抑制 NO_x 的生成。对于高比例甲醇汽油发动机而言，冷启动时排气温度与进气管和缸内温度相比较高，在启动暖机时，通过调节 EGR 阀获得较高的 EGR 率，使较多的热废气进入进气系统，提高进气道的温度，促进甲醇蒸发形成混合气，保证可靠点火。这种方法对发动机的改动较小，但冷启动时容易怠速不稳。

④加入添加剂。在甲醇中添加提高甲醇蒸发性的易挥发的添加剂，用来改善环境温度低时甲醇汽车的冷启动性。添加剂要求热值高于甲醇，闪点低、与甲醇互溶，蒸发性好、与甲醇理化性能相似等。这种方法对车辆改动很小，但专用添加剂还需要进一步研发。

6. 甲醇汽车发展前景

(1)产业现状分析。

从 2012 年开始，我国山西、上海、陕西、贵州、甘肃五个省市开展了甲醇汽车试点工作，对其适用性、可靠性、经济性、安全性、环保性等性能进行了系统验证，为甲醇汽车推广应用奠定了基础。截至 2019 年 10 月底，贵阳市上路运行的甲醇出租车已达10 367 辆，西安市上路运行的甲醇出租车已达 8 124 辆，包括其他试点城市在内，我国甲醇汽车保有量达 20 278 辆。2019 年 4 月，吉利远征 M100 甲醇重卡正式下线投放市场，实现了中国汽车行业甲醇重卡零的突破。甲醇汽车市场化运营的成功，无疑给相关产业的发展注入一剂“强心针”。

政策方面，山西省、陕西省示范规模较大，省政府在财税政策、资金补贴、牌照发放、燃料加注、土地出让，以及政府优先采购等方面都给予了大力支持，为地方省、市甲醇汽车产业的发展提供了重要的资源要素保障。2019 年 3 月，工信部等八部委联合发布《关于在部分地区开展甲醇汽车应用的指导意见》，鼓励汽车及相关零部件企业通过技术改造完善甲醇汽车制造体系，提升技术水平，开发各类车型，满足市场需求，并提出将加快完善相关产业政策、技术标准，加快甲醇汽车制造体系建设，提高市场应用水平。

从技术角度出发，近年来甲醇汽油研究突飞猛进，大比例甲醇燃烧技术攻克了甲醇热值低动力不足、冷启动难、热气阻、遇水分层、稳定性差、腐蚀溶胀，以及高温润滑等难题。车用甲醇燃料的开发，从第一代的直接掺混甲醇汽油、第二代的添加助溶剂甲醇汽油，发展到以大比例甲醇催化燃烧技术为代表的第三代催化燃烧甲醇燃料，技术水平达到世界前列。

从安全方面出发，甲醇汽车已经完全具备批量推广条件。截至 2018 年 2 月，五省市的所有甲醇试点项目均完成了工信部、科技部及财政部的联合验收。数据显示，试点期间的十个城市共投入试点甲醇出租车、公交客车、多用途微型车等共计1 024 辆,总运行里程1.84 亿 km。2019 年3 月印发的《关于在部分地区开展甲醇汽车应用的指导意见》就是基于上述验收成果的后续政策。

(2)产业发展前景。

从长远来看,甲醇作为车用替代燃料,对缓解我国汽车燃料供应紧张,优化能源结构和保障能源安全具有重要的战略意义。与电动汽车、氢能汽车相比,甲醇汽车虽然有技术成熟、成本低的优势,但要想大规模推广和快速发展,仍然存在全生命周期温室气体排放较高,政策支持力度不够等一些问题需要解决。

为了加速甲醇汽车产业的发展,我们建议如下:

①加快出台有关政策、健全规则体系,努力营造良好的产业发展环境。

②加紧推动标准体系建设,扩大甲醇汽车的消费市场,做好品牌宣传。

③依托知名车企和科研机构,重点突破核心技术,推进车型的多样化。

④整合产业链上下游,建立"产、学、研"协同发展,成果共享的合作机制。

任何事物的发展都是渐进的,甲醇汽车的推广也不例外。除了技术突破,还需要社会认识、政策法规、基础设施等多方面的跟进和发展。我们相信,甲醇汽车会迎来大范围普及推广的一天。

7.1.2 乙醇燃料汽车

乙醇(C_2H_5OH)俗称酒精,使用乙醇为燃料的汽车称为乙醇燃料汽车。与甲醇类似,乙醇用于汽车燃料也分为掺烧、纯烧和改质三种。其中,掺烧是主要的应用方式,掺烧时最常用的是混合燃料法。

乙醇更多地应用于汽油机。乙醇汽油是指在不含 MTBE(甲基叔丁基醚)等含氧添加剂的专用汽油组分油中,按体积比加入一定的变性燃料乙醇(特定工艺生产的高纯度无水酒精),由车用乙醇汽油定点调配中心按照规定的质量要求,通过特定工艺混配而成的混合燃料。

1. 乙醇汽油的发展及应用

乙醇汽油用 EX 表示,X 表示乙醇在燃料中所占的体积分数,E100 为纯乙醇燃料。为了便于监管,我国目前只允许大规模生产 E10 乙醇汽油。它按研究法辛烷值分为90 号、93 号、95 号、97 号四个标号。目前试点推广的车用乙醇汽油主要为 E90#、E93#、E97#三个标号。

乙醇汽油最早在巴西,后来在美国广泛使用。美国玉米产量很大,用总产量的13%来生产乙醇汽油,产量达42 亿 gal(1 gal = 3.785 L),大约占汽油市场的2%。巴西是目前世界上唯一不供应纯汽油的国家。2005 年车用乙醇产量达1 300 万 t,占世界产量的43%、高居世界第一位。巴西主要以丰富和廉价的甘蔗为原料,目前车用乙醇的年产能力达160 亿 L。

2003 年,日本资源能源厅决定在汽油中添加乙醇,乙醇混入比例定在3%以下。同年，印度也启动了燃料乙醇计划，一些试点地区在汽油中加入 5% 的乙醇，并在全国推广且将比例提高到 10%。另外，很多具有农业资源优势的国家，如英国、荷兰、德国、泰国、南非等国家也制定了规划，积极发展与应用乙醇汽油。

2004 年 2 月，我国发改委等八部门联合制定颁布了《车用乙醇汽油扩大试点方案》和《车用乙醇汽油扩大试点工作实施细则》，相关工作全面启动。2004 年 4 月起，在黑龙江、吉林、辽宁、河南、安徽五省全地区，及河北、山东、江苏、湖北四省部分地市推广使用车用乙醇汽油。

2017 年，国家发改委、能源局、财政部等十五部门联合印发了《关于扩大生物燃料乙醇生产和推广使用车用乙醇汽油的实施方案》。根据方案，到 2020 年，全国范围内基本实现车用乙醇汽油全覆盖。到 2025 年，力争纤维素乙醇实现规模化生产，先进生物液体燃料技术、装备和产业整体达到国际领先水平，形成更加完善的市场化运行机制。

2. 乙醇汽油的制约因素

我国生物乙醇产业发展还处于起步阶段，其发展还面临一些困难和问题，如原料不足（人口多、粮食相对不足）、政策与市场环境不完善、技术产业化基础薄弱以及成本高、产品市场竞争力不强等。

乙醇作为车用燃料需要克服以下缺点：

（1）乙醇的蒸发潜热是汽油的两倍多，蒸发潜热大会影响混合气的形成及燃烧速度，使乙醇燃料低温启动和低温运行性能恶化，如果不加装发动机进气预热系统，燃烧高比例乙醇燃料时汽车难以启动。

（2）乙醇在燃烧过程中会产生乙酸，对汽车金属特别是铜有腐蚀作用。研究表明，汽油中的乙醇含量在 10% 以下时，对金属基本没有腐蚀，但含量超过 15% 时，必须添加有效的腐蚀抑制剂。

（3）乙醇是一种优良的溶剂，容易对汽车的某些密封橡胶及其他合成非金属材料产生轻微的腐蚀、溶胀、软化或龟裂作用。

（4）乙醇易吸水，车用乙醇燃料的含水量超过一定标准时，容易发生液相分离现象，使燃料不正常。

（5）乙醇的沸点只有 78.5 ℃，发动机正常工作温度下也易产生气阻，使燃料供给量降低甚至中断。

3. 乙醇汽油的发展前景

乙醇作为汽车的替代燃料具有以下几个优点：

（1）乙醇的生产资源丰富且都是可再生资源，使用乙醇燃料可减少车辆对石油资源的依赖，有利于国家的能源安全。

（2）减少有害排放。乙醇含量 10% 的乙醇汽油中，含氧量就达到 3.5%，这有利于燃烧更加充分，大大降低 CO 和 HC 的排放量，炭烟也极少。

(3)乙醇辛烷值高、抗爆性好，可通过增加压缩比来提高发动机的热效率和动力性。另外，乙醇蒸发潜热大，可提高发动机的进气量进一步提高动力性。

(4)车用乙醇燃料的燃烧特性能有效消除火花塞、燃烧室、气门排气管消声器部位积炭的形成，避免了积炭引起的故障、延长部件使用寿命。

(5)对普通汽油发动机不需要改动或改动不大，即可使用乙醇燃料。

2017 年 9 月，国家发改委、国家能源局等十五部委联合印发了《关于扩大生物燃料乙醇生产和推广使用车用乙醇汽油的实施方案》，明确了扩大生物燃料乙醇生产和推广使用车用乙醇汽油工作的重要意义、指导思想、基本原则、主要目标和重点任务，燃料乙醇产业迎来了新的发展机遇和更广阔的发展空间。

总之，乙醇汽油的掺烧技术已经成熟，能够克服有关不利因素，只要原料来源充足，大规模应用没有困难。

7.2 生物柴油汽车

生物柴油是从可回收的一些资源如植物油、动物脂肪和已经使用过的油和脂肪中提炼而成的一种液态产品，液态形式的生物柴油(又称为纯净生物柴油，代号为 B5)，已经成为新能源替代燃料。质量合格的生物柴油可以直接在柴油车上使用，比如各种货车、大型客车、公交车和工程车辆等，也可以直接在非车用柴油发动机中使用。

7.2.1 生物柴油的发展现状

20 世纪 80 年代以后，美国、德国、法国、意大利等相继成立了专门的生物柴油研究机构，投入大量的人力物力进行生物柴油的研究。在美国，净生物柴油燃料和混合物柴油燃料在汽车上实际使用的实验里程超过 1 600 万 km，有一些客车企业推出了生物柴油燃料的产品，但还没有轿车产品问世。

我国生物柴油的研发，始于中科院的“八五”重点科研项目——燃料油植物的研究与应用技术；“九五”期间，完成了国家重点科研攻关项目植物油能源利用技术；“十五”期间，完成国家科技攻关计划“生物燃料油技术开发”项目。之后，国家发改委提出了我国生物燃料产业发展按三个阶段统筹安排：“十一五”实现技术产业化，“十二五”实现产业规模化，“十三五”大发展，到 2020 年建立起具有国际竞争能力的生物燃料产业，并使其消费量占到全部交通燃料的 15% 左右。

2013 年起，上海有 104 辆公交车试用 B5 生物柴油，至 2017 年累计运行 1 560.72 万 km，消耗混合燃料 583.9 万 L，动力性、经济性与原来的柴油车基本一致，NO_x 与石化柴油相当，重金属显著降低，CH、CO 及细颗粒物下降 10% 以上。因此，2017 年 11 月，地沟油制生物柴油正式向社会投放：上海两座中石化加油站开放供应 B5 生物柴油，每升价格5.72元、比普通柴油便宜 0.3 元。投放首日，5 t 生物柴油就被司机们一抢而空，使用口碑良好。

7.2.2 生物柴油的制约因素

目前，生物柴油的主要问题是成本高，一般比普通柴油价格高出 30% ~ 100%，而发展生物柴油，油脂原料的来源和价格是关键（占总成本的 70% 以上）。因此，如何获得廉价高效的油脂原料是制约生物柴油发展的关键因素。例如，美国主要利用高产转基因大豆为原料，欧洲各国以菜籽油为原料，巴西的主要原料是蓖麻油和转基因大豆油，东南亚地区利用棕榈油生产生物柴油。本着“不与人争粮油、不与粮油争地”的原则，包括我国在内的世界各国正积极开发多样化的非粮油供应途径，比如餐厨垃圾油，也就是地沟油。

7.2.3 生物柴油的发展前景

生物柴油汽车具有以下几个优点。

（1）环保性好。生物柴油含氧量达 10%，燃烧性能好、排烟少，CO 的排放与矿物柴油相比大大减少；生物柴油中硫含量低，使得 SO_2 和硫化物的排放大量减少；生物柴油中不含芳香族烷烃，其废气对人体的损害低于柴油。

（2）具有可再生性。生物柴油的根本来源是太阳能，是土地中“生长的燃料”，是矿物燃料很好的补充和替代，对于我国这样对矿物燃料进口严重依赖的国家，生物柴油对提高能源安全具有重要意义。

（3）便于存储和运输。生物柴油的闪点高于石化柴油，其安全性与食用油相同，易于存储和运输。可利用现有的柴油加注设备加注生物柴油。

（4）润滑性能优良。生物柴油较矿物柴油有很好的润滑性，可延长发动机的使用寿命。研究表明，在相同的行车里程和条件下，使用生物柴油的发动机缸体的磨损程度只是使用矿物柴油发动机的一半。

（5）较好的发动机低温启动能力。在无添加剂时，生物柴油的冷滤点可达 -20 ℃。

（6）生物柴油的十六烷值高、可达 56 ~ 62（高于柴油的 50），抗爆性更强。

近年来，为应对能源紧缺和油价震荡，生物柴油汽车在全球范围内发展迅猛，以美国、欧盟及巴西等为代表的一些国家和地区把发展生物柴油作为解决能源问题的重要途径，制定具体的发展目标并采取了很多政策措施，积极推进生物柴油汽车的产业化进程。

我国先后颁布了《生物质能发展“十三五”规划》《“十三五”国家科技创新规划》《“十三五”节能减排综合工作方案》《“十三五”生物产业发展规划》《“十三五”国家战略性新兴产业发展规划》《石化和化学工业发展规划（2016—2020年）》《“十三五”能源规划》《关于“十二五”期间石油流通行业发展的指导意见》，

以及《柴油机燃料调合用生物柴油(BD100)》(GBT 20828—2015)、《生物柴油产业发展政策》和《生物柴油调合燃料(B5)》(GB 25199—2015)等国家规划和标准,为生物柴油应用起到了一定的推动作用。

当然,生物柴油进入交通燃料领域是一个系统工程,不仅需要建立储存、调和等一系列完善的管理体系,而且要根据生物柴油产量、市场销售情况、汽车业需求状况等综合因素制定多种混合比例标准(如 B2、B5、B10、B20)。虽然国家有关部门已经在积极研究相关标准,但从制度推行到实践需要一个过程,因此生物柴油真正大规模进入成品油市场还需要一段较长的时间。

第8章 其他新能源汽车

8.1 太阳能汽车

8.1.1 太阳能汽车的概述

1. 定义及原理

太阳能汽车是一种靠太阳能驱动的汽车。从某种意义上讲，太阳能汽车也是电动汽车的一种，所不同的是电动汽车的电池靠工业电网充电，而太阳能汽车用的是太阳能电池，它把光能转化成电能并在电池中储备，然后输入电动机驱动汽车。

太阳能汽车的基本原理是：由太阳能电池板在向日自动跟踪器的控制下始终正对太阳、接收阳光，并转换成电能，向电动机供电，再由电动机驱动汽车行驶。

(1)当汽车运动时，被转换的太阳能直接送到电动机控制系统。当阳光比较充足的时候，太阳能电池板发的电一部分供车行驶，剩余部分向蓄电池充电；当阳光不足的时候，由太阳能电池板和蓄电池同时向车辆供电。

(2)当汽车不运动时，所有能量将通过太阳能电池板储存在蓄电池内。

(3)当汽车开始减速时，电机将变成一个发电机，能量通过电机控制器反向进入蓄电池内进行电能储存，即“制动能量回收”。能量回收充到蓄电池中是非常少的，却非常实用。

2. 基本构成

太阳能汽车由太阳能电池组、自动阳光跟踪系统、驱动系统、控制器等组成。

(1)太阳能电池组。

太阳能电池组是太阳能汽车的核心，它是由一定数量的单体电池串联或并联组成的电池方阵。太阳能单体电池由半导体材料制成，当阳光照射在该半导体材料上时，半导体的电子－空穴对被激发，形成“势垒”，也就是P－N结。由于势垒的存在，在P型层产生的电子向N型层移动而带正电，而在N型层产生的空穴向P型层移动而带负电，于是在半导体元件的两端产生P型层为正的电压，即形成了太阳能电池(图8.1)。

太阳能电池的电流大小与太阳光照射强度大小和太阳能电池面积的大小成正比。车用太阳能电池将很多太阳能电池排列组合成太阳能电池板,以产生所需要的大电流和高电压。

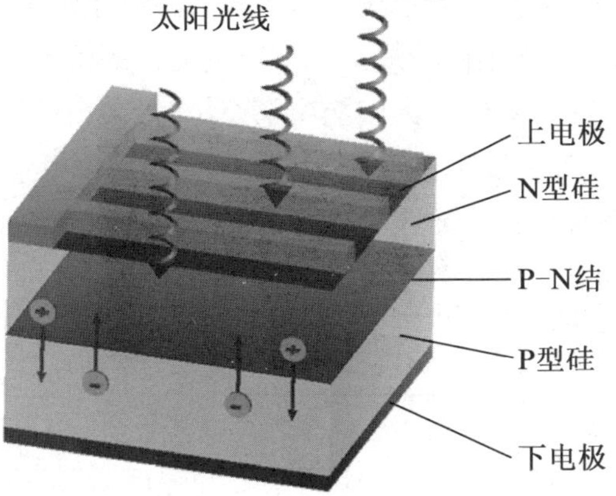

图8.1 太阳能电池结构原理

(2)向日自动跟踪器。

太阳能电池能量的多少取决于太阳能电池板接收太阳辐射能量的数量,由于相对位置的不断变化,太阳电池板接受太阳辐射能量也在不断变化。向日跟踪器的作用就是保持太阳电池板始终正对着太阳,最大限度地提高太阳能电池板接收太阳辐射能量的能力。福特C-MAX自动跟光系统如图8.2所示。

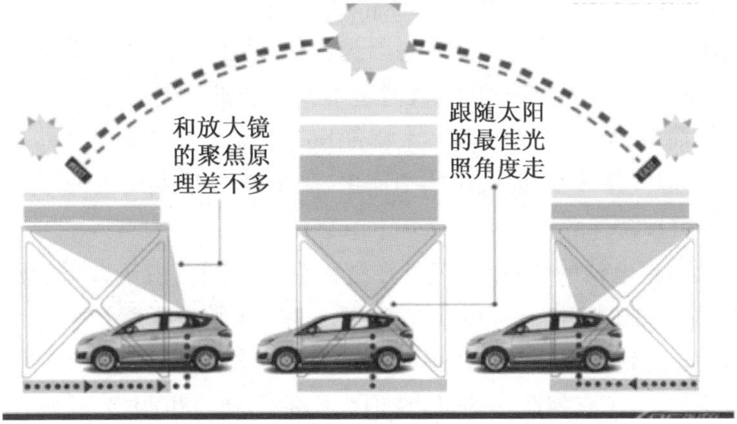

图8.2 福特C-MAX自动跟光系统

(3)驱动系统。

太阳能汽车采用的驱动电动机主要有交流异步电动机、永磁电动机、直流电动机,其驱动系统与 EV 基本相同。

(4)控制器。

控制器主要实现对太阳能电池组进行管理和对电动机的控制,其作用与 EV 控制系统相同。

太阳能汽车的心脏就是控制系统。图 8.3 为控制系统示意图,它基本由太阳能电池板、电动机以及蓄电池组构成。太阳能电池板的供电电压与蓄电池组饱和电压基本相同,可以直接耦合,在太阳能功率充足时,多余的能量进入蓄电池组进行充电,在太阳能电功率不足时由蓄电池组放电,由控制系统对冲放电过程进行保护和控制。这样既可以保证蓄电池组正常充放电,还能对蓄电池组的过充电、过放电进行适当控制。

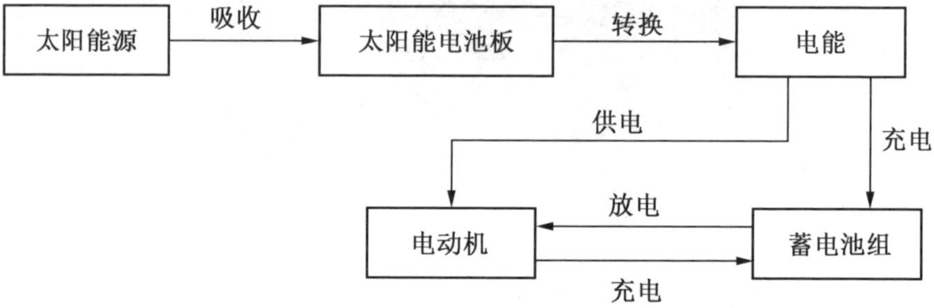

图 8.3　控制系统示意图

3. **主要特点**

(1)太阳能取之不尽、用之不竭。相对人类历史而言,太阳能基本不会存在枯竭的问题,而且太阳能无须开采与运输、可以免费使用。

(2)太阳能汽车无污染、无噪声。因为不用燃油,太阳能汽车不会排放污染气体,没有内燃机,太阳能汽车在行驶时听不到发动机的轰鸣声。

(3)结构简单,易于制造保养。太阳能汽车没有内燃机、离合器、变速箱、传动轴、散热器、排气管等零部件,结构很简单、制造难度低;除了定期更换蓄电池以外,基本上不需日常保养。

(4)降低对蓄电池的依赖,为车身轻量化提供空间。由于太阳能汽车以太阳能为主要能源,有阳光情况下可随时为电池充电,无须依靠增加蓄电池的数量来提高续航里程,这就为车身轻量化提高了更大可能与内部空间。

虽然太阳能汽车有如此多的优点,但太阳能的缺点也很多,比如阳光到达地面时单位面积的能量密度小且难以改变,太阳能电池的能量转换率低,没有阳光时车辆无法充电等,这些问题短期内无法解决。因此,完全意义上的太阳能汽车尚未实现商用化运行,目前仅有一些概念车或把太阳能电池作为汽车辅助能源。

4. **主要应用**

根据太阳能电池板转化能在汽车应用中的不同比例，可分为汽车主要能量源、混合驱动太阳能汽车以及汽车辅助能源三种类型。

(1)作为汽车主能量源：贴在车体外表的太阳能电池板将阳光直接转换成电能，驱动车辆行驶，汽车行驶快慢通过输入电动机的电流控制。目前，此类太阳能汽车的车速能达到 100 km/h，无阳光的天气下最大续航里程也在 100 km 左右。

(2)混合驱动太阳能汽车：装有两套动力系统，车辆外观与传统汽车相似，只是部分表面加装了太阳能吸收装置，如车顶电池板可给蓄电池充电或直接作为动力源。车上还装有汽油发动机和电动机；电动机用于低速行驶，当车辆达到某一速度后，汽油发动机启动、电动机脱离驱动轴，汽车与普通汽车一样行驶。

(3)汽车辅助能源：①太阳能用作汽车蓄电池的辅助充电能源；②用于驱动风扇和汽车空调等较小的系统。

8.1.2 太阳能汽车发展历程

1973 年第一次石油危机爆发后，众多汽车厂家推出了各类电动汽车，利用太阳能发电的新能源汽车也开始逐渐走进人们的视野。

1. **探索阶段(1978—2005 年)**

1978 年，世界上第一辆太阳能汽车在英国研制成功，速度为 13 km/h。

1982 年，墨西哥研制出太阳能汽车，速度达到 40 km/h，由于这辆汽车每天所获得的电能只能行驶 40 min，所以它还不能跑远路。

1984 年 9 月，我国研制的“太阳号”太阳能三轮汽车试验成功，在当时曾引起广泛关注。它由湖北省金属学会新技术开发公司的黄绳溥等六位中青年科技人员用时 56 天研制成功，车顶上安装了 2 808 块单晶硅片、组成 10 m^2 的硅板，车速为 20 km/h，遇阴雨或晚上，靠两个高效蓄电池供电，可连续行驶 100 km。

1996 年，清华大学研制出“追日号”太阳能汽车，搭载我国自主研发的第五代太阳能电池板、转化率达 14%，最高时速为 80 km/h，造价 7.8 万美元。这在中国的太阳能汽车发展史上是一个标志性事件。

2001 年，全国高校首辆可载人的太阳能电动汽车“思源号”在上海交通大学诞生。它无须任何助动燃料，只要在阳光下晒 3 ~4 个小时就能轻松行驶 10 多 km。但它的缺点是电池容量偏小、续航能力有限、敞开式车体设计使迎风阻力较大等。

2003 年，澳大利亚太阳能汽车赛上，由荷兰制造的“Nuna Ⅱ”太阳能汽车取得了冠军，它以 30 h 54 min 的时间跑完了 3 010 km 的路程，创造了太阳能汽车最高速度170 km/h的世界纪录。

该阶段，国内外太阳能汽车主要以各个学校及研究机构的试验用车出现，续航里程、时速虽然不断增加，但是离实用化还有较远的距离。

2. 发展阶段（2010 年至今）

2011 年，奔驰发布 smart forvision concept 太阳能概念车，车顶多处六角形空洞下方为太阳能电池夹层，只需电池来储存电能，无须内燃机或外接电源的介入。

2014 年，福特发布 C－MAXSolar Energi Concept 太阳能概念车，该款车由福特、SunPower 科技公司和佐治亚理工大学联合开发。C－MAX 使用了双电能系统的设计形式（插电式混合动力），既可以从车载电池中获得能量，也可以通过放置在车顶的太阳能电池板发电获得能量。C－MAXSolar 能够获得总的续航里程为 998 km，而纯电模式下续航里程为38 km。

2016 年 7 月，汉能集团（薄膜太阳能发电企业）发布 4 款全太阳能动力汽车，试图解决新能源车所面临的诸多难题。据了解，汉能全太阳能动力汽车在 5～6 个小时的光照条件下，日均发电量 8～10 度，可以驱动汽车行驶 80 km 左右，每年行驶 2 万 km 以上，从而满足城市常规交通需要。汉能全太阳能动力汽车的高效得益于砷化镓薄膜发电技术的高转化率（经美国国家可再生能源实验室认证达 31.6%），在同类技术中列全球第一。

2016 年，丰田推出了搭载太阳能充电系统的普锐斯插电式混合动力汽车，处于熄火停车状态时太阳能电池板继续为汽车充电，电能可直接用于驱动电动机、延长了续航里程，搭载了该电池板后，普锐斯动力效能将提高 10%。

2017 年，特拉斯与日本松下大规模生产光伏电芯和储能电池，倾力打造光伏发电、储能、电动汽车乃至新能源家庭应用的闭环。

该阶段，各汽车厂商频繁发布太阳能概念车，不少汽车巨头与太阳能公司纷纷布局太阳能汽车产业，大大带动了太阳能汽车的不断发展。

8.1.3 太阳能汽车典型产品

由于天气原因不可控以及太阳能汽车转化率的问题，现在并没有商用的太阳能汽车，少量能够商业化的是太阳能汽车辅助动力源，大部分为车顶增加太阳板，用于给蓄电池充电或者作为车辆子系统动力源，代表产品如下。

1. 国外

（1）美国福特汽车公司。

C－MAXSolar Energi Concept 是 2014 年由福特公司发布的，其结构和之前福特插电式混合动力车型 C－MAX Energi Plug－in Hybrid 大体相同，前置 2.0 L 四缸自然吸气发动机，前置电动机外加输出功率为 7.6 kW · h 的锂离子电池包（图 8.4）。

不同的是，C－MAXEnergi Plug－in Hybrid 通过充电插头及相关设备给锂离子电池充电，充电大多数时候在晚上进行；而 C－MAXSolar 则通过车顶处太阳能板给电池充电,充电时机只能是白天。C – MAXSolar 车顶太阳能板的特别之处在于,它上面加装了一个核心的聚焦器,类似于放大镜——引导阳光往车顶聚集。充满电、加满油后,C – MAXSolar 获得总续航里程为 998 km,纯电模式下续航里程为 38 km。C – MAXSolar 除了车顶太阳能电板外,还配备有充电插头,以备不时之需。

(2)科尼赛克汽车公司。

2015 年,瑞典的超级跑车制造商科尼赛克研制了一款名为 Quant 的混合动力概念车(图 8.5)——将太阳能和黄铁矿(又名"愚人金")这两种最不可能"捆绑"在一起的能源加以混合。在日内瓦国际车展上,科尼赛克发言人表示,Quant 的行驶距离可达300 mi(约合 482 km),完全充电只需 20 min。其中,太阳能电池板的功率为 250 W,能够满足使用车内空调和对汽车蓄电池的需求。

图 8.4　福特 C – MAXSolar Energi

图 8.5　科尼赛克 Quant

(3)日本三洋公司。

2010 年,日本三洋研制了世界首款太阳能公交车,并将其命名为 Solarve(图 8.6)。该款太阳能公交车利用车顶的太阳能电池板提供车内的 LED 供电,具有 798 W 的动力并储能,可在阴天供应 9 h。同时也支持柴油动力,以备不时之需。

图 8.6　日本三洋 Solarve(solarvehicle)

2. 国内

(1)比亚迪股份有限公司。

2010 年,比亚迪发布了 F3DM 低碳版双模电动汽汽车(图 8.7)。其最大亮点在于加装的车顶太阳能电池充电系统，造型类似于全景天窗，设计巧妙、不失时尚。通过吸收太阳能输出电流，并储存在铁电池中供整车行使用电，为车辆提供动力来源。

动力方面，F3DM 双模电动汽车搭载了 BYD371QA 全铝发动机，功率为 50 kW，配合75 kW的电动机，总输出功率达到了 125 kW。在纯电模式下，F3DM 双模电动汽车实现了目前世界上最长的续航里程——100 km，最高速度可达 150 km/h；在混合动力模式下，充满油和电后总续航里程在 500 km 以上。

比亚迪 F3DM 是全球第一款上市的不依赖专业充电站的双模电动汽车。该车快速充电（充电站）10 min 可充满 50%，家用电源上慢充 7 h 可充满。

（2）汉能控股集团有限公司。

2016 年，汉能公司正式发布了四款不同定位的全太阳能动力汽车——SolarO、SolarA、SolarR 以及 SolarL，四款车均采用薄膜太阳能技术为车辆进行充电，以改变电动汽车依赖固定充电设备的传统模式。据悉，汉能全太阳能动力汽车正式量产预计在 2020 年左右，其最大续航里程可达 350 km。

这四款车的核心技术是砷化镓薄膜太阳能芯片，薄膜太阳能组件集成在车顶或车身，以阳光为能源并转化为电能给电池充电，也可以使用传统的固定充电设施进行电能补充。与传统太阳能电池板不同，砷化镓薄膜太阳能芯片具有柔性、可弯曲、质量轻、弱光性好、颜色可调，以及形状可塑等优势，能更好地匹配汽车外壳。

（3）南京金龙客车制造有限公司。

2015 年，南京金龙推出采用太阳能动力的 NJL6117BEV 客车（图 8.8）。它是在纯电动客车的基础上增设了太阳能动力。其太阳能光伏电板安装在 11 m 长的车顶上、面积为 15 m^2。该车的太阳能光伏发电系统主要由柔性太阳能电池板、光伏动力充电机及相关连接器组成。其电池板具有高效能、高柔性特点。当太阳能电池电力不足时系统会自动切换到充电电池，充满电后可行驶 30 km。

图 8.7　比亚迪 F3DM

图 8.8　金龙 NJL6117BEV 客车

8.1.4 太阳能汽车发展前景

1. **现状分析**

政策上,国内对电动汽车有一定补贴,但是2016年以后的补贴力度快速退坡。而纯以太阳能发电的新能源汽车尚未进入商业运营,不可能获得补贴;以电池为主、太阳能为辅的电-电混合汽车已进入市场,它可以降低电池质量、提高运营里程,有利于获得更高的补贴,也是未来的发展方向。

国外对太阳能汽车同样有较大的补贴力度。例如,2008年金融危机后,奥巴马政府投入了数十亿美元的资金,包括一系列税收减免和优惠、贷款担保等举措,试图在美国打造先进的太阳能电池产业。但是,太阳能发电也面临着不确定的未来,联邦税收抵免将在2021年底之前逐步取消,一些州开始将传统电力公司的部分固定成本转嫁到太阳能用户身上。

技术上,国内太阳能汽车产业主要采用薄膜发电技术,通过大量投资、规模化生产来降低价格。以汉能为例,凭借砷化镓薄膜太阳能电池高达31.6%的转化率技术,该公司提出了"移动充电"的新概念来摆脱充电站依赖,全太阳能动力汽车每天单纯依靠太阳能发电就能实现100 km左右的续航里程;"光伏车棚"计划则预想未来一个太阳能车棚将安装约3 kW的太阳能系统,年发电量可以达到3 600 kW·h,完全抵充汽车的电费。

国外太阳能汽车行业也正在学习汉能这一点,找到自己的技术优势,快速扩大规模、低成本曲线,从而实现产业主导。以特斯拉为代表,将大量的精力与资源放在新能源体系的建设中去,打造包括太阳能能源的生产、存储与消费的全产业链垂直一体化系统,欲与传统的能源企业争夺未来的主导权。

2. **发展前景**

目前,太阳能电动汽车普遍采用质轻价贵的航空航天材料、造价高昂,动力受太阳照射时间限制及承载能力差,太阳能电池的转换效率低导致续航里程短,因此,现阶段主要是太阳能电池跟蓄电池结合的汽车。今后,主要的研究方向集中在提高太阳能电池的转换效率以及降低材料成本等方面,毕竟太阳能是最理想、最清洁、最有发展前景的永不枯竭的绿色能源,太阳能汽车代表了汽车发展的新方向,被人们称为"未来汽车",人们对太阳能汽车的研究步伐是不可能停止的。

据有关专家推测,太阳能汽车走入现实生活,至少还需要30~50年的时间。国际汽车巨头以及科技公司纷纷布局太阳能汽车产业,可见对该行业的重视程度。一旦科技手段实现突破,全太阳能汽车走入人们的生活将不再是梦想。

8.2 核动力汽车

8.2.1 核动力汽车概述

1. 基本定义

核动力汽车就是以核能作为动力来源的汽车。

自工业革命以来,人类对于能源的需求不断增加,同时也给自然环境带来了非常深远的影响。石油、天然气等不可再生资源正面临枯竭,寻求更为高效、环保的能源是人类发展的必然趋势。

2. 结构和原理

核动力汽车的关键在于核动力发动机,它主要分为两部分:一是利用原子核裂变能产生蒸汽的核岛(包括一回路系统和反应堆装置)和利用蒸汽产生电能的常规岛(包括汽轮发电机系统),用重金属放射性钍作为燃料,利用核反应堆中核燃料发生不同类型的"燃烧"产生热量,将核能转化成热能来加热水产生水蒸气。使用水蒸气经过管路进入汽轮机,推动汽轮发电机发电,将机械能转变成电能。由电力驱动汽车并满足其他电器系统的需求,如图8.9所示为核动力汽车原理。

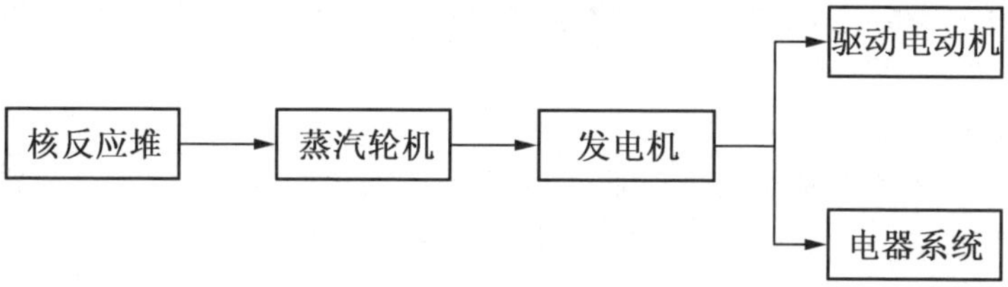

图8.9 核动力汽车原理

8.2.2 核动力汽车发展历程

20世纪50年代的欧洲,在核能驱动的潜水艇和船舶不断涌现的年代,汽车设计师就开始对这种深不可测的能源展开了研究,核能概念车也就此诞生。那时的欧洲,核能已经进入了消费文化,人们相信这种充满力量的能源将很快进入每个家庭。在这样的大背景下,欧洲和美国的制造商们纷纷推出核动力汽车的概念。

最早的核动力概念车出现在1957年的日内瓦车展上,美国Studebaker - Packard合作推出了阿斯特拉。阿斯特拉的外形非常科幻,只有1个轮子,还能在水上漂,因为它依靠一种能量罩而不是沉重的铅块来保护乘员不受核辐射。斯蒂贝克和帕卡德的这项合作成果并没有实现量产,帕卡德牌在这台车发布不久后便消逝,斯蒂贝克随后也销声匿迹,这款概念车后来被运送到各种经销商的店铺宣传活动中作为展品,现在陈列在洛杉矶的Petersen汽车博物馆内。

1958 年的日内瓦车展上,法国公司 Simca 发布了一款概念车 Fulgur。这款气垫船一样的核动力汽车其实是当时人们对 2000 年汽车模样的畅想,这款车的奇特之处还在于它只有两个轮子,依靠当时的另一项新技术陀螺仪维持平衡。

1958 年,法国阿贝尔公司设计了核动力汽车 Symetric,采用核废料驱动发电机可产生 40 kW 的动力。核废料只需五年更换一次。不过,法国政府没有接受阿贝尔的疯狂计划,这家公司 1959 年便倒闭了。

1959 年,福特也加入了核动力汽车的热潮。福特 Nucleon 是一款皮卡风格的核动力汽车,设计师们希望反应堆能够支持车辆行驶 8 000 km,然后直接扔掉换新的。同样是因为辐射防护的问题,Nucleon 未能成为现实。

1962 年,在西雅图世界博览会上,福特再次发布了一款核动力概念车福特 Seattle – ite21。

之后,在对核动力汽车的研究中断多年之后,它再次回归人们的视野。2009 年 1 月,凯迪拉克推出了新款核动力概念车 CadillacWTF,与以往的车不同之处在于,这款车的设计以多年来的核动力发展为基础,提出动力系统使用钍燃料。

2016 年,奥迪未来的核动力超级跑车 MesarthimF – TronQuattro 出现在互联网上。这款车的设计比以往所有的核动力汽车更加系统,核动力主要部件核反应堆与离子发射器位于前后轴之间,旁边是发热装置,产生的蒸汽驱动电动机发电,动力电池安装在前舱,使用四个轮毂电动机驱动车轮前进。

8.2.3 核动力汽车关键技术

核能现在主要用在发电、核武器、核潜艇和航空母舰上。既然能用在潜艇上,肯定会有人想要将其用在汽车上,想一想只要一点点核燃料,就能实现汽车全使用寿命不用加油,多么令人激动! 既然如此,为什么核动力汽车还停留在假想阶段呢?

核动力汽车目前无法上市的原因在于核动力发动机无法实现,主要是受限于核反应堆小型化和防辐射安全两方面。

实现小型核反应堆的可控是目前最大的困难。核燃料必须发生聚变、裂变或衰变才能释放出能量,而发生可控核反应(衰变除外)的控制条件极其复杂,例如核聚变通常要达到上亿度的高温。以聚变来说,要达到如此高的温度,需要一套很复杂的可控核聚变反应装置——托卡马克装置。其中央是一个环形的真空室,外面缠绕着线圈。在通电的时候托卡马克的内部会产生巨大的螺旋形磁场,将其中的等离子体加热到很高的温度,以达到核聚变的目的。而目前一般可控核反应均为裂变,其所需要的装置更大。

虽然世界上出现了核动力潜艇、航空母舰,但是,核反应堆小型化依然是世界性难题,目前还没有哪个国家取得技术突破。现有的反应堆搭载在硕大的航母上是没问题的，但是要搭载在本来就不是很大的汽车上，那就是一个很大的问题了。

防辐射安全仍然是一个世界各国最担心的问题。如果反应堆在车上，建几米厚的防护墙来防辐射很明显是不可能的。目前，最有希望实现反应堆小型化的钍燃料辐射较铀元素少，但不等同于没有辐射，毕竟一辆车就是一颗小型的原子弹。1959 年福特 Nucleon 的设计师也希望未来有一天可以发明出一种轻量化的防护板，能让 Nucleon 变为现实，但人类目前还无法找到这种材料，能在汽车这样的尺寸和质量下隔离反应堆辐射至安全程度。

8.2.4 核动力汽车典型产品

核动力汽车虽然在汽车史上很少被提及，但也一直随着技术进步而不断改进。从最初的阿斯特拉、Fulgur 和 Symetric 等不具可行性的设想，到 Nucleon、WTF、MesarthimF - TronQuattro 等符合现代科学原理的概念车，核动力汽车并没有被遗忘，下面几款是核动力汽车中的代表性概念车。

1. 美国福特汽车公司

1959 年，福特也加入了当年的核动力风潮。Nucleon 是一款皮卡风格的核动力汽车，车身后部完全留给了核潜艇使用的反应堆的缩小版(图 8.10)。设计师们希望反应堆能够支持车辆行驶 5 000 mile，然后直接扔掉换新的。同样是因为辐射防护的问题，Nucleon 未能成为现实，但其模型仍然能在亨利・福特博物馆见到。

图 8.10　福特 Nucleon 概念车

福特公司 1959 年推出的 Nucleon 被认为是第一款具有现实意义的核动力汽车，其以核反应堆作为动力系统，使用铀核裂变产生的热能把水加热成为高压水蒸气，以此驱使涡轮发电，作为汽车行驶所需要的动力。

福特 Nucleon 确实只是个概念，由于车身后部装配有核反应堆，驾驶舱内空间狭小，整车造型怪异，几乎无任何适用性可言。Nucleon 的设计基础是假设核反应堆能够实现足够的小型化，并能找到足够轻的屏蔽材料。然而，这些创新理念均未能付诸实现，庞大的系统设备以及笨重的铅屏蔽体使得汽车的安全性和实用性无法得到满足。

福特的核动力梦想持续了多年。1962 年,福特在西雅图世界博览会上发布了这款 Seattle－ite2 概念车(图 8.11)。除了核动力之外(也没有有效解决小型化和防辐射问题),这辆车还有许多创新之处,如互动式的电脑导航、地图服务以及车辆信息系统等,车子的前半部还可以与后半部分离,变成一辆小车,便于在街头巷尾穿行。

2. 美国通用汽车公司

WTF(CadillacWTF)是凯迪拉克 2009 年 1 月推出的新款核动力概念车,该车的动力系统使用钍燃料,设计使用年限为 100 年(图 8.12)。这款概念车的动力部分将由高性能的电池取代传统的燃油系统,以便满足未来洁净清洁的能源要求,而保养方面的设计理念更加简单,保养周期被设定为 5 年。WTF 是取自 World Thorium Fuel 的词首字母,意思就是钍燃料。

图 8.11 福特 Seattle－ite2 概念车

图 8.12 凯迪拉克 WTF 概念车

该款概念车由 Locus Kulesus 设计。续航里程一直是电动汽车驾驶者关注的问题,而该车只需要一次性添加 8 g 钍金属就可以满足汽车整个寿期内的使用需求。在汽车发动时,高能激光可以激发钍原子衰变,产生的热量就可以给水加热产生蒸汽,用以驱动小型涡轮机,并由此产生电能为汽车提供动力。钍及其衰变产物只产生穿透能力弱的 α 和 β 射线,因此,系统辐射水平低、易于屏蔽,整套动力系统可以控制在 500 lb(也就是 226 kg),完全在车辆的承载范围之内。WTF 概念车的"钍－激光"动力系统由美国马萨诸塞州的 Laser Power Systems 公司负责研制。

钍燃料概念车的引擎基于一项激光动力(或激光发动机)技术,该技术由 Laser Power Systems 公司提供。"钍－激光"动力是一种真正零排放、零污染的新能源,其系统简单、结构紧凑、储能量大,具有可移动性和可操作性,不仅可应用于汽车,还可为一些家庭、医院、工厂等提供电力。"钍－激光"动力系统功率输出在 5～100 MW 范围,系统造价低于 20 万美元/MW 功率,目前任何一种传统能源的发电成本至少比其高 10 倍以上。据该公司介绍,这种动力系统是一项成熟的技术。

尽管通用公司和 Laser Power Systems 公司极力宣称其 WTF 的实用性和可行性,但并不为业界所认可,通用公司并没有进行后续的资金和研发投入,Laser Power Systems 公司也并没有制造其所称之为成熟的“钍－激光”动力系统。

3. 德国大众汽车公司

2016 年,奥迪未来的核动力超跑 MesarthimF－TronQuattro 在互联网上广泛流传(图8.13)。这款车由俄罗斯工程师操刀设计,外形十分前卫。核动力主要部件核反应堆与离子发射器位于前、后轴之间,旁边是发热装置,产生的蒸汽进而驱动发电机发电,动力电池安装在前舱,使用四个轮毂电动机驱动车轮前进,同时还有电动机驱动离子发射器、冷凝器等,除了核燃料供给,其他整个系统构成一个闭环生态。

由于动力系统是独立的,导致其他部件的安装位置是个问题,比如座椅、副仪表台等。为了解决这个问题,工程师设计了一套名为 SolidCage 的独立底盘,这个底盘是聚合物材料,3D 打印出来且可以独立拆卸。除此以外,底盘上还有一个平底罐,里面装有磁流体,在有磁性的路面上行驶时,车子就会产生下压力,过弯的时候能抵制侧倾力,直行的时候抑制抬头/点头。

奥迪暂时没有给出这款车具体推出时间表,但总体来说还是值得称赞的,这也是最新的一款核动力概念汽车。

图 8.13　奥迪 MesarthimF－TronQuattro 概念车

8.2.5　核动力汽车发展前景

1. 核动力汽车技术前景

核能能否应用于汽车取决于核反应堆小型化和核反应堆辐射防护这两方面技术的发展。

核反应堆小型化是核动力应用于汽车的先决条件。目前,产生足以驱动一辆汽车所需能量的反应堆体量需要数十吨,对汽车的尺寸而言难以接受。对于大型反应堆的控制技术已经十分成熟,原理是利用石墨棒插入燃料棒中吸收中子减慢反应速度，对于小型、微型反应堆而言却是无法实现的。

核反应堆辐射防护是保护人身安全的基本要求。核辐射主要指放射性物质放射出 α 射线、β 射线、γ 射线和中子。一种思路是改变核反应的原料，不产生穿透力太强的 γ 射线和中子，比如用钍代替铀。一方面受技术所限还未找到这种理想的核材料；另一方面即使能找到，资源储备量和开采利用难度也有巨大的不确定性。另一种思路是寻找超强新型防辐射材料，这方面有一定进展但不是质的提升。

下面仅介绍一下核辐射防护材料方面的进展情况。

第二炮兵工程学院的陈桂明等人提出一种新的合成配方。他们在对样品进行辐射防护性能和各种机械性能试验、检测和分析的基础上，研制出了一种采用辐射交联加工，防护性能和机械性能均较好的新型核辐射防护材料。选择这种类型的核辐射防护材料，高效融合了高分子材料与普通重金属对核辐射和各种放射性射线的优良的隔绝性能，可以满足很多能量等级不同的核辐射防护场合需要。采用的是辐射交联新技术的加工工艺，能够满足一些特别的情况（隔声、洗消、保温）的要求；在确保优良的核辐射防护性能的条件下，添加一定量的功能性材料，以增强该防护材料的优质防护性能。可以利用这种材料，制作核动力汽车发动机核反应堆防护罩，隔绝核辐射对驾乘人员的伤害。

2. 核动力汽车市场前景

首先，核动力汽车资源效益十分明显。截至 2019 年底，中国全国民用汽车保有量达到 26 150 万辆，石油对外依存度达到 70.8%。国际上通常将石油对外依存度为 50% 当作“安全警戒线”。因此，我国对于取代传统石化燃料有着迫切需要，同时我国有足够大的汽车市场支撑替代燃料的发展。

其次，核动力汽车经济效益非常突出。核动力汽车使用的钍核电池只需要 50 g 大小的电池就有可能使电动汽车的全使用寿命不用充电，而钍元素的已探明储量可以至少为全世界提供 1 万年的能源支持。美国科学家查尔斯·史蒂文斯正在研发用核燃料钍发电的汽车，只要用 8 g 钍足够让悍马车行驶 96 万 mile（相当于 6 万 gal 的汽油），只用充一次电就可以使用到汽车报废。因此，核动力汽车能够产生的经济效益可见一斑。

3. 核动力汽车政策前景

在资源紧缺问题突出、地球环境形势严峻的情况下，各国都致力于发展新能源汽车，寻求石油替代产品。核动力汽车储能大、体积小、质量轻，能真正实现零排放、绿色环保，在新能源领域极具优势。受技术水平所限，目前还没有任何一款产品可以满足使用要求，也没有一个国家允许核动力汽车的生产制造，更没有提出与之相关的规划和政策支持。换言之，核动力汽车目前的发展现状不足以引出各国政府的积极态度。

总的来看,人类对核能的利用已经达到了日趋成熟的地步,核电站、核武器、核潜艇等都已成熟,但是核动力汽车似乎距离我们还很遥远,毕竟尺寸的问题也不是一个小问题,只有缩小反应堆、开发轻薄的防辐射材料、缩小蒸汽轮机,才使得核动力车有可能也有价值存在。随着工艺的成熟,人类将核能用于汽车也是完全可能的,我们期待着人类汽车会早日进入核动力时代。

第9章 新能源汽车发展的未来

9.1 电动化已是大势所趋

前文可知,车辆电动化具有诸多好处,比如减少移动污染源、降低污染治理难度,减少石油依赖、保证能源安全,更容易实现产业对接、互联互通,培养大数据智能网联等新的产业生态、实现产业升级等等。另外,电能获取方式多样,火电、水电、风电、核电、太阳能、地热能,以及潮汐能等都可以转化为电能,且电能相比于其他能源传输更加便利,使用成本更低。因此,人类一直没有放弃电动汽车的研发和推广,很多国家已经把车辆电动化上升到国家战略,通过一系列政策扶持和巨额投入,来推动这个产业的加速发展。

2019 年 8 月,“中国电动汽车百人会”在常州论坛上把 2016 年作为车辆电动化的“标志年份”。主要表现在以下几个方面:

第一,很多国家在 2016 年发布了禁售传统燃油车的时间表。值得一提的是德国,作为全球最有实力的燃油车生产国,内阁在 2016 年 11 月提议要在 2030 年禁售传统燃油车,可见其决心,引起了全球业界的轰动。

第二,国际汽车巨头及零部件公司集体快速转向新能源汽车。大众表示,2025 年要推出 30 款新能源汽车,新能源汽车销量将达到 200 万 ~300 万辆;宝马宣布,将在中国提供五个系列共 9 款新能源汽车,包括纯电动、插电式和混合动力汽车;奔驰也宣布,将在 2022 年之前全部停产停售传统燃油车,未来将只提供混合动力和纯电动版的汽车,再增加 50 个全新的电动汽车车型。在零部件方面,德尔福在 2019 年的 5 月 3 日宣布,全面分拆旗下的动力总成部分,专注于电子电气业务,尤其是自动驾驶、智能技术、安全技术等,宣布之后股价飙升 12%。另外,全球最大的零部件公司博世,几乎在同一时间宣布将旗下用于燃油车的启动机、发动机业务出让,同时被售出的还包括业务部门的 7 千名员工。

第三,资本市场和专家、学者看好自动驾驶和共享汽车。谷歌旗下的自动驾驶公司 Waymo,估值最高时达到 1 700 亿美元,远超福特(市值 440 亿美元)和通用(市值500亿美元)。为什么Waymo具有如此高的估值呢？因为它代表了汽车产业的未来。麦肯锡资深合伙人理查德·福斯特说："21世纪的今天，汽车产业进入了创造性破坏时期，守成者将面临巨大的挑战。"斯坦福大学经济学家托尼·希巴认为，到2025年所有新车都将是电动汽车，因为它的运行费用只有燃油车的1/10；下一代轿车将是装在轮子上的电脑，谷歌、苹果和富士康有破坏性优势。

车辆电动化是大势所趋已无悬念，有人称之为"第三次工业革命"。诸多国家出台"禁售时间表"的举动，更是加速了这一趋势演变。表9.1为各国燃油车禁售时间表，虽然部分时间表并不具备强制意义，但是给了社会一个长期的准备，有利于政府和企业协调配合、平稳推动。其他类型的新能源汽车，比如天然气车、甲醇汽车等可能会在全球部分地方得到推广，当前看还不具备全球推广的条件；而太阳能汽车、核能汽车等本身的局限性较强，短期内对燃油汽车也无法大规模的替代。

表9.1　各国燃油车禁售时间表(不具强制性)

国家	禁售时间	禁售说明	发展目标	涉及文件
中国			2025年新能源汽车新车销量占比达到25%	《新能源汽车发展规划(2031—2035)》
日本	2050年	新一代汽车振兴中心:2050新一代汽车计划,实现零排放	2030年电动汽车(EV + PHEV)占比20% ~30%	《汽车产业战略2014》
美国			加州:2025年150万辆、占比15%,2030年430万辆	
欧盟			2030年,EV + PHEV至少占比达到35%	2019年4月欧盟议会发布的2019/631号文
德国	2030年		2030年再注册至少700万辆电动汽车	《2030气候规划》
英国	2040年	2017年 *Air quality plan for nitrogen dioxide in UK*	2030年电动乘用车销量占比达到50% ~70%	*The Road to Zero*

续表 9.1

国家	禁售时间	禁售说明	发展目标	涉及文件
法国	2040 年	2017 年 *Plan climat*:*Iplanete*,*lplan*		
荷兰	2030 年	*Coalition Agreement* 2017:*Trust in the future*		
葡萄牙	2040 年	2018 年政府交通脱碳声明		

9.1.1 新能源汽车的政策方向

进入新世纪以来,各国都在加快电动化转型,不少国家将新能源汽车上升为国家战略。其中,欧盟国家从解决能源紧缺、减少碳排放、保持技术领先等角度考虑,在车辆电动化方面最积极,不少国家甚至出台了燃油车禁售时间表;美国已成为能源输出大国、不存在石油安全问题,除特斯拉之外的多数企业在电动化方面比较保守;日本的态度处在美、欧之间,一方面石油安全问题突出、电动化属于刚需,一方面混合动力汽车全球领先、三电等核心部件技术雄厚,进退自如。中国的政策规划站位高、措施多、力度大,已培育了全球最大的电动汽车市场。

1. 欧盟用严格标准强力推动电动化转型

(1)出台最严碳排放标准。

2019 年 4 月,欧盟发布《2019/631 文件》,规定 2025 年、2030 年新登记乘用车 CO_2 排放在 2021 年(95 g/km)基础上分别减少 15%(81 g/km)和 37.5%(59 g/km)。相比之前标准,新政策更加严格。

①目标值降幅大,2021—2030 年的年均降幅超过 3.5%。

②只有 1 年缓冲期,2020 年需达到 2021 年目标的 95%。

③WLTP 测试标准测试距离长、周期多、速度快,更接近实际。据 EEA 发布的 2018 年欧盟乘用车测试数据显示,WLTP 标准下乘用车碳排放相比 NEDC 平均高出 21% 左右,主流车企测试结果显示高出 15% ~24%。

④罚款力度更大。2018 年根据碳排放具体值“分阶段”处罚,但是从 2019 年起全部按照最高标准处罚,每超标 1 g/km 罚款 95 欧元(表 9.2)。

表 9.2　欧盟乘用车碳排放超标罚款规定

g/km	2018 年罚款/欧元	2018 年罚款/欧元
N 为超标值	$0 < N \leqslant 1$:罚款额 $= N \times 5$	罚款额 $= N \times 95$
	$1 < N \leqslant 2$:罚款额 $= 5 + (N-1) \times 15$	
	$2 < N \leqslant 3$:罚款额 $= 20 + (N-2) \times 25$	
	$3 < N$:罚款额 $= 45 + (N-3) \times 95$	

(2)欧洲继续加大补贴力度。

近期中国的电动汽车补贴明显退坡,但是欧洲为了加快电动化转型,却延续了资金的补贴力度,尤其是德、法两国,见表 9.3。这导致了明显的市场变化,据中汽协统计,2020 年上半年,中国新能源汽车同比下降 38.5%,欧洲同比增长 55.1%。

表 9.3　欧盟主要国家新能源补贴政策

国家	补贴时间	补贴政策	其他优惠	禁燃时间
德国	2020—2025	4 万欧元以下:EV 补贴 6 000 欧元,PHEV 补贴 4 500 欧元	车辆税免征时间延长至 2030.12;截止 2020 年底,增值税由 19% 降至 16%	2030 年
		4 万 ~ 6.5 万欧元:EV 补贴 5 000欧元,PHEV 补贴 3 750 欧元		
		政府与制造商各负担一半		
	2020.7—2021.12(经济复苏计划)	4 万欧元以下:EV 补贴 9 000 欧元,PHEV 补贴 6 750 欧元		
		4 万 ~ 6.5 万欧元:EV 补贴 7 500欧元,PHEV 补贴 5 625 欧元		
		新增补贴由政府负担		
法国	2020—2022	5 万欧元以下:EV 补贴 6 000/5 000/4 000 欧元,逐年递减	免征公司汽车税,注册享受 50% 的优惠	2040 年
		4.5 万 ~ 6 万欧元:EV 补贴 3 000欧元		
	2020.6 起前 20 万辆电动汽车(汽车产业援助计划)	4.5 万欧元以下:EV 补贴 7 000欧元		
		5 万欧元以下,续航 50 km 以上,PHEV 补贴 2 000 欧元		
		换购 EV 补贴 5 000 欧元		

续表 9.3

国家	补贴时间	补贴政策	其他优惠	禁燃时间
美国	2020.3—2023	5 万英镑以下:EV 补贴购买价的 35%,上限为 3 000 英镑	EV 免征汽车消费税	2035 年
荷兰	2020.7—2025	1.2 万 ~ 4.5 万欧元,续航 120 km以上:EV 补贴 4 000 欧元	EV 免征注册税	2040 年
		二手 EV 补贴 2 000 欧元		
西班牙	2020.6 起(汽车产业援助计划)	报废 10 年以上乘用车或 7 年以上商用车,新购 EV 补贴4 000 欧元,新购买碳排放 < 120 g/km 的车型补贴 600 ~ 1000 欧元	EV 免征注册税,部分地区免停车费	2040 年
瑞典	2018.6 起	EV 补贴 60 000 克朗,PHEV 补贴 10 000 欧元	—	2030 年
意大利	2019.3—2021.12	碳排放 < 20 g/km 的车型补贴 6 000 欧元	—	2024 年(罗马)

注:资料来源:汽车之家、ACEA、KBA、CCFA 等。

(3)电动化转型成唯一出路。

从企业来说,面对高额罚款和大幅补贴,发展电动汽车是唯一选择。据 EEA 披露,2018 年欧盟注册 HEV 乘用车平均 CO_2排放量为 94.2 g/km,不能满足 2025 年、2030 年标准。所以,车企中长期发展 PHEV 和 BEV 成唯一选择。

从客户来说,欧盟发展电动汽车有自己的优势。例如,欧洲人环保意识强,偏好紧凑型车,电动汽车接受度高;欧洲油价高,推广电动汽车经济性更强。

欧盟通过持续的政策引导和扶持,已经解决了技术和产业化问题。未来,将通过罚款和补贴,双轮驱动企业加速转向电动汽车,并力图占领未来汽车产业高端,但缺乏车用电池核心零部件是欧洲车企的瓶颈。

2. 美国通过税收减免和积分制驱动企业电动化

美国推广新能源汽车政策主要有五个:税收减免、CAFE 标准、GHG 标准、先进车辆贷款支持项目和 ZEV 法案。前四者是联邦层面推行,ZEV 是州层面推行。

(1)税收减免。政策与电池容量挂钩,累计电动汽车销量超过 20 万辆后,单车税收每半年减半,特斯拉(2018 年底超过 20 万辆)成为最大受惠者。

(2)多重积分制。联邦层面主要有 CAFE 标准和 GHG 标准,州层面主要有加州制定并推广的 ZEV 法案。

美国的政策法案具有很强的延续性,虽经常调整但是不轻易废除。因此,未来上述政策仍然是扶持电动汽车企业发展的主要手段。特斯拉这样的成功案例和硅谷众多独角兽企业,再加上通用、福特等传统车企的雄厚底蕴,美国的汽车产业电动化转型比较乐观,主要瓶颈就是没有自己的动力电池核心企业。

3. 日本财政补贴、税收减免双核推动

作为能源对外依存度极高的国家,日本很早就重视新能源汽车的开发和应用。2009 年日本经济产业省提出“EV/PHV 城市”倡议,在 18 个地区建设电动汽车示范区,由点及面推动 EV/PHV 普及。政策集中在财政补贴、税收减免方面。

(1)财政补贴。电动汽车 CEV 补贴与纯电续航里程挂钩。补贴由经济产业省主导,分为四类:节能车补贴;CEV(CleanEnergy Vehicle)导入补贴;充电设施补贴;加氢设备补贴。其中,节能车补贴于 2012 年 9 月废除,被 CEV 补贴取代;加氢设备补贴主要针对氢燃料电池,充电设施补贴主要针对充电桩,当前新能源汽车主要推动力在“CEV 导入补贴”。

(2)税收减免。为促进节能环保汽车的普及,日本国土交通省自 2009 年 4 月起开始实施“环保车辆减税”和“绿色税制”政策。“环保车辆减税”最新规定:所有新一代汽车一律免征汽车购置税和车重税。“绿色税制”最新规定:所有新一代汽车包括:HEV、BEV、PHEV、FCV、CDV,新注册乘用车绿色税收减免 75%。

日本的电动汽车政策根据自己的国情稳步推进,既不激进又保持一定力度,有效推进了日本新能源汽车的发展。目前,日本不但在混合动力、燃料电池整车方面领先全球,在动力电池、电机、电控等方面也掌握核心技术、均衡发展,存在的问题主要是市场偏小、技术迭代慢,纯电动汽车方面落后于中国和欧盟国家。

4. 中国补贴加速退坡,双积分和路权接力构建长效驱动机制

(1)财政补贴加速退坡,从补购置转向补运营。截至 2018 年底,中央累计财政补贴 662 亿,按照公安部披露的 261 万的保有量,车均补贴 2.54 万元。补贴自 2017 年开始明显退坡,2020 年后完全退出。

(2)双积分。接力财政补贴,供给侧构建长效驱动机制。2019 年 7 月 9 日,工信部发布《乘用车企业平均燃料消耗量与新能源汽车积分并行管理办法》修正案,主要体现出三点变化:①传统燃油车油耗趋严,鼓励发展节能车型;②NEV 积分下调,比例要求提高;③NEV积分允许结转,延续中小企业考核优惠。

(3)路权激励。各地出台规定,在路权上向电动汽车倾斜,部分地区允许电动汽车到市中心或绕城高速免费行驶,对传统燃油车禁行或收费较高,很大程度上促使用户优先考虑电动汽车。该政策既能减少政府财税压力,也能起到引导作用。

中国的新能源汽车政策体系最完整,取得了积极成效。未来,面对美、日、欧等国的竞争,政府应该积极研究更加合理的激励措施,提高政策的成效、促进核心技术发展,培养具有全球竞争力的整车和零部件巨头,打造最优的发展环境。

9.1.2 新能源汽车的市场格局

从近几年的市场格局看，特斯拉加速全球化，利用其领先的理念和技术迅速建立了市场优势；中、欧市场则由本土企业占据，短期内无法与特斯拉相抗衡。

(1)从地区看，2019 年全球新能源汽车销量约 221 万辆、同比增长 10%(图 9.1)，市场份额从 2.1% 提升到 2.5%。其中，中国销售 120.6 万辆、占比过半，欧盟占比 20%、美国排第三。2020 年 1—6 月份，全球新能源乘用车销售 94.7 万辆、同比下降 16%。据 EV Sales 统计，美国特斯拉以 17.9 万辆、18.91% 的占有率继续领先；欧洲车企的强势崛起，大众、宝马分别以 6.24 万(6.59%)和 5.89 万(6.22%)分列二、三位，比亚迪和上汽被挤到四、五位，中国市场的优势被大大削弱。

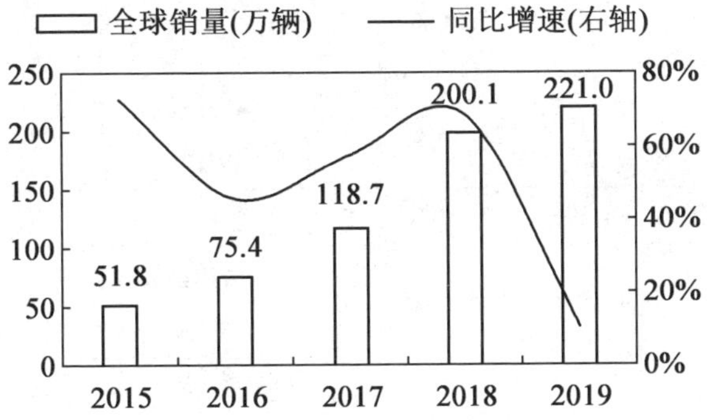

图 9.1　2015—2019 年全球新能源汽车销量

(2)从车型看，2019 年全球新能源汽车销售 221 万辆、同比增长 10%。其中，特斯拉 Model 3 以 30 万辆夺得热销车型第一名，北汽 EU、日产聆风分获二、三名。2020 年 1—6 月份，特斯拉冠军优势继续巩固，雷诺 Zoe、大众 e - golf、奥迪 E - tron 等上升明显，但是销量与特斯拉 Model 3 相比差距巨大，表 9.4 为 2019—2020 年上半年全球新能源乘用车主销车型。

现阶段新能源汽车市场存在几个特征：①国内补贴退坡导致短期下滑，国际(主要是欧美)车企电动化转型加速；②靠补贴的推动快速增长的时代已经过去，核心技术带来的产品性价比决定市场份额；③新能源汽车从交通工具到推动能源革命(电网储能装置)的战略意义被社会逐步认识，其前景广阔。因此，新能源汽车发展的大趋势已经十分清晰，即使市场短期内存在波动，电动化转型的脚步不会停止，只有顺应这一潮流的企业才能发展壮大。

表 9.4　2019—2020 年上半年全球新能源乘用车主销车型

排名	车型	2019 年销量/辆	销量占比/%	排名	车型	2020 年 1—6 月销量/辆	销量占比/%
1	特斯拉 Model 3	300 075	13.64%	1	特斯拉 Model 3	142 346	15.03%
2	北汽 EU	111 047	5.05%	2	雷诺 Zoe	37 154	3.92%
3	日产 Leaf	67 873	3.09%	3	日产 Leaf	23 867	2.52%
4	比亚迪 EV	67 839	3.08%	4	大众 e - golf	21 165	2.23%
5	宝骏 EV	60 050	2.73%	5	比亚迪 EV	20 990	2.22%
6	宝马 5 系 PHEV	51 083	2.32%	6	宝马 530e	20 586	2.17%
7	三菱欧蓝德 PHEV	49 649	2.26%	7	现代 Kona EV	19 286	2.04%
8	雷诺 Zoe	46 839	2.13%	8	三菱欧蓝德 PHEV	18 531	1.96%
9	现代 Kona EV	44 386	2.02%	9	奥迪 E - tron	17 592	1.86%
10	宝马 i3	41 837	1.90%	10	大众帕萨特 PHEV	15 670	1.65%
T10 总计		840 678	38.21%	T10 总计		337 187	35.60%
全球总计		2 200 000	100	全球总计		947 050	100

9.1.3　新能源汽车的企业竞争

表 9.5 为 2019—2020 年上半年全球新能源乘用车企业销量。

1. 全球化的特斯拉，代表汽车业的未来

可看出特斯拉领先优势之大已连续两年高居全球新能源乘用车销量之首。2020 年超过所有传统车企登顶全球最大市值汽车公司，意味着汽车百年大变局正在到来。

表 9.5　2019—2020 年上半年全球新能源乘用车企业销量

排名	企业	2019 年销量/辆	销量占比/%	排名	企业	2020 年 1—6 月销量/辆	销量占比/%
1	特斯拉	367 820	16.72%	1	特斯拉	179 050	18.91
2	比亚迪	229 506	10.43%	2	大众	62 414	6.59
3	北汽	160 251	7.28%	3	宝马	58 883	6.22
4	上汽	137 666	6.26%	4	比亚迪	57 482	6.07
5	宝马	128 883	5.86%	5	上汽	43 639	4.61
6	大众	84 199	3.83%	6	雷诺	38 848	4.10
7	日产	80 545	3.66%	7	沃尔沃	36 594	3.86
8	吉利	75 869	3.45%	8	奥迪	34 875	3.68
9	现代	72 959	3.32%	9	现代	33 507	3.54
10	丰田	55 155	2.51%	10	起亚	30 224	3.19
T10 总计		1 392 853	63.31%	T10 总计		575 516	60.77%
全球总计		2 200 000	100	全球总计		947 050	100

(1)特斯拉崛起,重塑汽车产业竞争格局。

①Model 3 成为爆款。近两年销量暴增,超过同级别的宝马、奔驰、奥迪(简称“BBA”)。与此同时,通用、福特等传统车企陆续裁员,FCA 和 PSA 合并,传统车企抱团取暖与特斯拉的高歌猛进形成鲜明对比。

②特斯拉开启了汽车电动化与智能化浪潮。Model 3 不仅在三电的工程技术层面做了进一步改进,而且采用了类似于智能手机的全新电子电气架构,成为一家软件驱动造车的典型。

③全球化战略提速。特斯拉上海工厂进度超过预期,成功复制苹果“硅谷创新 + 中国市场”的故事。中国政府给予的土地、信贷等支持,以及强大的制造能力和产业链配套能力,使得特斯拉国产后成本较美国本土降低 20% 以上。

(2)特斯拉模式,传统车企的转型新路径。

特斯拉以三代产品定位依次下沉为路径,以电动化 + 智能化展开差异化竞争、高度垂直一体化整合,逐步扩大用户群体。它不但维持了环保、科技、高端的品牌形象,也实现了“注重创新、工程制造、用户体验和成本”四者之间的平衡,逐步构建其自己的核心竞争力。

①研发设计。特斯拉历年研发强度基本在 10% 以上,拥有不少黑科技,如图 9.2 所示。特斯拉近几年的研发投入远高于传统汽车巨头。美国专利分析公司 Relecura 数据显示,截至 2018 年特斯拉共计专利/专利族 408 件,主要集中在三电

领域,如图 9.3 所示,高镍电芯和高精度电池管理系统的组合、开关磁阻电机和碳化硅功率半导体的首次应用,既提升续航里程、又降低整车电耗。在智能化和自动驾驶领域,特斯拉自研车载操作系统和自动驾驶芯片,在整车 OTA 与 L2 自动驾驶的用户体验上超过大多数竞争对手。

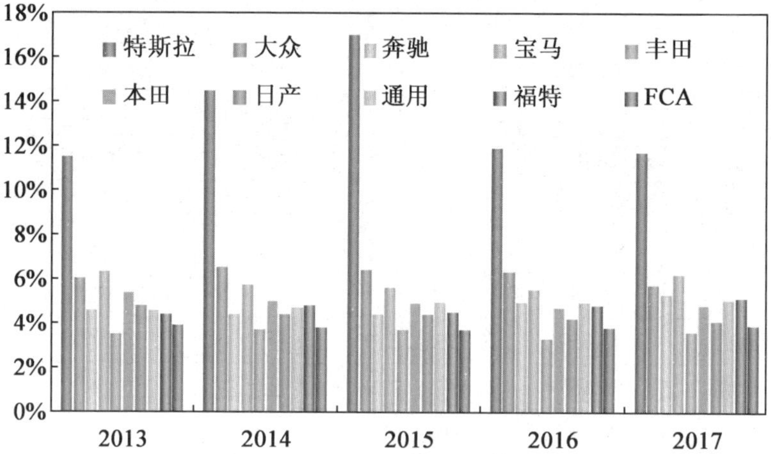

图 9.2　特斯拉与主要车企研发强度对比

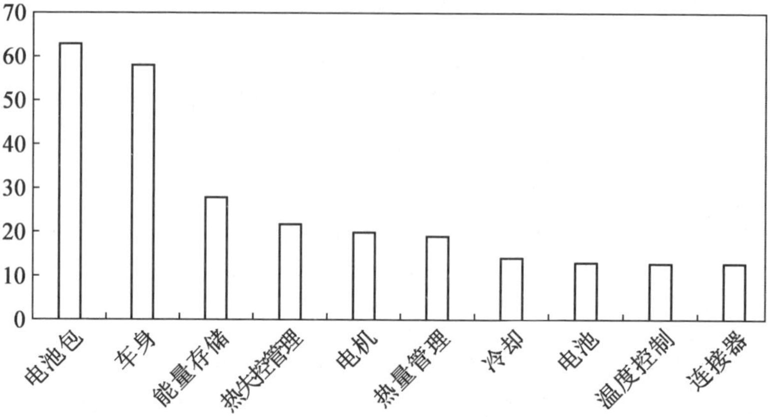

图 9.3　特斯拉主要专利分布情况

②生产制造。特斯拉奉行高度垂直整合的生产模式,在电芯、电机等核心零部件上基本采用“自主设计+代工或者合资”的形式,牢牢把握供应链主导权,通过规模效应不断降低成本。

③产品矩阵。Model S/X 定位于高端轿跑/SUV,Model 3/Y 定位于中高端轿车/SUV。少而精、平台化的车型矩阵带有苹果式的极简主义风格,也让特斯拉能够更加聚焦精力打造爆款,从而摊薄单车型的研发生产成本。

④企业运营。特斯拉不靠广告,但 CEO 马斯克凭借成功塑造的“硅谷钢铁

侠"人设和 Twitter 互动,为特斯拉带来超高流量和媒体曝光度。"2018 年 BrandZ 全球品牌价值 100 强"榜单显示,特斯拉品牌价值达到 94 亿美元,超越保时捷等老牌豪车品牌。同时,特斯拉采用了直营模式而非传统经销体系,利用"软件 + OTA"的方式为用户提供车辆全生命周期的售后服务,进一步改善用户体验。

(3)特斯拉的未来前途光明,但也道路曲折。

随着垂直整合程度的加深,特斯拉正不断开拓业务边界,但也面临产能、产品安全与质量、现金流等方面的问题与争议。特斯拉未来所面临的竞争对手不仅仅是大众、丰田等传统 OEM,更有谷歌、英伟达、Uber 等高科技企业,还有石油巨头、氢能源技术、中国传统与新造车势力。全球新能源汽车市场格局仍存变数。

①特斯拉将成为一家全球化车企。Model 3 在美国市场已经成为现象级产品,正凭借上海自建的超级工厂和低价政策成功抢占中国市场,并着手推进 Model Y 以满足 SUV 用户的需求。特斯拉还推出了电动卡车 Tesla Semi、电动皮卡 Cybertruck。我们预测,2030 年全球电动汽车销量将达到 3 500 万辆,特斯拉年销量达到 300 万辆,海外市场营收占比将超过 50%。

②特斯拉在电动化领域的优势可能被逐步缩小,其核心竞争力在于智能化、无人驾驶技术、数据和品牌。从智能手机发展史来看,外观和供应链都极易被模仿借鉴,但苹果的核心在于自研 A 系列芯片、iOS 系统,并打造应用生态和高端品牌。特斯拉通过自研自动驾驶芯片和人工智能算法,并配合数量最大的车队不断提供用于深度学习的真实路况数据,它将拥有比竞争对手更高的算法迭代效率。

③长期来看,汽车服务和能源服务将成为特斯拉新的增长点。特斯拉已经建立了全球范围的直营店和充电网络,通过 OTA 不断向用户推送新的软件与功能,特斯拉正持续构建"线上 + 线下、汽车 + 能源"的服务闭环。全自动驾驶技术成熟以后,特斯拉还将自建车队提供出租车服务。

2. 欧洲车企体系成熟、底蕴深厚,期望实现快速转型

欧洲是汽车的发源地,也是领航者。对于汽车产业的发展有着共同的理念和追求,近年来已经在电动化转型方面达成了共识。从政策上,前期投入了巨大的资金支持企业研发和基础设施建设,2019 年欧盟又发布史上最严碳排放法规;从市场看,全球新能源汽车从 2015 年 51.8 万辆到 2019 年 221 万辆,累计销量增长超过 4 倍。双重驱动之下,欧洲企业电动化转型之路走得扎实稳健。

以"大众集团"为例,电动化转型分为尝试、确认、加速三个阶段。

(1)第一阶段(2013—2015 年):尝试。只在低端品牌上推出纯电动款 e - UP、e - golf 车型,续航里程不足 150 km。

(2)第二阶段(2016—2017 年):确认。2015 年 9 月大众"柴油门"事件爆发,全球涉事车辆约 1 100 万辆、支付赔偿高达 162 亿欧元。2016 年股东大会上,新任 CEO 穆勒宣布"核心业务转型和新的移动解决方案"将是大众未来的主要发展方向。此后，大众发布“Together－Strategy 2025”和“Roadmap E”等战略规划，确定集团层面进行电动化转型。

(3)第三阶段(2018—至今)：加速。大众接连发布“Electric for All”“2020—2024投资规划”等战略，不仅开发了专为电动汽车设计的MEB平台，而且宣布到2029年纯电动汽车累计销量提升至2 600万辆。

大众集团转型以“电动化、数字化和智能化”为核心、平台化为基础，优先投入资源攻坚底层通用技术、把握供应链主动权，融合全球化和本土化思维攻占重点市场，通过规模化降成本，在研发、生产和市场战略上均具有循序渐进、层层深入的特点。

①技术方面：电池采用外购、合资、自建工厂三步走策略，自研MEB电动汽车平台和软件系统。

②生产方面：以德国和中国的MEB工厂为先锋，到2022年底，将在全球建设8个基于MEB平台的纯电动汽车生产基地，其中德国4个、中国2个。

③产品方面：因地制宜、从低端到高端推出纯电动汽车型(表9.6)，欧洲、中国、美国分别以紧凑型、SUV、厢型车打头阵。

④配套方面：针对高速公路、工作场所、公共场所和家庭住宅四种场景，大众分别联合E.ON、Ionity、Schwarz、Elli建设全场景充电体系，进行充电配套布局。另外，大众宣布针对ID家族纯电动汽车与德国所有的经销商达成了新的销售协议，即拓展直销、线上线下无缝衔接，经销商成为其销售顾问。

表9.6 大众集团新能源乘用车分品牌产品布局

企业品牌	首款纯电车型	上市时间	首款纯电平台	该平台首款纯电车型	该车型上市时间	该品牌未来纯电车型规划
大众	e－UP	2013.03	MEB	ID.3	2020年夏	ID.3(轿车，2020年) ID.Crozz(SUV，2020) ID.Buzz(小巴士，未披露) ID.Vizzion(豪华车，2022) ID.Roomzz(SUV，2021) D.Buggy(沙滩车，未披露)
斯柯达	E－Citigo	2019.11	MEB	VISION iV	2020年底	至2025年推出10款新能源汽车，其中6款是纯电动
西雅特	Mii	2019.09	MEB	el－born	2020年夏	第二个推出MEB车型品牌

续表 9.6

企业品牌	首款纯电车型	上市时间	首款纯电平台	该平台首款纯电车型	该车型上市时间	该品牌未来纯电车型规划
奥迪	e－tron	2018.09	MEB PPE	MEB：e－tron PPE：未披露	2020 年底	2025 年底推出 30 款新能源汽车，其中 20 款纯电动；A 级车用 MEB，SUV 用 MLB
保时捷	Taycan	2019.09	PPE	未披露	2021 年后	第二款电动汽车 Mission E Cross Turismo 加速生产
兰博基尼			PPE			2022 年之前，没有纯电车型推出
宾利			SPE			2021 年基于添越车型推出插电混动牌
布加迪			SPE			2024 年完成首款电动汽车 Chiron

注：数据来源于大众官网。

大众集团转型的核心优势在于体系成熟、底蕴深厚、规模庞大，其转型将对新能源汽车市场和供应链格局产生持续而深远的影响。这也是欧洲其他几大汽车巨头的共同特征，他们的管理和运营体系经过历史洗礼已经非常成熟，未来会以欧洲为突破点，稳步提升全球新能源汽车的市场份额。

3. 中国车企起步早、分化大，部分已具备全球竞争力

中国早已把发展电动汽车上升为国家战略，政策体系健全、扶持力度大，车企电动化转型最早。2009—2019 年，这十年间各企业对于政策把握和市场的判断不同，在电动化方面取得的成绩也有很大区别，部分企业的核心技术积累和产品布局已经比较完善，具有全球竞争的能力，例如比亚迪、上汽等；主要大型企业整车产品较全，但是不掌握核心技术和关键总成，与欧美企业相比后劲不足。多数中小企业转型较慢、自身投入小，依然等待国外企业的关键技术和零部件供应，将走上传统车的老路；对电动化最激进的就是造车新势力，它们起点高、投入大，但由于自身造血能力不足、车型量化慢，在不确定的经济大环境下融资压力大，最后能成功突围的预计不超过五家。

图 9.4 为 2019 年中国主要新能源汽车销量从整车销量，由此图可以看出以下几点：

(1)大型国企是新能源汽车的主力军。上汽、北汽、奇瑞、广汽、江淮等不但拥有完成的产品线,市场销量也占据主流。

(2)比亚迪、吉利、长城等民企闯出一片天地。尤其是比亚迪,不但国内销量领先,而且已经具备了全球竞争的能力,成为中国车企电动化转型成功的样板。

(3)中小企业和商用车企业在补贴退坡的背景下,电动汽车销量遭遇断崖式下跌,比如之前看似成功的客车企业。因此,在未来的电动汽车时代,头部效应和兼并重组将加速推进,多数不具备转型能力的整车企业将沦为代工厂或退出汽车产业的竞争。

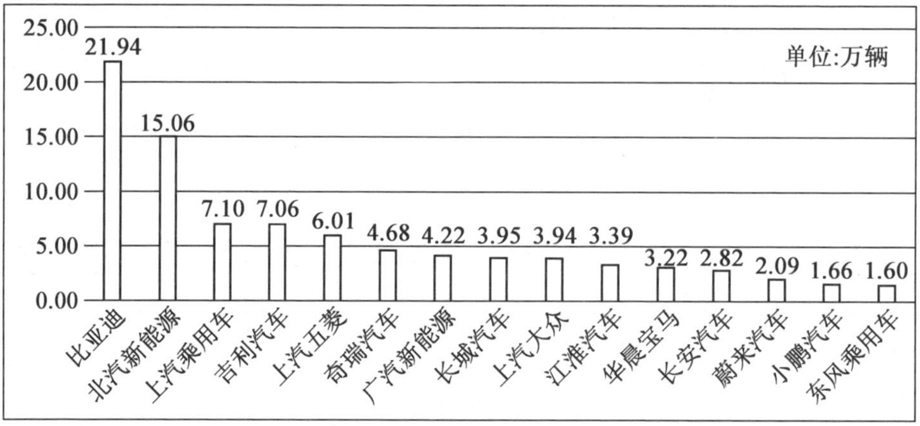

图 9.4　2019 年中国主要新能源汽车销量

表 9.7 为近几年全球主要动力电池企业装机量统计。从动力电池企业看,以宁德时代为代表的电池企业已经占据了全球领先的市场地位(率先实现 NCM811 方形电芯的量产),2019 年中国电池企业装机量约占 60% 以上;在技术上和日本(松下在全球最先实现 NCA18650 + 硅碳负极圆柱电池量产)、韩国(LG 化学最先掌握层压叠片式软包电池)形成了三足鼎立的局面。未来在技术、产能、客户等方面拥有卡位优势的企业将巩固全球一线地位,例如具有全球竞争力的宁德时代、松下、LG 化学、三星 SDI 等巨头。对于行业二线电池企业来说,车企出于供应链安全的考虑往往会扶持二供、三供,这可能给部分具有技术、成本等差异化优势的二线企业带来机会,总体格局仍存在变数。

表 9.7 近几年全球主要动力电池企业装机量统计

企业	2017 年	企业	2018 年	企业	2017 年	企业	2016 年	企业	2015 年
宁德时代	32.5	宁德时代	23.4	宁德时代	12	宁德时代	6.8	比亚迪	3.69
松下电池	28.1	松下电池	21.3	松下电池	10	松下电池	7.2	宁德时代	2.43
LG 化学	12.3	LG 化学	7.5	LG 化学	4.5	LG 化学	2.5	沃特码	1.37
比亚迪	11.1	比亚迪	11.8	比亚迪	7.2	比亚迪	7.1	国轩高科	1.08
三星 SDI	4.2	三星 SDI	3.5	三星 SDI	2.8	三星 SDI	1.1	哈光宇	0.6
远景 AESC	3.9	远景 AESC	3.7	沃特码	5.5	沃特码	3.2	力神	0.82
国轩高科	3.2	国轩高科	3.2	国轩高科	3.2	国轩高科	2.4	微宏动力	0.636
PEVE	2.2	PEVE	1.9	北京国能	1.9	力神	1.8	北京国能	0.4
力神	1.9	力神	3	比克	1.6	比克	1.3	中航锂电	0.382
SK Inoovation	1.9	SK Inoovation	0.8	孚能科技	1.3	中航锂电	0.7	五龙电动汽车	0.477

注：数据来源于 SNE Research、EV Obsession、GGII 等。

从驱动电动机企业装机量看，依托于国内迅速发展的电动汽车市场，主要车用电机企业实现了盈利和快速发展，尤其是比亚迪已经掌握了“三电”核心技术并形成了良好的内部循环，近几年中国主要车用电机企业装机量统计见表 9.8。其中，永磁电动机占据 70% 以上，被普遍看好。目前，头部电机企业的技术比较成熟，已具备与国际供应商抗衡的能力。而很多中小电机企业在集成化、永磁高效化、数字智能化等方面存在巨大的差距，面对整车企业传导的竞争压力（降价要求）、铜铁等原材料的上涨以及行业本身的激烈竞争，将会出现大批亏损企业甚至倒闭潮，未来也将出现“强者恒强”的头部效应。

表 9.8 近几年中国主要车用电机企业装机量统计

企业	2019 年 H1	企业	2018 年	企业	2017 年	企业	2016 年
比亚迪	16.37	比亚迪	32.17	比亚迪	13.86	比亚迪	14.02
精进电机	6.14	大洋电机	14.7	北汽新能源	10.18	北汽新能源	5.18
北汽新能源	5.29	安徽巨一	10.25	上海电驱动	4.29	宇通客车	2.69
华域汽车	3.06	精进电动	8.66	精进电动	4.07	上海电驱动	2.27
方正电机	2.79	联合电子	7.67	江铃新能源	3.97	联合电子	2.02
上海电驱动	2.61	合普动力	6.9	联合电子	3.25	安徽巨一	1.84
奇瑞新能源	2.53	大地和电气	7.1	安徽巨一	2.71	江铃新能源	1.74
长安	2.14	华域汽车	6.84	宇通客车	2.56	山东德洋电子	1.72
安徽巨一	2.08	英博尔	5.3	方正电机	2.3	精进电动	1.71
博格华纳	2.05	方正电机	3.77	山东德洋电子	2.28	众泰汽车	1.53

注：数据来自工信部、中汽协、盖世汽车、GGII 等。

4.“新势力”造车路在脚下，能造血才能成长壮大

谁是造车新势力？怎样才算造车新势力？行业并没有权威、统一的答案。原中国汽车工业协会常务副会长兼秘书长董扬认为，应该是三个“新”：重点应用电动、智能、网联等新技术；注重用户驾乘新体验；有别于传统造车企业的自我积累，更多依赖资本市场的“新”资本募集方法。这个定义具有较大的社会共识和准确性。

中国新能源汽车市场曾被认为是万亿级的“大蛋糕”，吸引了各路资金的关注，造车新势力一度达到几百家。2018 年之后，随着补贴的退坡和经济形势的不确定，尽早推出车型的头部企业才能获得融资和资金回流，大浪淘沙之下大部分企业由于得不到“输血”而不得不退出，行业分化日趋明显。

(1)头部企业已批量交付，至暗时刻已经过去。

图 9.5 为 2018—2019 年中国主要造车新势力交付量(交强险)，从这两年实际交付数量来看，蔚来、小鹏、威马、哪吒四家已站稳。其中，蔚来定位于中高端市场，ES8 和 ES6 两款插电式 SUV 已打开局面，2018 年仅 ES6 单款销量达到 11 404 辆，其产品性能和质量得到用户认可。

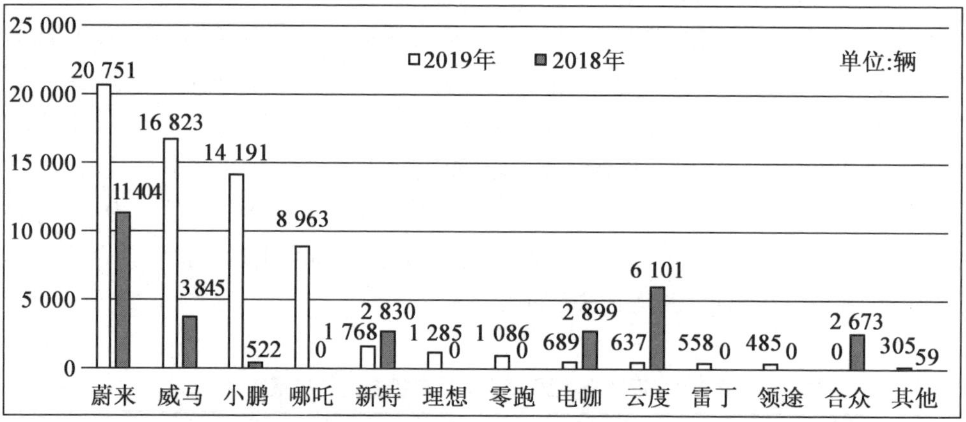

图 9.5 2018—2019 年中国主要造车新势力交付量(交强险)

(2)二线车企前途未卜，多数企业“创业”失败。

合众、电咖、云度等部分企业也有车型交付但是不够稳定，仅仅依靠外部输血很难存活，被传统车企或有志于跨界造车的巨头合并成了较好的归宿。而更多没有产品交付的车企，其承诺的车型可能要永远“停留在 PPT”上了，面对不确定的国际经济形势，很多企业或投行更加谨慎、纷纷收紧“钱袋子”，让没有造血功能的新势力车企面临生存危机，倒闭潮不可避免。

(3)恒大汽车极力打造自己的全球供应链。

恒大汽车是“跨界造车”的典型，也是被行业认为最可能成功的一个。由于地产行业在宏观调控下发展降速，很多企业开始转型或发展多元化经营之路。恒大瞄准了新能源汽车这片蓝海。2019 年 11 月 12 日,许家印宣布三年斥资 450 亿元,打造自己的“恒驰汽车”,实现换道超车。所谓“换道超车”就是“买、合、圈、大、好”,利用前期积累的雄厚资金全球购买、参股、合资合作等打造新能源汽车产业链,快速推出车型和量产。随后,许家印多次赴欧美、日造访顶级造型设计大师,并宣布与多家顶级零部件企业达成战略合作。

2020 年 8 月 3 日,恒大集团在上海、广州一口气发布了恒驰六款车,覆盖 A 到 D 所有级别及轿车、SUV、MPV 乘用车车型(图 9.6)。并且宣布还有八款车处于同步研发状态。根据恒大的规划,其每个基地的首期产能为 10 万辆/年,2 ~ 3 年的规划产能为 100 万辆/年,10 ~ 15 年的规划总产能为 500 万辆/年,这对其他新能源造车企业,包括特斯拉,形成了碾压态势,也完全改变了全球汽车产业的格局。

图 9.6　恒驰汽车 6 款新车同时首发

(4)矩阵汽车聚焦城市物流,打造独特的发展生态。

2019 年起,多数造车新势力遭遇融资难、量产难,因无法找到自己的“造血”模式而面临着被淘汰出局的困境。2020 年 3 月,矩阵汽车科技有限公司成立,探索出了一条新的发展道路。它深度融合互联网思维,以数据为核心驱动力,团队主要成员来自汽车设计行业及阿里巴巴、新浪等互联网公司,力图创建全新的商业模式。

在商业布局层面,矩阵汽车选择以城市生活服务车辆和装备细分市场为切入点,采用“矩阵互联网城市服务商城”的新型营销模式。矩阵商城是以生产物资为核心要素的服务平台,线上部分以阿里云为依托搭建,具有安全、稳定、便捷的特点;线下部分涵盖全国的体验展示店,包含从快递物流汽车、智能城市专用车到城市服务人员日用装备的全品类商品展示、体验和销售服务。另外,商城也是智慧城市的重要数据来源,通过大数据采集分析,可为管理部门优化城市服务体系、降低城市管理成本提供有力的支持。

在产品研发层面,依托于之前成立的上海豪骋科技有限公司。该子公司在整车集成化、轻量化、整车电控、动力电池、驱动系统方面积累了丰富的研发经验，已获得专利技术30余项及多项软件著作权。公司规划一大可变系统五大平台，未来五年内陆续上市40余款车型。首款量产车“1.5 t智能新能源物流车”专为解决城市物流“最后一公里”而研发设计，后续将结合城市物流及城市出行特点，进行多款商用车和乘用车的拓展开发。

在智能制造方面，依托于之前成立的山东豪驰智能汽车有限公司。山东豪驰作为国内第一家以“智能可变车身+智能驾驶技术平台”结合的生产基地，试图对汽车产业的发展带来彻底的生态改变。公司位于山东莱芜，是山东省唯一的一家新建商用车项目。旗下品牌“橙仕”专为快递配送打造，品牌“矩阵魔方”服务于市政专用车市场，车辆配备基于5G技术的感知系统，为智能交通、智能物流、智慧城市提供源源不断的数据支持。

矩阵汽车已经打通了智能汽车研发、生产、销售的整条产业链，并通过矩阵互联网商城的理念落地，打造了自己的“造血”生态和发展模式。

9.1.4 新能源汽车的基础设施

1. 三电配套

电池、电机、电控是新能源汽车核心技术，日本车企的配套技术最齐全，中国电控IGBT严重依赖进口，欧美缺乏动力电池企业。

(1)电池方面。据SNE Research披露，2018年全球TOP 5企业动力电池装机量，CATL、松下、比亚迪、LG化学、AESC分别为21.3 GW·h、20.7 GW·h、11.6 GW·h、7.4 GW·h、3.7 GW·h；其中，中国、日本和韩国分别占比49.2%、21.4%和10.7%，合计81.3%。

(2)电机方面。据前瞻产业研究院披露，2018年全球新能源汽车电机市场，美国、日本和德国分别占比34%、16%和13%，中国车用电机基本实现国产替代。

(3)电控IGBT。据英飞凌年报披露，2018年全球IGBT领域，英飞凌、三菱、富士电机、安森美和赛美控分别占比28.6%、15.2%、9.7%、7.2%和5.7%；按国籍分，德国34.3%、日本24.9%、美国7.2%，我国IGBT进口依存度约为90%。

2. 充电桩

中、日、欧洲国家的“车桩比”较接近，美国偏低。

截至2019年11月，据中汽协、中国充电联盟统计，中国新能源汽车、公共充电桩保有量分别为385.5万辆、49.6万个，车桩比为7.77:1；据ACEA、欧盟替代燃料瞭望台统计，欧盟新能源汽车、公共充电桩保有量分别为135.0万辆、17.3万个，车桩比为7.78:1；据Markline、美国可替代燃料数据中心统计，美国新能源汽车、公共充电桩保有量分别为141.2万辆、7.5万个，车桩比为18.88:1。截至2018年12月，据日本经济产业省披露，日本新能源汽车保有量为23.6万辆，充电桩保有量为3.8万个,车桩比为6.15:1。

9.2 智能化成为竞争焦点

9.2.1 智能驾驶发展概述

“智能驾驶”指的是利用先进的车载传感器、控制器、执行器、雷达等装置,融合人工智能、计算机视觉、现代通信与网络技术,使车与车、路、人、云等道路交通参与者进行智能信息交换、共享,使汽车具备复杂环境感知、智能决策、自主控制等功能,最终实现以更安全、更高效、更舒适、更节能的形式替代人类操控机动车辆的新一代信息技术。

智能驾驶本质上涉及注意力吸引和注意力分散的认知工程学,主要包括网络导航、自主驾驶和人工干预三个环节,是汽车产业与人工智能、物联网、高性能计算等新一代信息技术深度融合的产物。根据国际自动机工程师学会(SAE International)制定的自动驾驶分级标准,将智能驾驶技术分为L0~L5六个等级,见表9.9。

表9.9 智能驾驶技术等级

等级	定义
L0	无自动驾驶:即便有主动安全系统的辅助,仍由驾驶员执行全部驾驶任务
L1	驾驶辅助:在适用的设计范围下,自动驾驶系统可持续执行横向或纵向的车辆运动控制的某一子任务(不可同时执行),由驾驶员执行其他的动态驾驶任务
L2	部分自动驾驶:在适用的设计范围下,自动驾驶系统可持续执行横向或纵向的车辆运动控制任务,驾驶员负责执行OEDR任务并监督自动驾驶系统
L3	有条件自动驾驶:在适用的设计范围下,自动驾驶系统可以持续执行完整的动态驾驶任务,用户需要在系统失效时接受系统的干预请求,及时做出响应
L4	高度自动驾驶:在适用的设计范围下,自动驾驶系统可以自动执行完整的动态驾驶任务和动态驾驶任务支援,用户无须对系统请求做出回应
L5	完全自动驾驶:自动驾驶系统能在所有道路环境执行完整的动态驾驶任务和动态驾驶任务支援,驾驶员无须介入

当前,随着新一代信息技术、人工智能等技术的飞速进展,全球汽车产业也正处于深度变革期,智能化、网联化成为汽车产业新的战略制高点,国内外传统车企、新造车公司、大型IT企业纷纷加紧布局智能驾驶领域。

国外,智能汽车研究可以追溯到20世纪70年代。90年代以后,相关技术的研究进入到白热化阶段。除宝马、奔驰、沃尔沃、通用等老牌传统汽车巨头纷纷发力之外,英伟达、英特尔、谷歌、Mobileye 等信息科技公司也大力投入且成果显著。例如,英伟达推出了一款运算性能可达到 30TOPS(万亿次运算/s)自动驾驶处理器 Xavier;英特尔打造了一系列通信和计算平台;2009 年,谷歌开始推进无人驾驶汽车 Waymo 项目;2019 年,Mobileye 打造的自动驾驶系统实现量产。从产业链环节出发,美国和欧洲国家已基本打通"整车制造 + 汽车电子 + 计算芯片 + 人工智能(AI) + 应用场景"的全产业链条,形成了克莱斯勒 - 谷歌 Waymo、戴姆勒 - 博世 - 英伟达,以及宝马 - 德尔福 - 英特尔 - Mobileye 等产业阵营。

我国的汽车产业与国外相比,仍有较大差距,尤其是核心技术方面。但是在大数据、云计算、物联网等新技术领域,已经走在世界的前列。一方面,传统车企都制订了自己的智能网联汽车发展规划,如上汽、一汽、东风、长安、吉利、长城等;另一方面,互联网企业更是激进,纷纷投入巨资、争相踏入智能驾驶产业,如百度、阿里、华为等企业,它们凭借在芯片、算法、计算平台等核心技术领域的优势,取得了诸多可喜的成果;再者,造车新势力——蔚来汽车、小鹏汽车、奇点汽车等车企起点很高,一开始就瞄准"新四化",大力开发智能驾驶产品。例如,蔚来发布 NIOPilot 自动辅助驾驶系统,小鹏汽车研发出更适合中国路况的自动辅助驾驶方案,奇点汽车联合英伟达,推出计算能力强大、扩展方式更加灵活的智能驾驶平台。

9.2.2 智能驾驶关键技术

智能驾驶技术发展路线主要分为自主式与网联式两种。

自主式智能驾驶即为我们通常所说的"无人驾驶",这种技术路线基于车载传感器、控制器、执行器、雷达等硬件装置,以深度学习、机器学习等人工智能技术为核心,使汽车具备复杂环境感知、智能决策、自主控制等功能;网联式智能驾驶即为我们通常所说的"车联网技术"(Vehicle to everything,V2X),包括其他车辆、行人、道路设施等,使汽车拥有更大范围的感知能力,发现潜在风险,优化路径规划。车与云平台互联并及时更新车内系统,为驾驶员与乘客提供信息娱乐服务。车联网的成熟,理论上将降低对传感器和算法的性能需求,也便于生活服务供应商进入汽车,丰富商业场景。

目前,部分汽车已具备了初级网联化技术,实现了汽车与云端互联,通过空中下载技术(OTA)升级,汽车可自动及时地更新系统和辅助信息,并将用户的操作数据上传至云端。但更高级别的网联协同感知、决策和控制,以实现 V2X 的信息互联,涉及基础设施改建、车载网络升级(即车载以太网代替 CAN 总线结构)和通信技术标准的出台,目前尚处研发布局阶段。

智能驾驶技术体系从架构上可分为线控车辆平台、硬件开发平台、软件开发平台以及云端服务平台四个模块。

(1)线控车辆平台是实现智能驾驶的底层支撑技术,可实现线控转向、线控油门和线控制动等线控功能。

(2)硬件开发平台主要包括车载计算单元、GPS、人机交互硬件以及包括摄像头、激光雷达、毫米波雷达、超声波雷达在内的各类传感器。其中,传感器是智能驾驶技术所需的核心感知器件,包括定位传感器、雷达传感器、听觉传感器、视觉传感器以及姿态传感器五类。不同传感器收集各类道路交通信息,经过后续算法提取、处理与融合,形成完整的周边环境图,为系统决策提供基础依据。

(3)软件开发平台主要包括实时操作系统、开发框架、高精定位、感知、决策等关键环节。实时操作系统是汽车电子软件的重要组成部分,可以实现分层化、平台化和模块化,提高开发效率的同时降低开发成本。

(4)云服务平台主要包括高精地图、数据平台、仿真平台等环节。高精地图是实现无人驾驶汽车高精度定位、路径导航、路径规划的基础。仿真平台通过海量实际路况及自动驾驶场景数据,促进自动驾驶系统的开发快速迭代进行。数据平台包括传感器数据、车辆行驶数据等。

9.2.3 智能驾驶典型车辆

2014 年 Code Conference 科技大会上,谷歌推出自己的新产品——无人驾驶汽车(图 9.7)。与传统汽车相比,谷歌无人驾驶汽车行驶时不需要人来操控,方向盘、油门、刹车等传统汽车必不可少的配件不再出现,取而代之的是各型传感器、雷达、计算处理器。此次谷歌无人驾驶汽车功能还很初级,其最终目的尽可能地适应不同的使用场景,只要按一下按钮,就能把用户送到目的地。

图 9.7 谷歌初代无人驾驶汽车

2016 年,谷歌自动驾驶汽车项目成立了独立的新公司 Waymo,依靠自身强大的视觉系统和高精定位优势,在无人驾驶研发领域处于技术领先地位,并且 Waymo 已经开始与其他公司积极合作,逐步扩大其无人驾驶汽车的应用场景。

另一家具有代表性的无人驾驶汽车是美国特斯拉,它并没有像谷歌那样采用计算机实现完全自动驾驶,而是通过无人驾驶帮助司机提高驾驶体验。2016 年,特斯拉对外宣称其今后生产的所有车型都将搭载智能驾驶模块。Model X 安装了 8 个摄像机感应器,能够达到 360°视角和 250 m 的可视范围(图 9.8)。该车还包括升级后的 12 个超声感应器,能够检测汽车周围各类物件,探测范围要比之前的无人驾驶汽车高出两倍。前置的雷达能使汽车在暴雨、大雾、沙尘等恶劣环境中前行。2018 年,特斯拉将自动驾驶系统 Autopilot 升级到 9.0 版本,从此实现了完全自动驾驶。

法国 INRIA 公司花费十年心血研制出“赛卡博”(Cycab)无人驾驶汽车,通过触摸屏设定路线即可到达目的地(图 9.9)。该车搭载的全球定位系统要比普通的全球定位系统功能强大许多,普通 GPS 系统的精度只能达到几米(民用级),而“赛卡博”却装备了名为“实时运动 GPS”的特殊系统,其精度高达 1 cm(军用级)。该车搭载了激光传感器、双镜目摄像头,能够避开前进道路上的障碍物、按照路标行驶。我们可以通过手机控制驾驶,车辆之间能够做到信息共享,这样多辆无人驾驶汽车能够组成车队,以很小的间隔顺序行驶。该车也能通过交通网络获取实时交通信息、防止交通阻塞,还会自动发出警告、提醒过往行人注意。

图 9.8　特斯拉 ModelX

图 9.9　Cycab 无人驾驶汽车

德国汉堡的 Ibeo 公司应用先进的激光传感技术也开发出了无人驾驶汽车(图9.10)。他们在车身上安装了 6 台名为“路克斯”(LUX)的激光传感器,车内安装了激光摄像机、全球定位仪和智能计算机。全球定位仪可随时获取汽车所在的准确方位,激光摄像机随时探测汽车周围 180 m 内的道路状况、识别各种交通标志,并通过全球定位仪、路面导航系统构建三维道路模型;后备厢内的计算机将汇总、分析两组数据,并根据结果向汽车传达相应的行驶命令。如果前方突然出现汽车或有行人进入车道,该车便会自动刹车。如果路面畅通无阻,该车会选择加速。此外,该车也能自行绕过停靠的其他车辆或障碍物。

20 世纪 80 年代,我国开始进行无人驾驶汽车的研究。2011 年 7 月,由国防科技大学自主研制的红旗 HQ3 无人车(图 9.11),首次完成了从长沙到武汉 286 km的高速全程无人驾驶实验,共完成自主超车 67 次,部分路段遇到大雾、降雨等恶劣气象条件,创造了中国自主研制的无人驾驶汽车在一般交通状况下自主驾驶的新纪录,标志着中国无人驾驶汽车在环境识别、智能行为决策和控制等方面实现了新的技术突破。

图 9.10　Ibeo 公司无人驾驶汽车

图 9.11　红旗 HQ3 无人车

2019 年博鳌亚洲论坛年会上，一汽携红旗 H7(PHEV)、红旗 HS3(EV)及红旗智能小巴三款车型参与示范演示，“新能源与智能驾驶”融合的趋势更加明显。其中，红旗智能小巴(图 9.12)作为一款 L4 级自动驾驶旅游观光车，采用多传感融合、高精准定位、V2X 协同传感技术，具有多重感知和制动系统，有效保证车辆在驾驶中也不会受到恶劣天气及网络通信信号的影响。智能小巴取消了驾驶舱，并采用环抱式的座椅，使空间最大化。顶部高山绵绵的氛围灯设计，将中式美学与科技感完美结合。该车还搭载了一款人工智能语音机器人“旗宝”，可与乘客进行语音交互，并为乘客提供车况、新闻、天气等涉及几十个领域的服务。同时，它还拥有人脸识别及拨打网络电话等功能。融合了红旗智能自动驾驶、语音交互、智能机器人、全新制动系统等创新技术的红旗“N 度空间”智能小巴，全面覆盖 5G 网络，小巴之间可实现车车充电、共享信息、空间共享及与其他车辆、建筑的互联。

图 9.12　红旗智能小巴

9.3 网联化拓展应用场景

9.3.1 汽车控制与诊断技术

汽车电子控制是机电一体化技术在汽车上的应用,理论基础是系统论,核心是微控器。新能源汽车促进了各种新技术、新产业的发展,尤其是电控和诊断技术。我们不但要利用计算机精确控制新能源汽车的安全运行,还要建立能量管理系统、电机控制系统、电动助力转向系统等关键核心技术。

能量管理系统(EMS)由数据采集电路收集电池状态信息,并向电控单元(ECU)传输收集到的信息,完成解析数据及运行处理工作并获取行动指令,最后由功能模块完成指令接收工作。通过能量管理系统,我们可以对电池的状态进行有效的管理,使其达到一个最佳的荷电状态;还可以采集每一次系统的运行数据,并根据相关的信息监控诊断系统的运行状态,从而更好地对其充电方式进行调控,对剩余电量进行显示。能量管理系统在预测汽车剩余的行驶里程的同时,还能对车内温度和车灯亮度进行调节,对车辆放电和充电的状态进行实时播报,对电池进行系统的维护,从而更好地保障新能源汽车的正常运行。

电机驱动系统较为复杂,由多种控制器组成且需要相互协调才能使各项功能得到实现。目前,车用电机有三种:永磁同步电机、感应电机及开关磁阻电机。其中,永磁同步电机控制器使用的是电枢电压控制法和励磁控制法,感应电机控制器使用的是转差频率控制、直接转矩控制、V/F 控制以及矢量控制,开关磁阻电动机控制器使用的是电流斩波控制、角度位置控制以及电压控制。

电动助力转向系统主要由五部分组成:电机、电控单元、离合器、传感器以及机械减速机构。工作时,电控单元对方向盘的转动角度、实时速度等进行检测,从而对电机的工作状态进行调整,辅助系统开始工作,经过减速器与离合器的综合作用,转向系统接收到辅助系统给出的辅助动力,由此实现了助力转向的控制。要提高该系统的稳定性,需加强模糊控制、人工智能控制等控制策略的合理应用。为提高驾驶体验,应当进一步优化控制策略、确保汽车各系统协调运行,实现对驾驶状态的安全、准确控制。

汽车诊断技术是指在不解体或仅卸下个别小件的条件下,为确定汽车技术状况或查明故障部位、原因所进行的检查、分析、判断工作,为汽车继续运行或维修提供依据。汽车诊断技术发展历程大体可分为四个阶段。

(1)人工经验诊断——20 世纪 50 年代以前,汽车结构相对简单、电器设备较少,依靠人工经验就能完成故障的诊断工作。目前,该方法对某些复杂故障的诊断仍然十分有效。

(2)简单仪器诊断——20 世纪 50—70 年代,随着汽车结构的日趋复杂、电气设备的增多。因此,在汽车故障诊断的过程中逐步开始使用像压力表、万用表、示波器等简单的仪器设备进行检测以确定其技术状态。

(3)精密检测诊断——20 世纪 80—90 年代初,汽车电子化程度越来越高,动态随机故障以及控制系统功能性故障日益增多。以计算机技术为核心的各种精密检测手段被广泛应用,使车辆状态的检测水平、准确程度和故障诊断的准确率都有了很大提高。

(4)人工智能诊断——20 世纪 90 年代开始,汽车电子装备日趋增多,不同车型及控制技术不尽相同,计算机智能化的提高,以人工智能理论与技术为核心的汽车故障诊断专家系统逐渐发展为时代主流。

一般说,专家系统是模拟专家思维过程来完成某项困难任务的,所以没有专家的专家系统是不存在的。根据汽车诊断专家的知识,构造了汽车故障诊断专家系统。它大体上分为六大部分,即人机接口、知识库、数据库、推理机、解释系统和知识获取系统。专家系统的研究是人工智能应用研究领域的一个分支,其特点就是让初学者随时从计算机中调出专家们的知识,完成接近专家级别的故障诊断。专家系统模型有基于规则的诊断专家系统、基于实例的诊断专家系统、基于行为的诊断专家系统、基于模糊逻辑的诊断专家系统和基于人工神经网络的诊断专家系统,各有优缺点但趋势都是智能化发展。

9.3.2 车载终端与信息服务

车联网是以车内网、际网和车载移动互联网为基础,按照约定的通信协议和数据交互标准,在车辆与车辆、车辆与互联网之间进行无线通信和信息交换,以实现智能交通管理控制、智能化车辆控制和智能动态信息服务的一体化网络,是物联网技术在智能交通系统领域的延伸。

车联网最初应用是以“车载信息服务”的形式。车载信息控制单元内连电子控制系统,外连网络信息服务平台,实现车辆控制、车辆监控、ECU 软件更新等远程控制类业务。车载信息控制单元与车载信息娱乐系统集成,便构成了车载终端。为实现网联协同驾驶和协作式智能交通,车载终端还将引入 V2X 协同通信单元。在自动驾驶阶段,车载终端还将集成车载计算平台作为车载终端计算处理单元。汽车智能化、交通智能化、智慧城市的发展趋势,将使更多车辆信息陆续开放并通过高速总线上传到车载信息终端,使之成为车辆的大脑,车载网络成为车辆的神经系统,由此实现信息采集、传递、计算、反馈、控制的功能。未来的车载终端将能更好地为智能驾驶、安全驾驶、故障预警和维修等保驾护航。

车载信息服务起源可追溯到 20 世纪 90 年代,目前世界各大厂商均已有成熟的车载信息服务系统,欧美车载信息服务系统偏重导航和救援。日、韩系车载信息服务系统项目比较完善走在了行业前列;国内主要汽车厂商也正积极推进车载信息服务系统应用的发展。国内外主要汽车厂商车载信息服务系统开展情况见表9.7。

表9.7 各大汽车厂商车载信息服务系统

汽车生产商	服务名称	汽车生产商	服务名称
奔驰	COMAND	丰田	G - BOOK
宝马	iDrive	沃尔沃	Sensus
奥迪	MMI	上汽	inkaNet
通用	OnStar	海马	HM - Link
福特	SYNC	比亚迪	比亚迪云服务
凯迪拉克	CUE 系统	观致汽车	观致逸云平台

9.3.3 网联驾驶与智慧交通

智能网联汽车(IntelligentConnectedVehicle,ICV)是指搭载先进的车载传感器、控制器、执行器等装置并融合现代通信与网络技术,实现车与X(车、路、人、云端等)智能信息交换、共享,具备复杂环境感知、智能决策、协同控制等功能,可实现安全、高效、舒适、节能行驶,并最终可实现替代人来操作的新一代汽车。它本身具备自主环境感知能力,也是智能交通系统的核心组成部分。

智能网联汽车融合了自主驾驶与车联网,其技术架构较为复杂,涉及的关键技术包括环境感知技术、无线通信技术、智能互联技术、车载网络技术、先进驾驶辅助技术、信息融合技术、信息安全与隐私保护技术、人机界面技术(HMI)、高精度地图与定位技术、异构网络融合关键技术、交通大数据处理与分析关键技术、交通云计算与云存储关键技术等。

国内车企在这一领域持续投入,取得了很多技术成果。2018北京国际车展上,代表着红旗创新智能技术的"智能驾驶舱"首次亮相,将智能网联作为核心卖点,积极探索以"城市、居住、交通、汽车、出行、生态"为主线的"智能出行生态圈"。2019上海车展上,东风正式发布Sharing - VAN概念车(图9.13)。作为国内首台融合5G远程驾驶技术的L4级自动驾驶汽车,

图9.13 Sharing - VAN概念车

除主动避让功能之外,Sharing - Van 还具备一键招车、动态限速、环岛通行、自动泊车等 13 项功能。通过车与人实时互联定位及自动迎接技术,实现快捷方便的即时出行,构建智慧出行和智慧物流的新载体。

9.4 "新四化"打造汽车业未来

9.4.1 "新四化"成为发展潮流

全球新一轮科技革命和产业变革蓬勃发展,电动化、智能化、网联化、共享化的"新四化"在汽车产业逐渐变为潮流和趋势,汽车与能源、交通、信息通信等领域加速融合,创造了前所未有的发展机遇和生态。

车辆智能化可以避免一些驾驶员的失误导致的交通事故,还可以减少酒后驾驶、恶意驾驶等行为的危害,有效提高道路交通安全性。其次,可以通过卫星导航监控实时的路况、规划出最优的路线,路径规划与交通事故的减少降低了交通拥堵概率。另外,汽车通过智能化在加速、制动及变速等方面进行了优化,有助于提高燃油效率、减少温室气体排放,每年减少约 3 亿 t 温室气体排放。

车辆网联化使得车辆可以更了解周围环境并变得更加自动化,使车辆能够与道路基础设施进行通信,获取有关道路状况、事故、交通和当前天气的实时信息。这些数据有助于驾驶员更改路线,避免交通拥堵和可能发生的事故。车辆通过收集周围道路上的物体信息,包括路肩、减速带和其他车辆,从而更容易控制车辆和停车。车辆网联化使得驾驶员更具效率,也能帮助管理人员提高车辆管理效率。传感器收集大量数据显示给驾驶员或由车辆对情况进行自主响应,也可以将这些数据提供给汽车厂商进行分析和改进,进一步提升用户体验。

车辆共享化以高度成熟网联化、智能化为基础,减少了用车、养车、停车成本和人力成本,提高了汽车的使用率。基于智能互联和大数据的车辆共享化使得运力精确匹配到需求,交通拥堵问题得以缓解、行程更加顺畅。

9.4.2 全球一起规划未来蓝图

世界各国都将"新四化"及智能交通作为汽车产业发展的重要方向,并出台了一系列政策和规划来促进智能网联汽车及智能交通的发展。

美国注重从立法层面促进智能网联汽车发展。2015 年,美国交通运输部与 ITS 联合项目办公室共同提出"ITS 战略计划 2015—2019 年",从单纯的汽车网联化升级为汽车网联化与自动控制智能化的双重发展战略;2016 年,美国交通运输部发布《联邦自动驾驶汽车政策指南》,将自动驾驶的安全监管首次纳入联邦法律的框架内;2017 年,美国交通运输部发布《自动驾驶系统 2.0:安全展望》,鼓励各州重新评估现有的交通法律法规,为自动驾驶技术的测评和部署扫除了法律障碍;2018 年,美国交通运输部发布《自动驾驶汽车 3.0:准备迎接未来交通》,继续致力于推动自动驾驶技术与地面交通系统多种运输模式的安全融合。

欧洲注重对网联化、自动化汽车进行规划和引导。2010年，欧盟委员会制订《ITS发展行动计划》，是欧盟范围内第一个协调部署ITS的法律文件；2014年，欧盟委员会启动“Horizon 2020”项目，推进智能网联汽车研发；2015年，欧盟委员会发布《GEAR2030战略》，重点关注高度自动化和网联化驾驶领域的推进及合作；2016年，欧盟委员会通过“合作式智能交通系统战略”，旨在推进2019年在欧盟成员国范围内部署协同式智能交通系统（C-ITS）服务，实现V2V、V2I等网联式信息服务；2018年，欧盟委员会发布《通往自动化出行之路：欧盟未来出行战略》，要求2020年后，乘用车搭载驾驶疲劳侦测系统、自动车速控制系统与车道维持辅助等安全系统，实现高速公路自动驾驶，2030年进入完全自动驾驶社会。

日本将重心放在车路协同和智能驾驶上面。2013年，日本内阁发布日本复兴计划《世界领先IT国家创造宣言》，其中智能网联汽车成为核心之一。以此为基础的《SIP战略性创新创造项目技术》将自动驾驶的研发上升为国家战略，并提出自动驾驶商用化时间表和《ITS2014—2030技术发展路线图》，2030年建成世界最安全和最畅通道路。2014年，《SIP（战略性创新创造项目）自动驾驶系统研究开发计划》推进基础技术及协同式系统相关领域的开发与实用化。2017年，发布《2017官民ITS构想及路线图》规定2020年左右高速公路上实现自动驾驶3级，2级以上卡车编队自动行走，以及特定区域内用于配送服务的自动驾驶4级。2018年日本政府相继颁布《自动驾驶相关制度整备大纲》与《自动驾驶汽车安全技术指南》，明确自动驾驶汽车相关责任划分以及L3、L4级自动驾驶汽车所必须满足的条件。

我国将“新四化”作为未来工业升级的方向，也已提到国家战略层面。2015年，《中国制造2025》制定了明确的目标：“2020年，先进驾驶辅助系统自主份额达50%，网联式驾驶辅助系统装配率达10%，DA、PA整车自主份额超过40%；2025年，基本建成自主的智能网联汽车产业链与智慧交通体系，ADAS自主份额达60%，网联式驾驶辅助系统装配率达到30%，DA、PA、HA整车自主份额达50%以上。”2017年12月，工业和信息化部发布的《节能与新能源汽车技术路线图》描绘了智能网联汽车发展的关键技术和发展路径，对阶段性目标进行了补充和修订；《车联网（智能网联汽车）产业发展行动计划》明确了实现车联网产业高质量发展的目标：2020年实现智能网联汽车产业跨行业融合取得突破，具备高级别自动驾驶功能的智能网联汽车实现特定场景规模应用，车联网用户渗透率达到30%以上，智能道路基础设施水平明显提升。2020年后，技术创新、标准体系、基础设施、应用服务和安全保障体系将全面建成，高级别自动驾驶功能的智能网联汽车和5G-V2X逐步实现规模化商业应用，“人-车-路-云”实现高度协同。

总之，“新四化”为我们描绘了汽车产业的美好未来，其中电动化是基础，智能化、网联化是纽带，共享化是未来出行的大方向。“四化融合”代表着汽车产业的未来和转型升级的方向，这个万亿美元的大产业将催生更多的新技术、新模式、新业态，谁把握了核心技术、谁主导了产业规则，谁就占领了产业的制高点。

附录 1 新能源乘用车产品型谱

附 1.1 国外

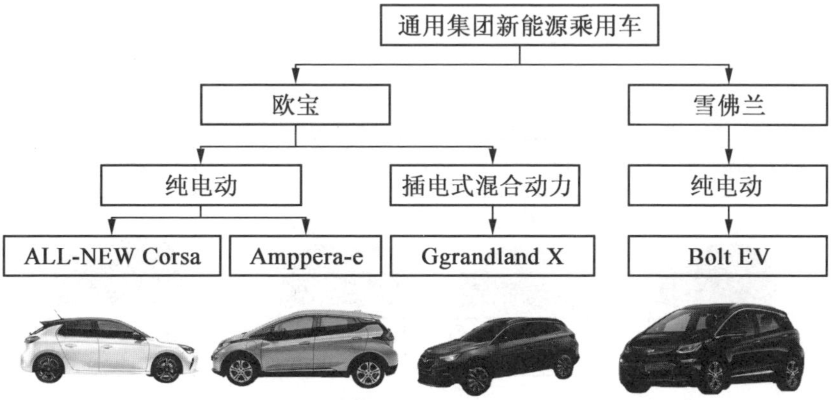

附图 1.1 通用汽车公司

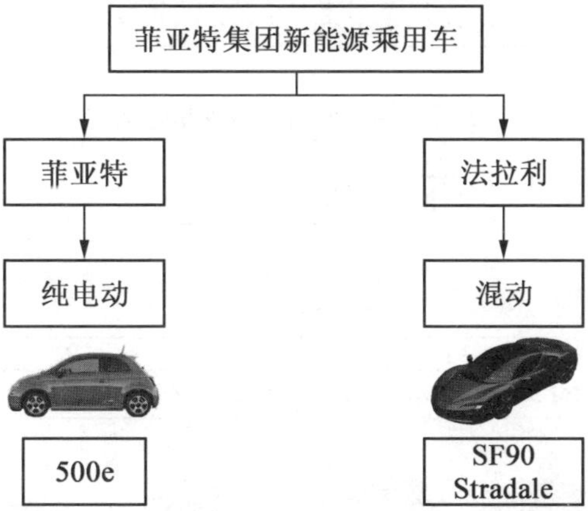

附图 1.2 菲亚特汽车公司

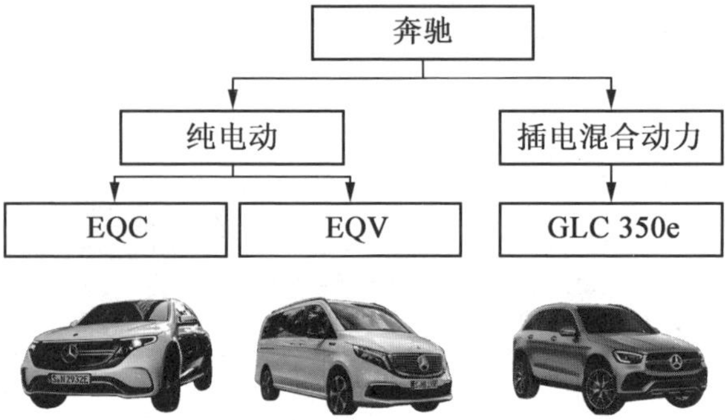

附图 1.3 戴姆勒—奔驰汽车公司

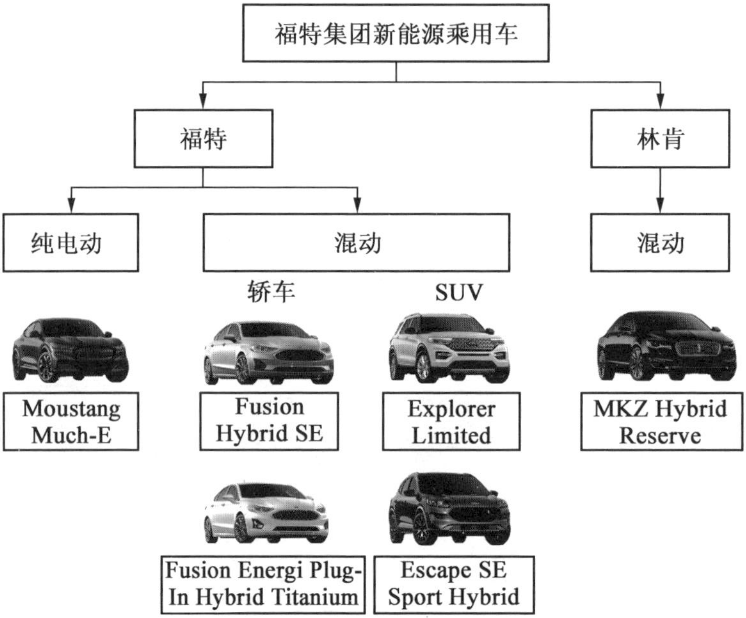

附图 1.4 美国福特汽车公司

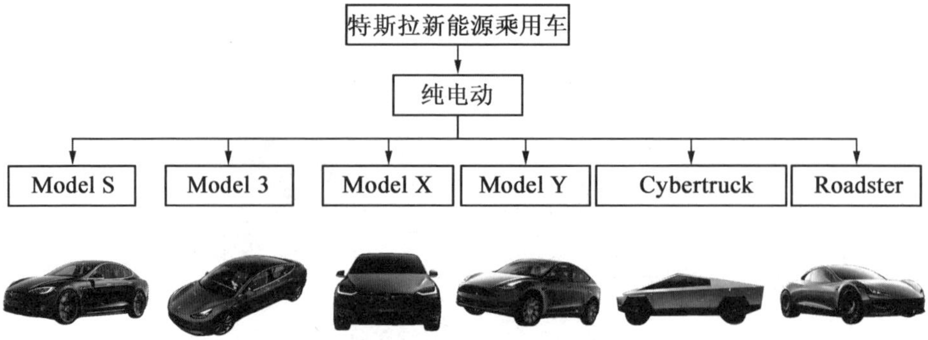

附图 1.5 特斯拉

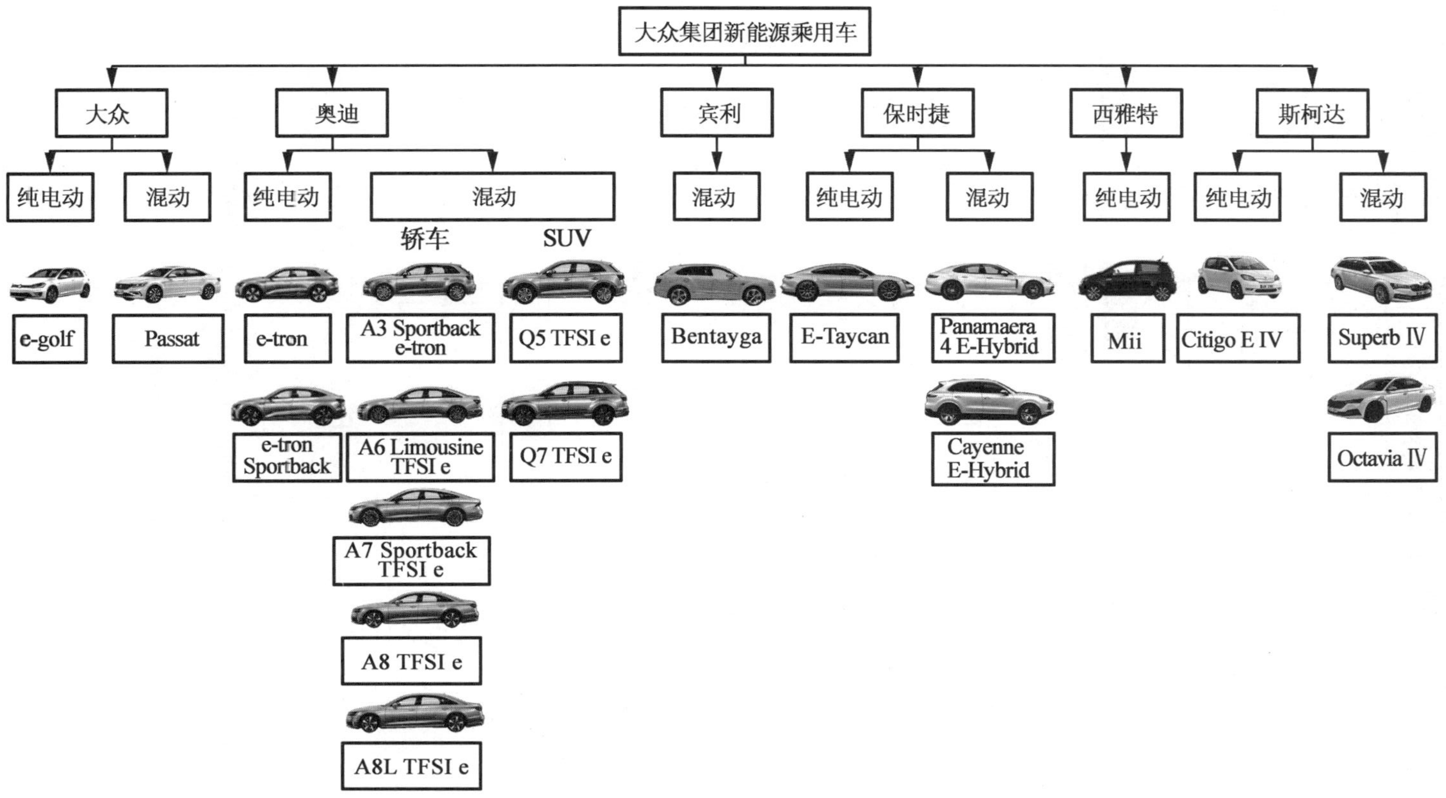
大众集团新能源乘用车
大众
奥迪
宾利
保时捷
西雅特
斯柯达
纯电动
混动
纯电动
混动
轿车
SUV
混动
纯电动
混动
纯电动
纯电动
混动
e-golf
Passat
e-tron
e-tron Sportback
A3 Sportback e-tron
A6 Limousine TFSI e
A7 Sportback TFSI e
A8 TFSI e
A8L TFSI e
Q5 TFSI e
Q7 TFSI e
Bentayga
E-Taycan
Panamaera 4 E-Hybrid
Cayenne E-Hybrid
Mii
Citigo E IV
Superb IV
Octavia IV

附图1.6 大众汽车

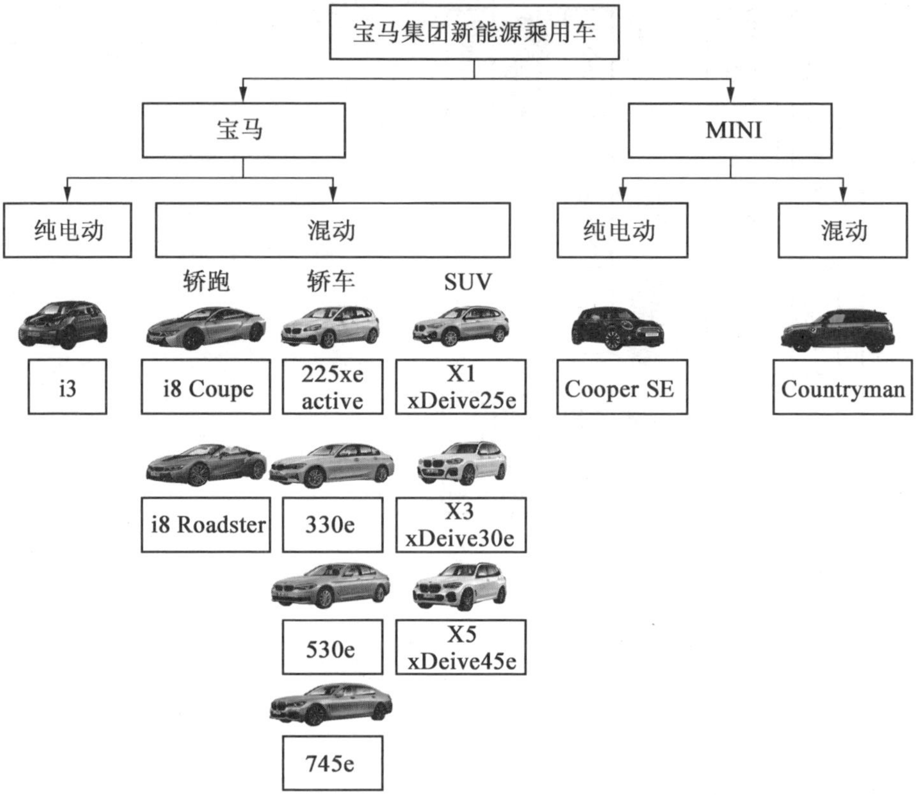

附图 1.7　宝马公司

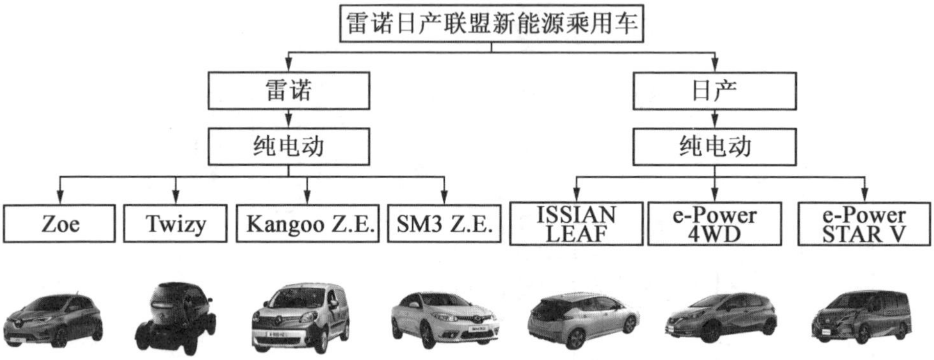

附图 1.8　雷诺日产联盟

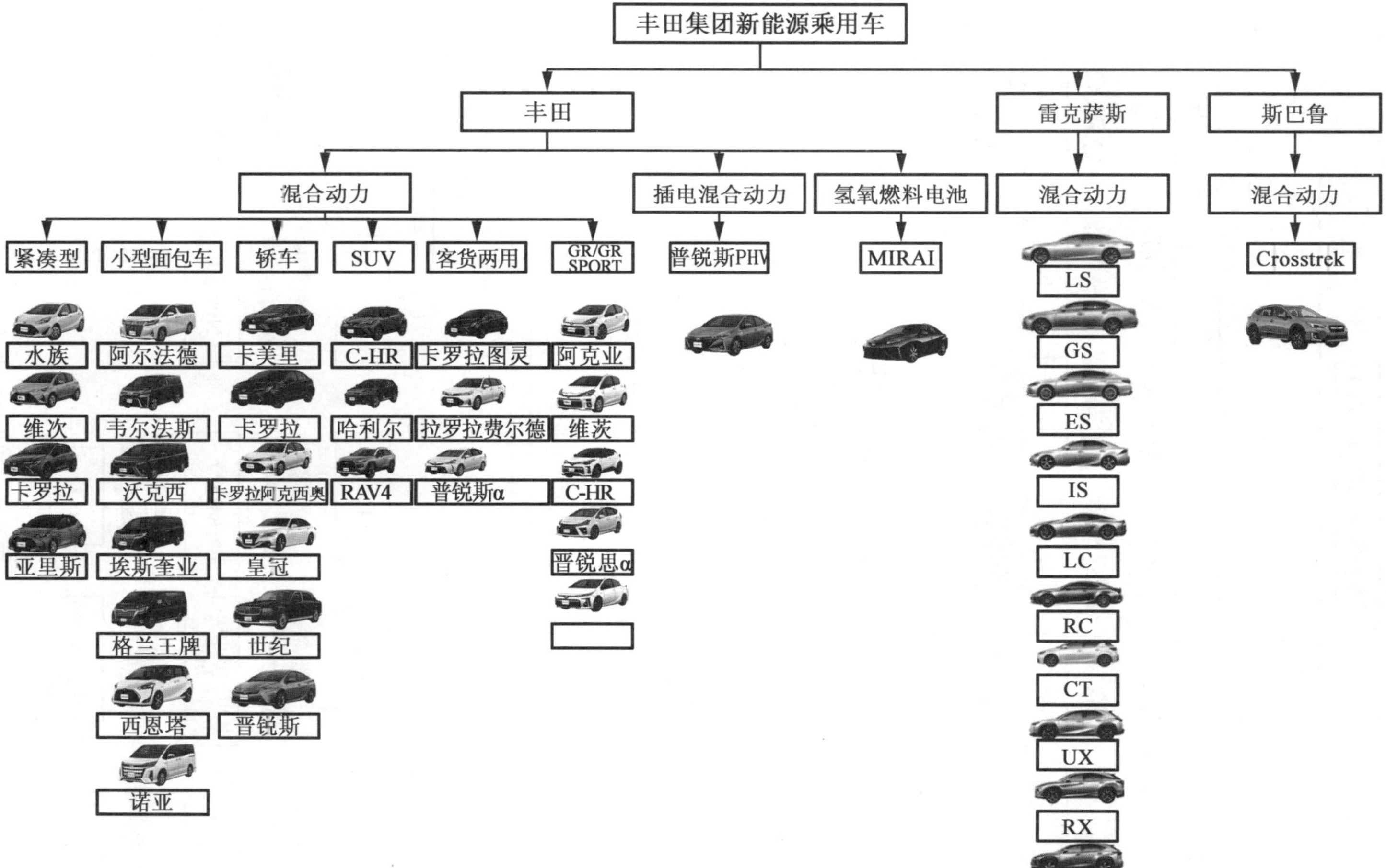
丰田集团新能源乘用车
丰田
雷克萨斯
斯巴鲁
混合动力
插电混合动力
氢氧燃料电池
混合动力
混合动力
紧凑型
小型面包车
轿车
SUV
客货两用
GR/GR SPORT
普锐斯PHV
MIRAI
LS
Crosstrek
水族
阿尔法德
卡美里
C-HR
卡罗拉图灵
阿克业
GS
维次
韦尔法斯
卡罗拉
哈利尔
拉罗拉费尔德
维茨
ES
卡罗拉
沃克西
卡罗拉阿克西奥
RAV4
普锐斯α
C-HR
IS
亚里斯
埃斯奎业
皇冠
晋锐思α
LC
格兰王牌
世纪
RC
西恩塔
晋锐斯
CT
诺亚
UX
RX
NX

附图1.9 丰田汽车公司

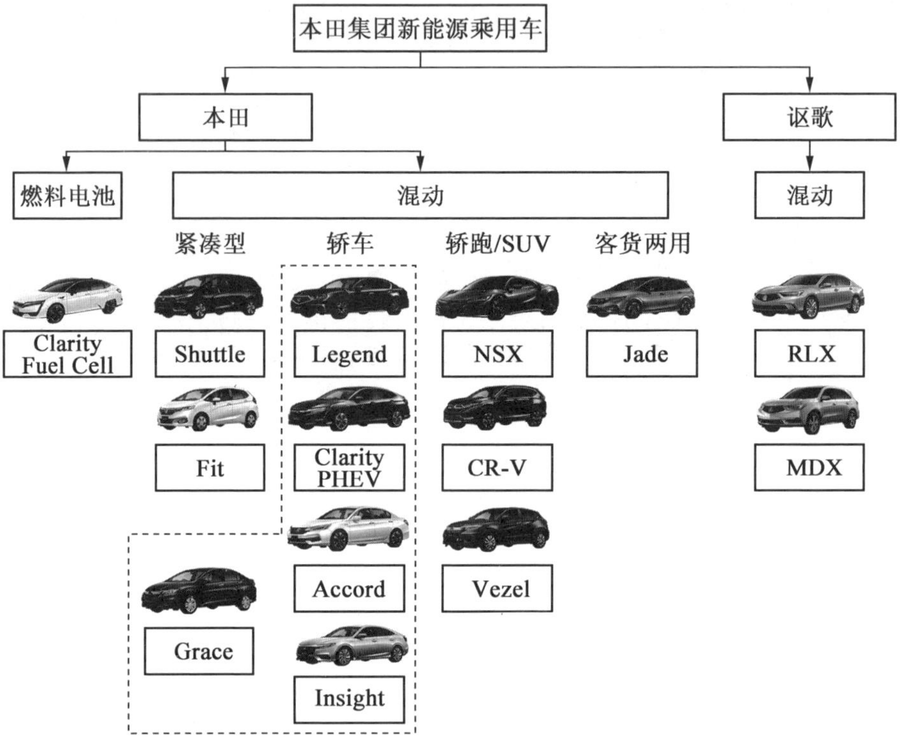

附图 1.10　本田技研工业株式会社

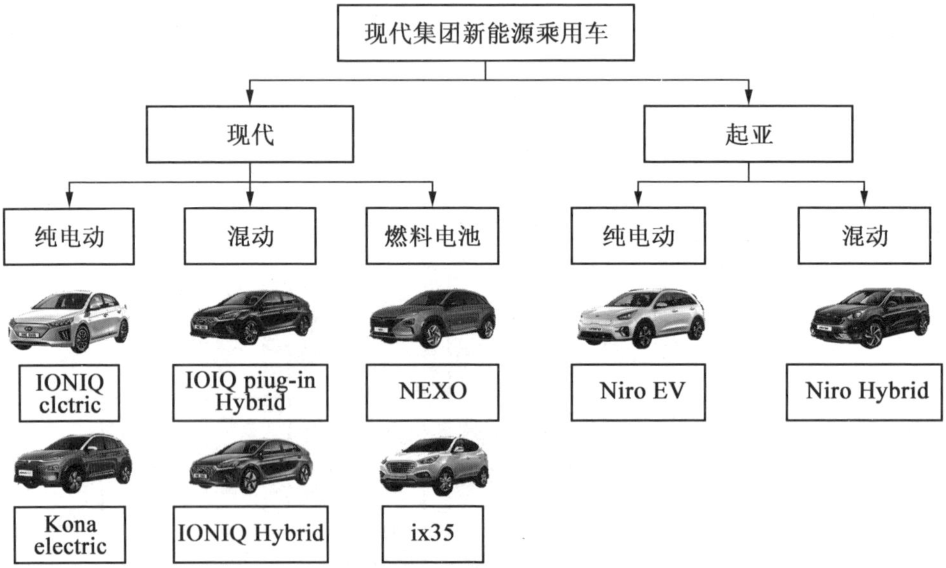

附图 1.11　现代汽车集团

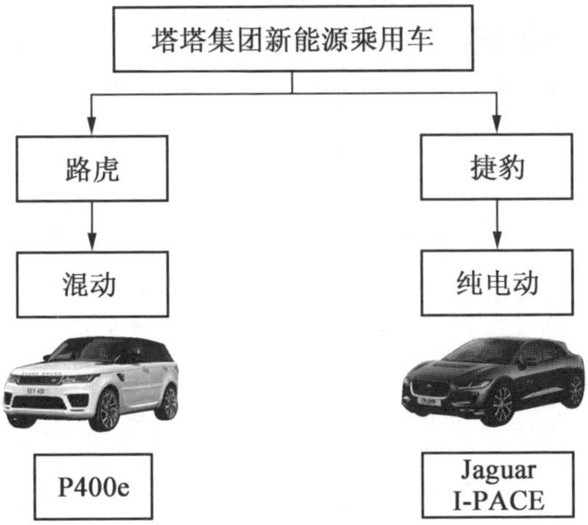

附图 1.12　塔塔汽车公司

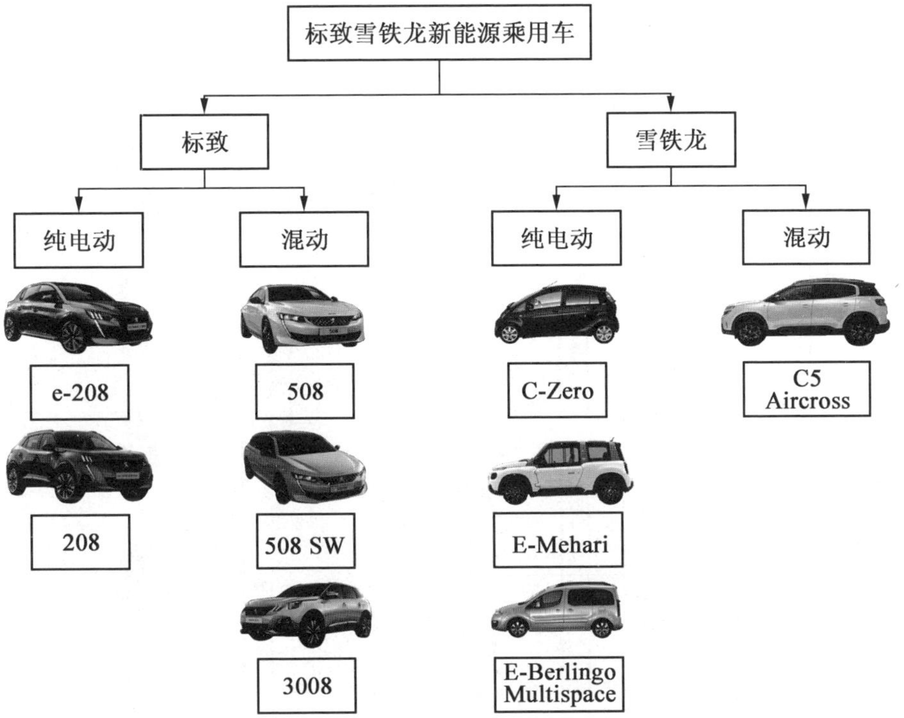

附图 1.13　标致雪铁龙集团

附 1.2 国内

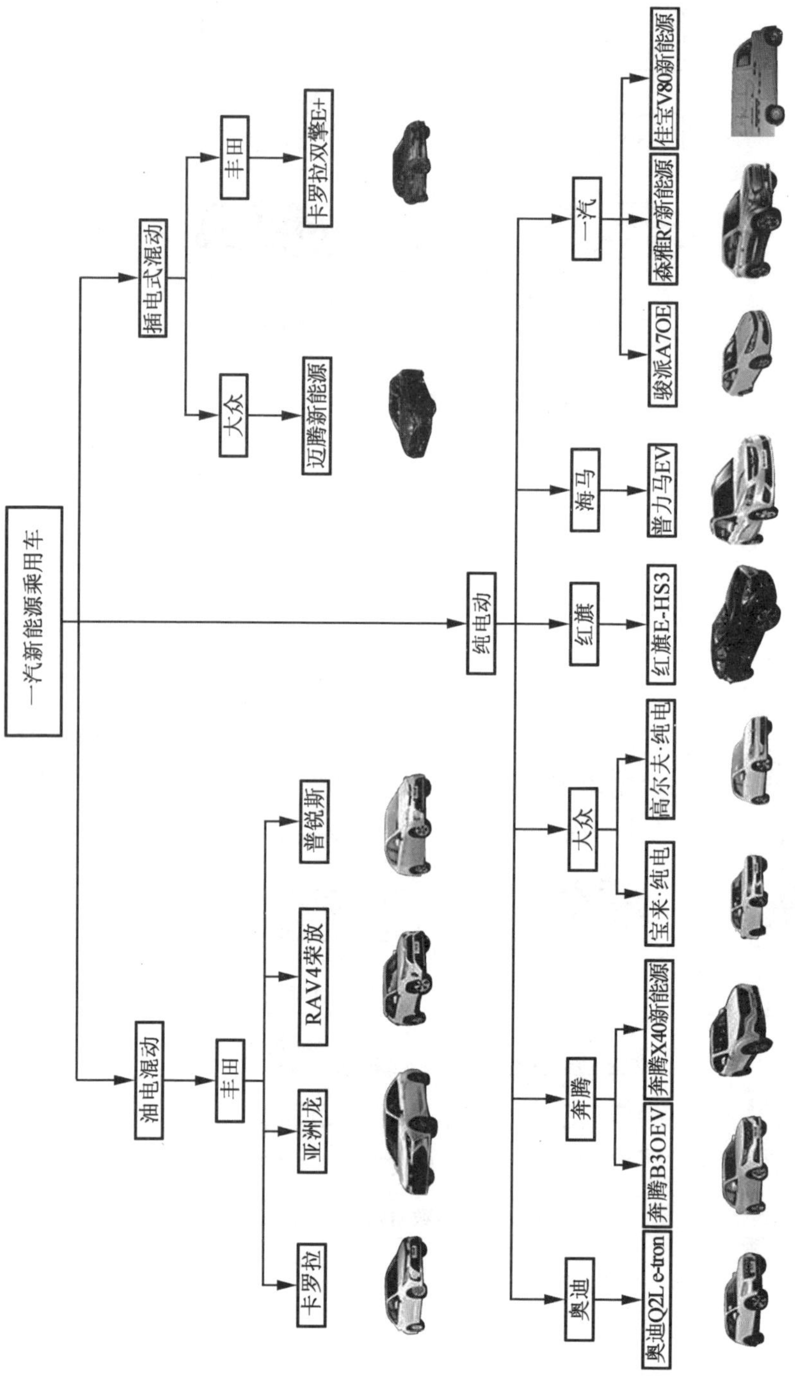

附图1.14 中国第一汽车集团有限公司

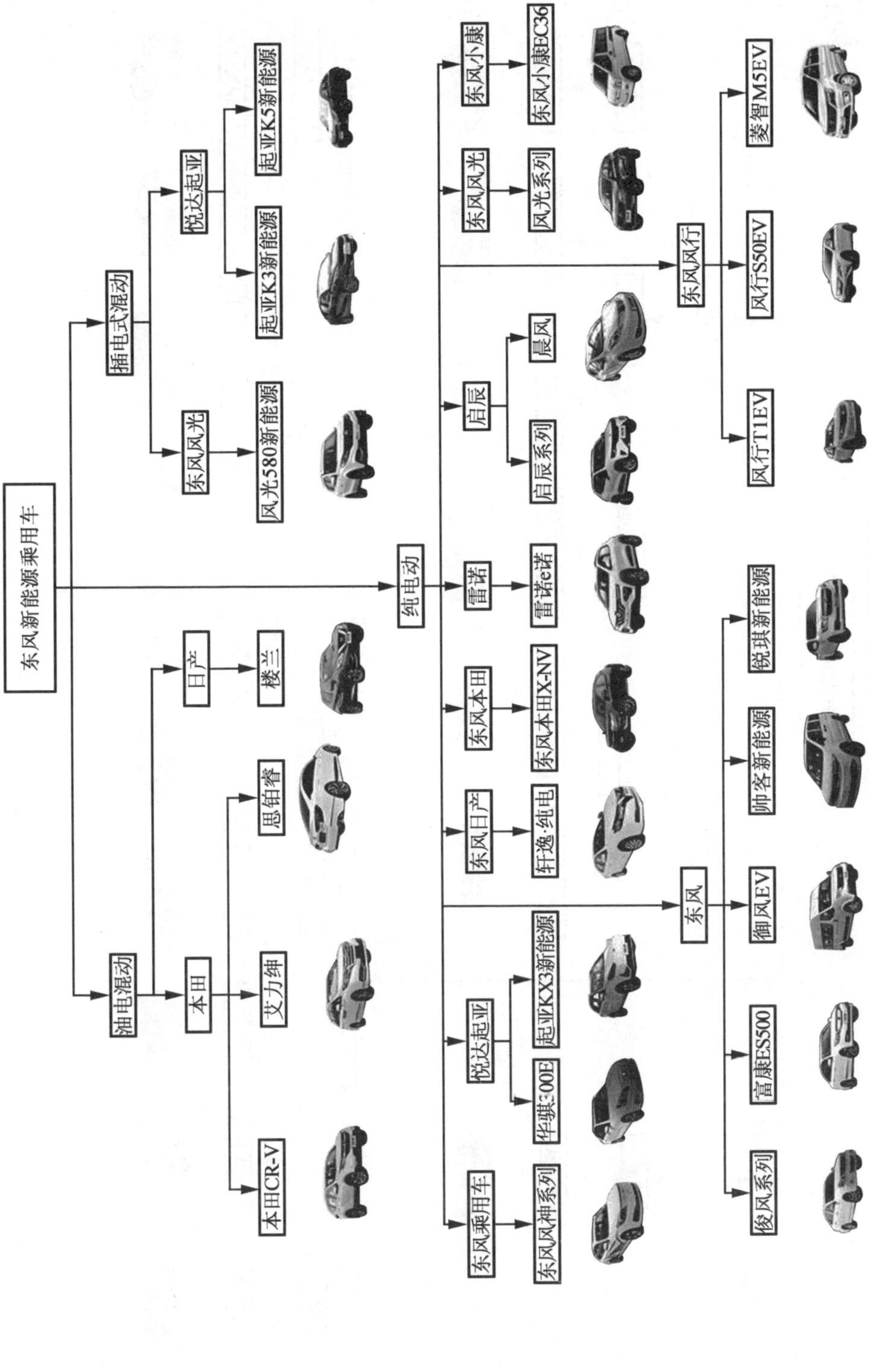

附图1.15 东风汽车集团有限公司

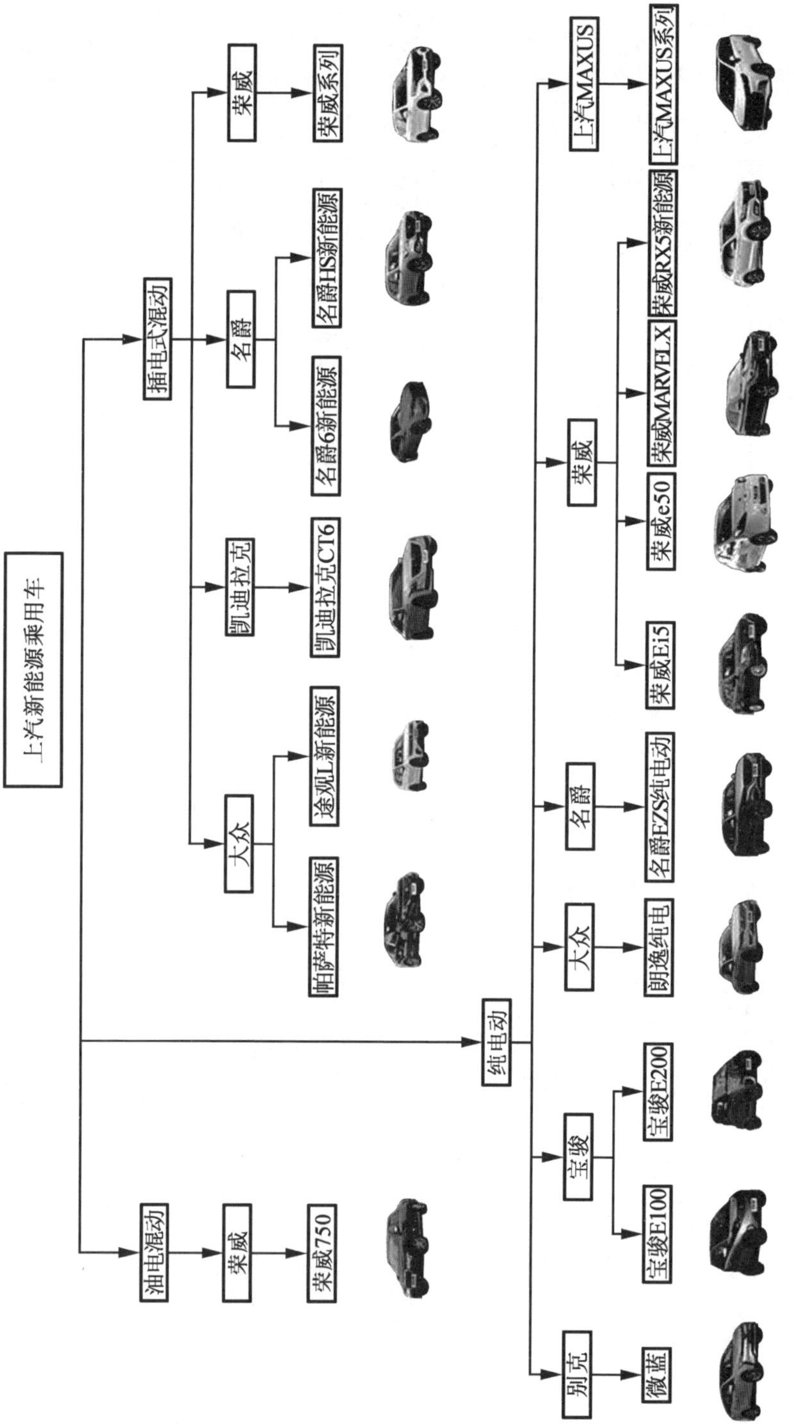

附图1.16 上海汽车集团有限公司

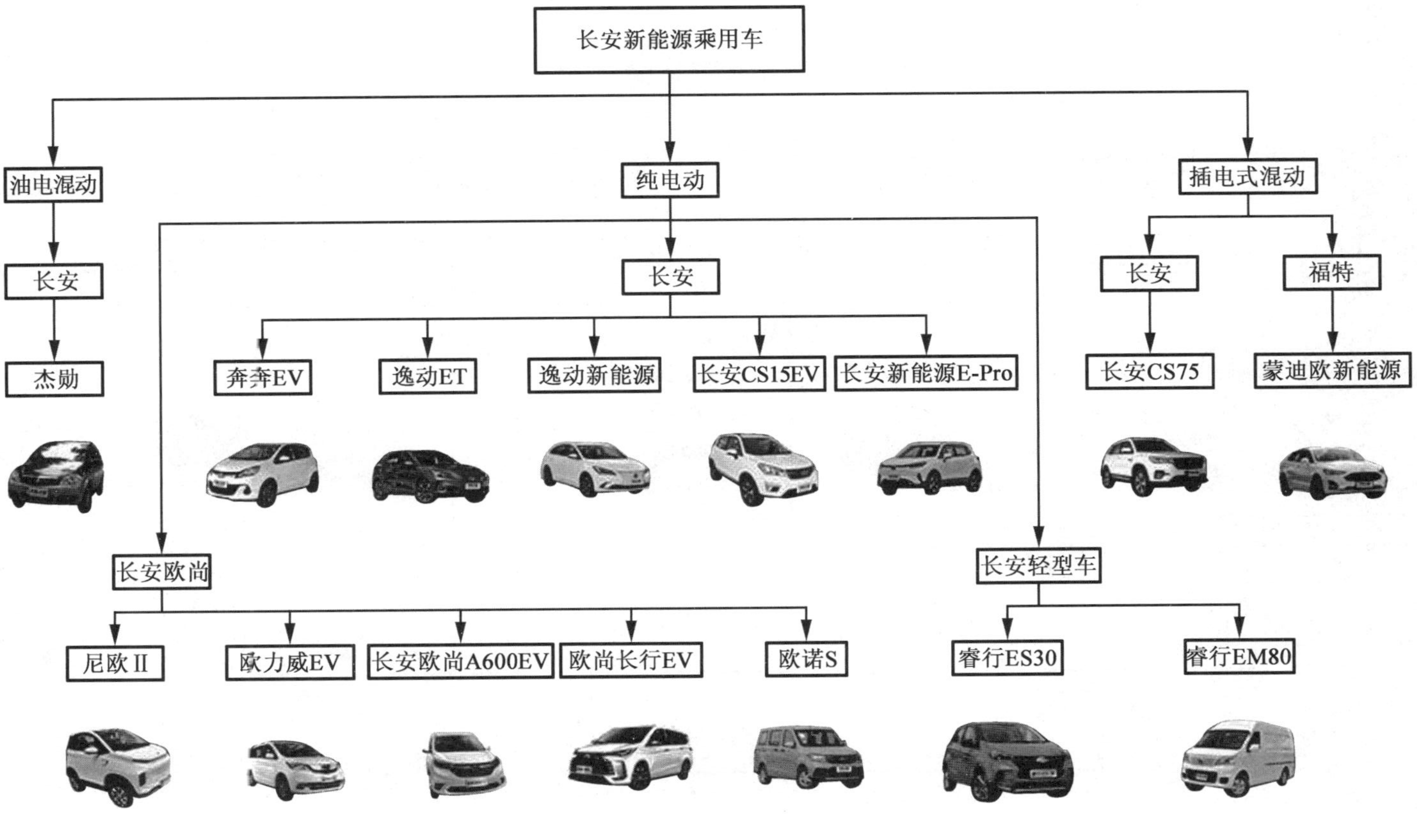

附图1.17 重庆长安汽车股份有限公司

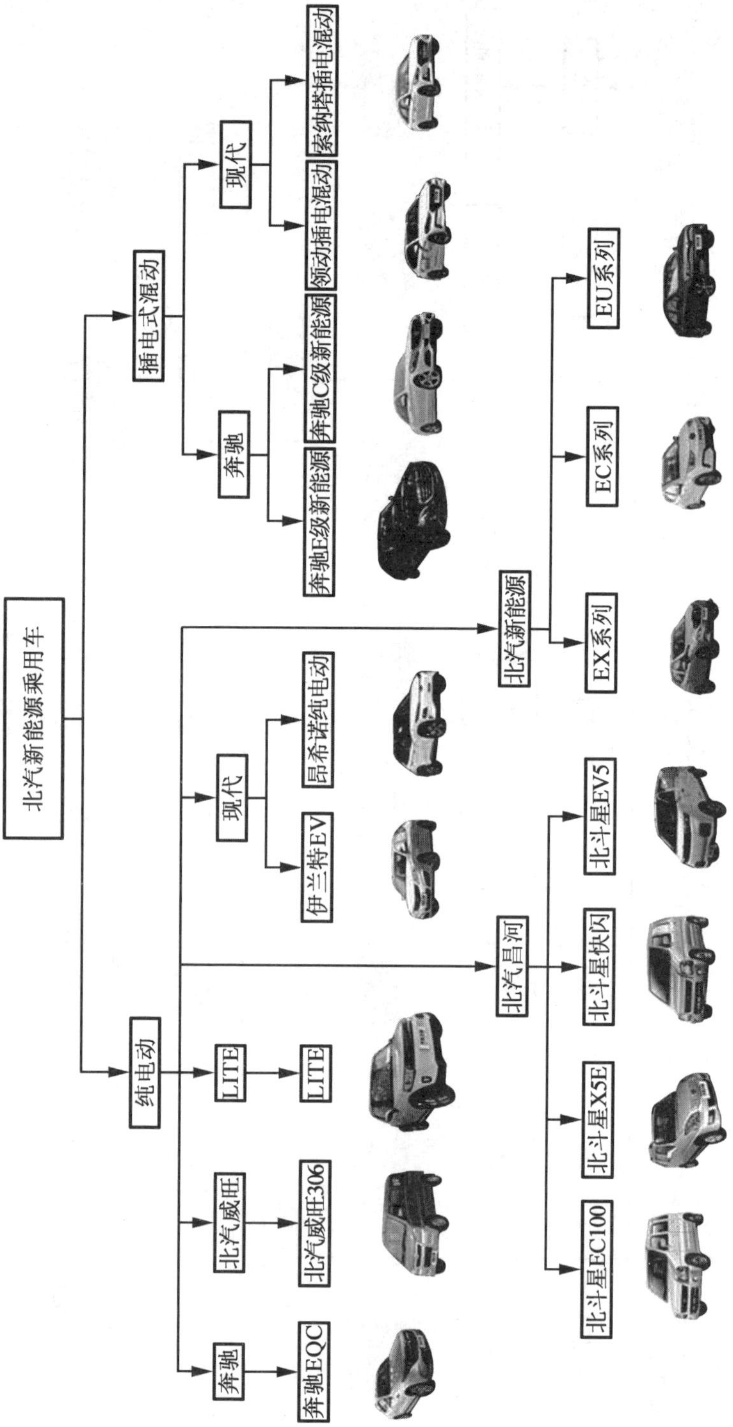

附图1.18　北京汽车集团有限公司

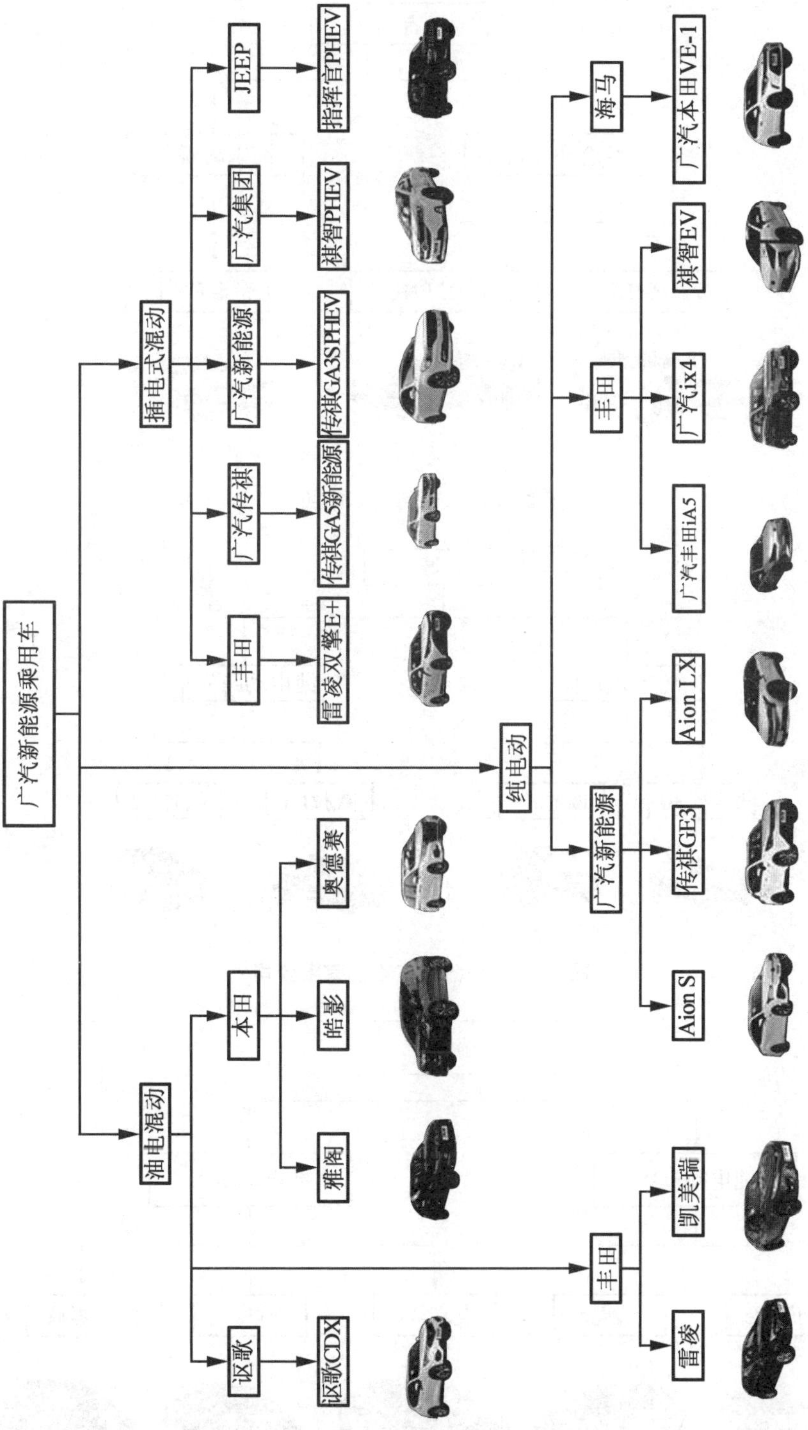

附图1.19 广州汽车集团有限公司

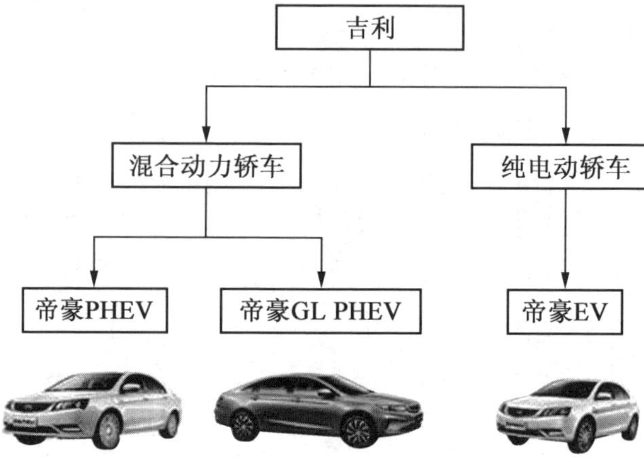

附图 1.20　吉利汽车集团

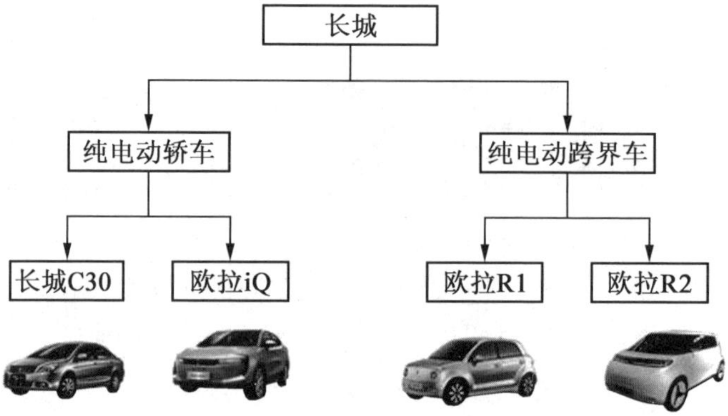

附图 1.21　长城汽车股份有限公司

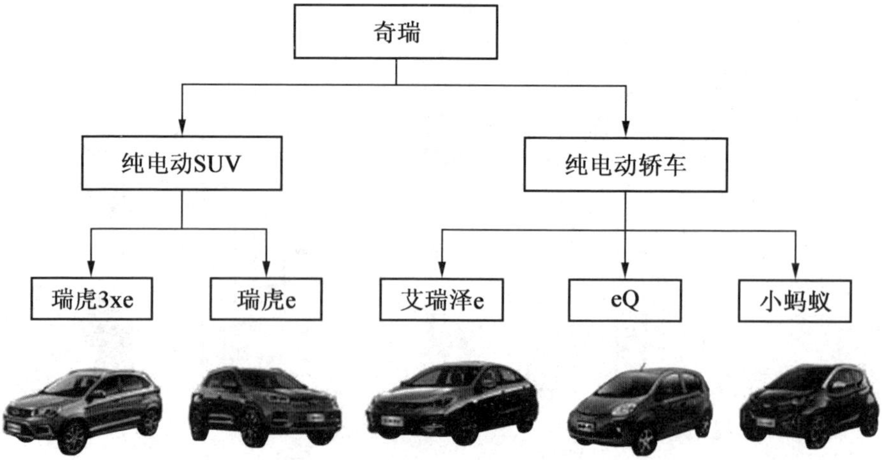

附图 1.22　奇瑞汽车股份有限公司

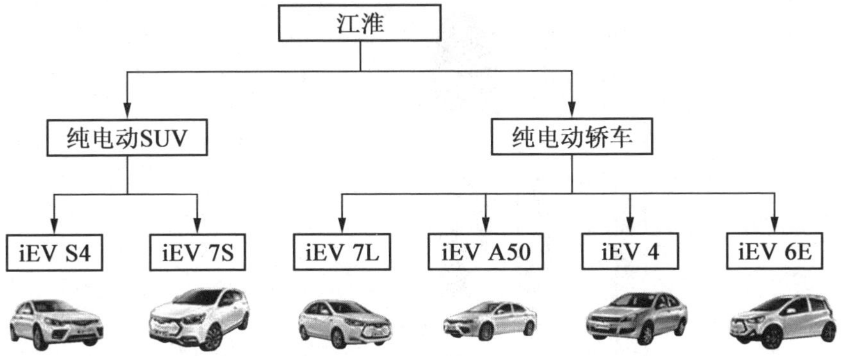

附图 1.23　安徽江淮汽车集团有限公司

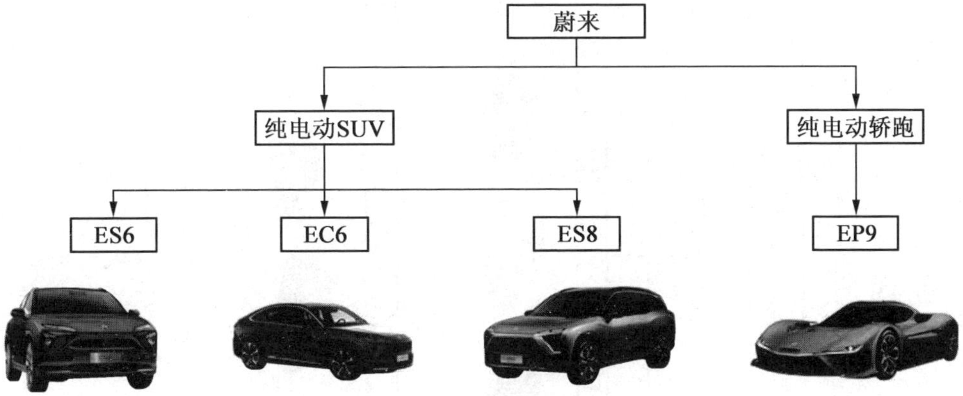

附图 1.24　上海蔚来汽车有限公司

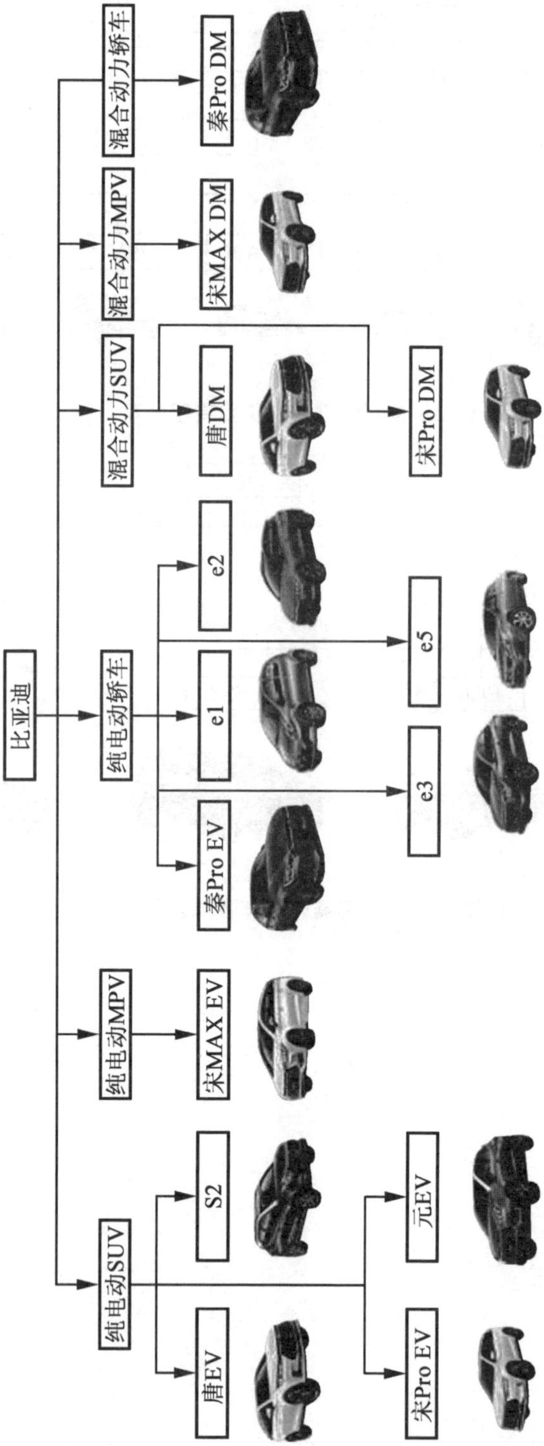

附图1.25 比亚迪股份有限公司

附录 2 新能源客车产品型谱

附 2.1 国内

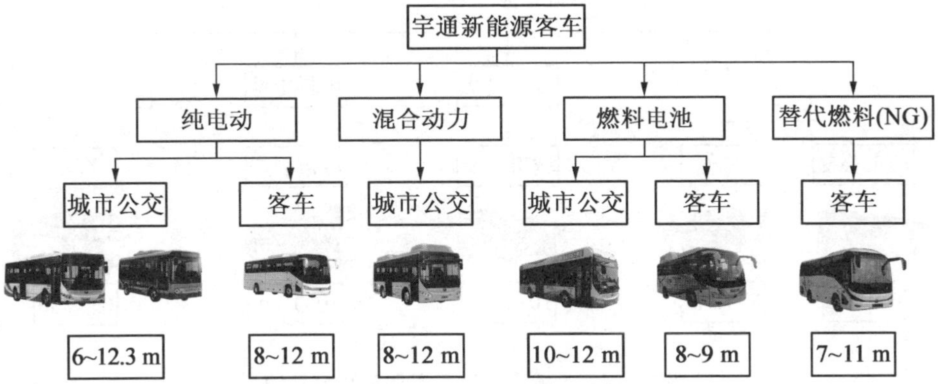

附图 2.1 郑州宇通集团有限公司

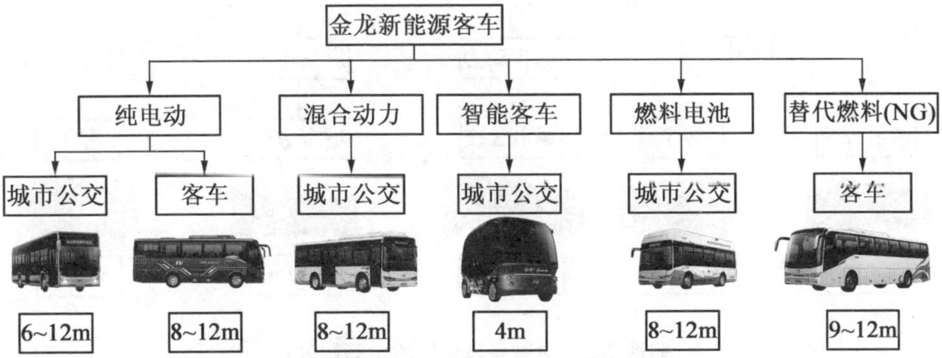

附图 2.2 金龙联合汽车工业有限公司(1)

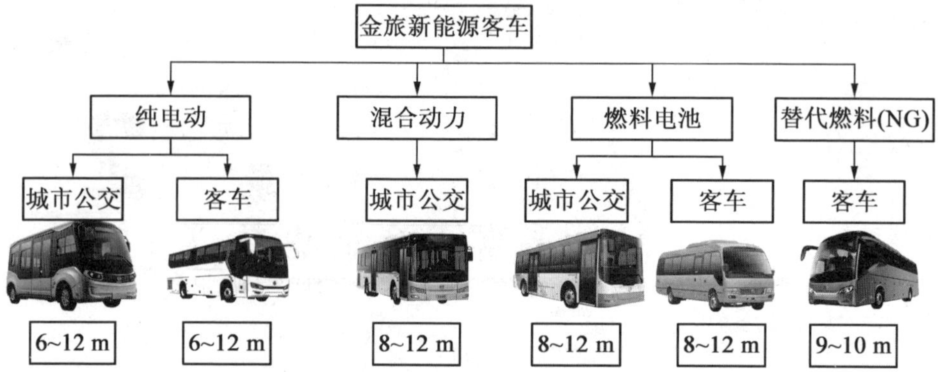

附图 2.3　金龙联合汽车工业有限公司(2)

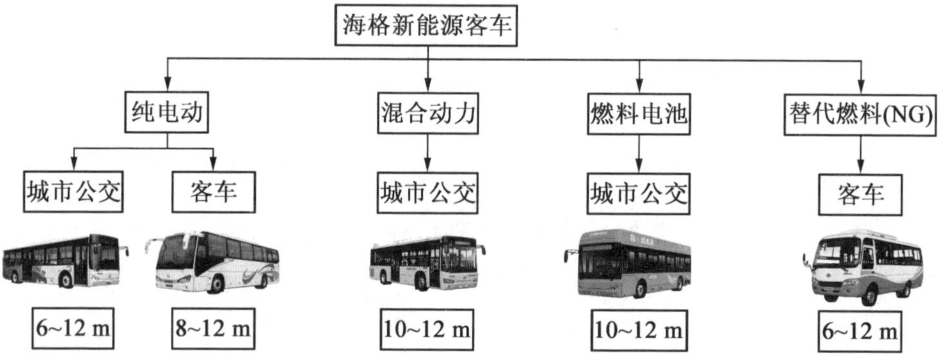

附图 2.4　金龙联合汽车工业有限公司(3)

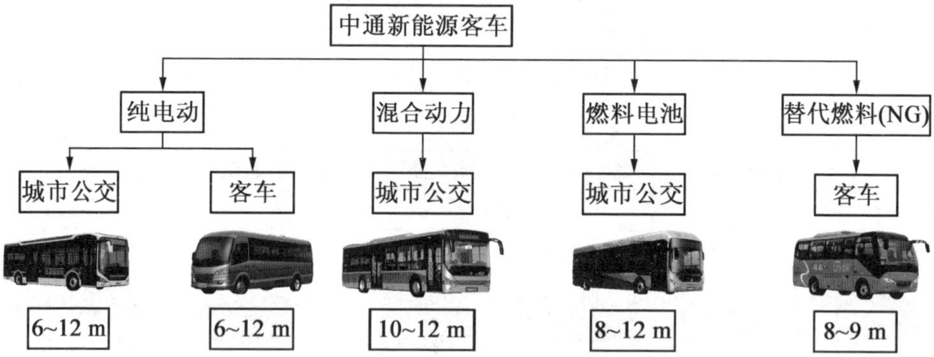

附图 2.5　中通客车控股股份有限公司

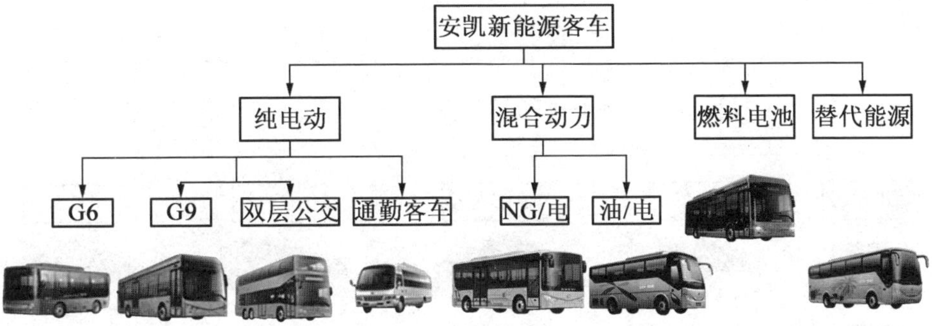

附图 2.6　安徽安凯汽车股份有限公司

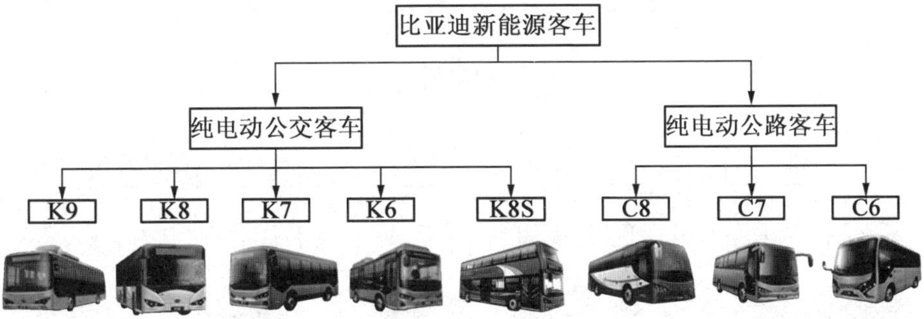

附图 2.7　比亚迪股份有限公司

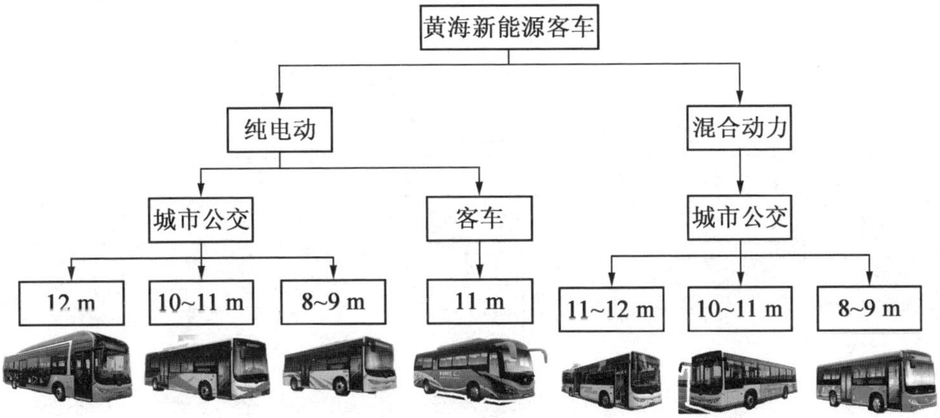

附图 2.8　辽宁曙光汽车集团股份有限公司

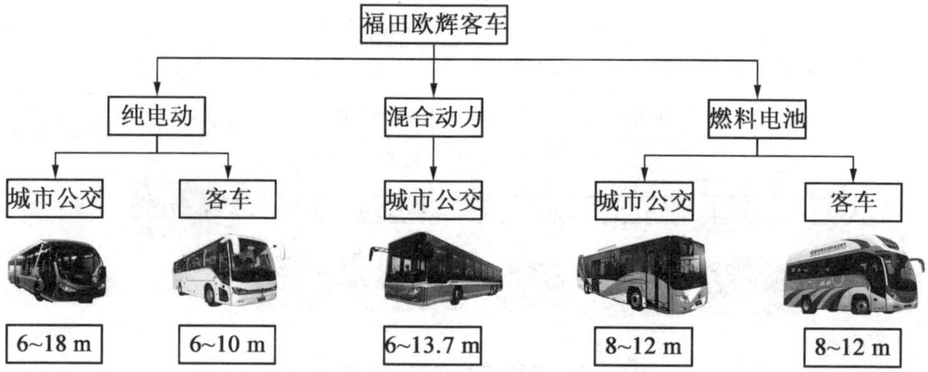

附图 2.9　北汽福田汽车股份有限公司

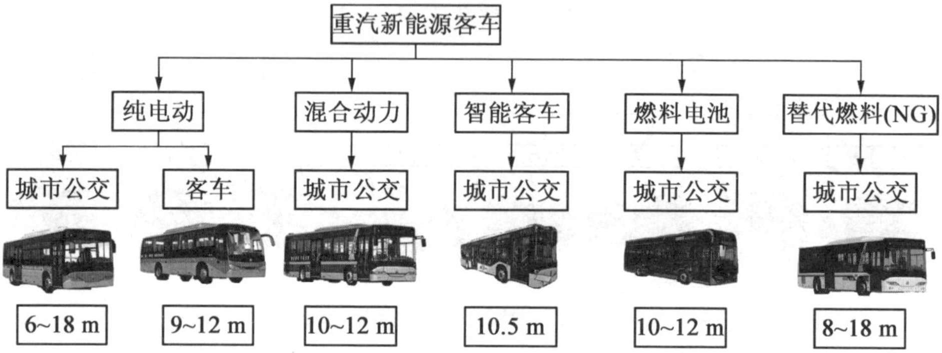

附图 2.10　中国重型汽车集团有限公司

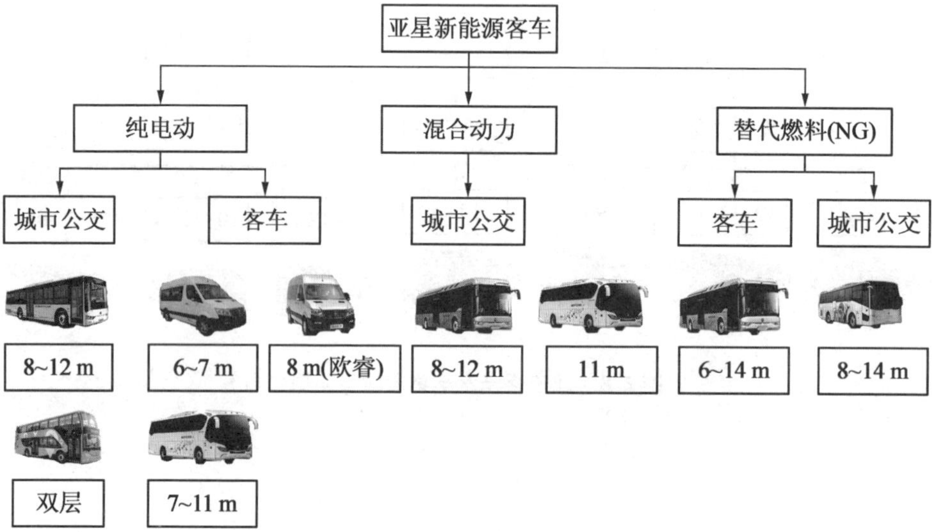

附图 2.11　扬州亚星客车股份有限公司

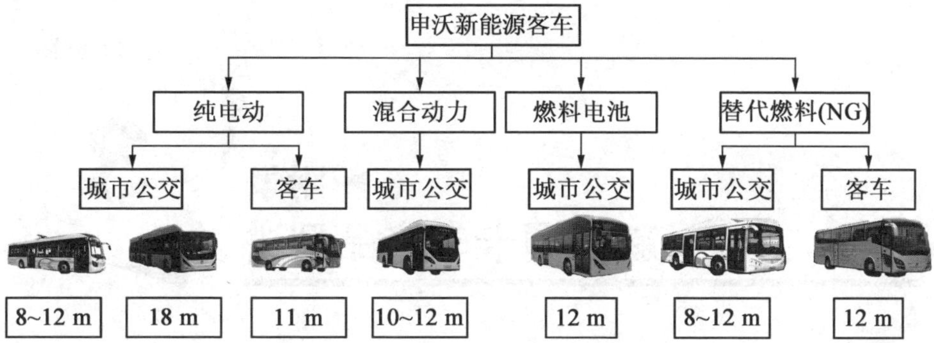

附图 2.12　上海申沃客车有限公司

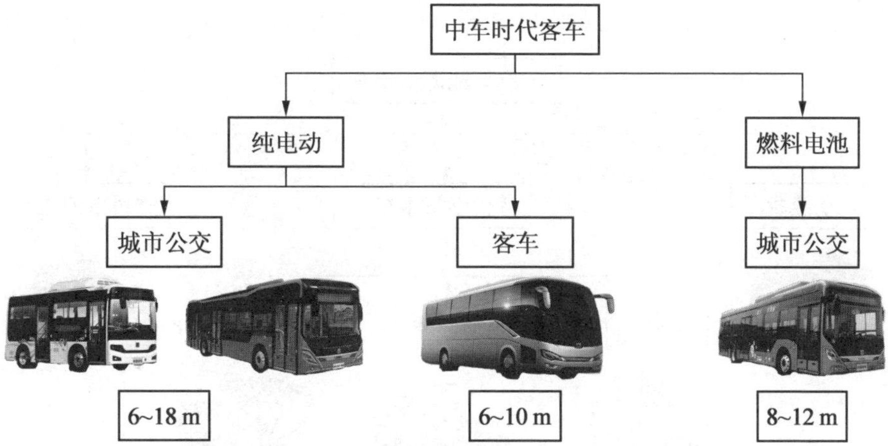

附图 2.13　中车时代电动汽车股份有限公司

附录 3 新能源卡车产品型谱

附 3.1 国内

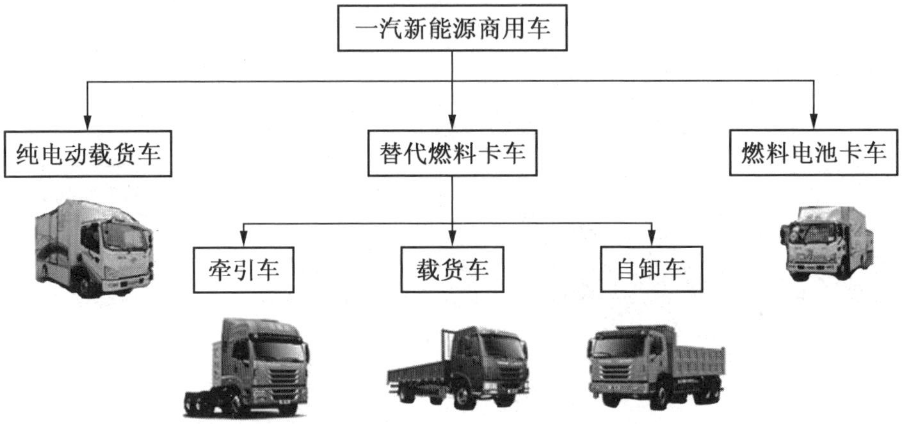

附图 3.1 中国第一汽车集团有限公司

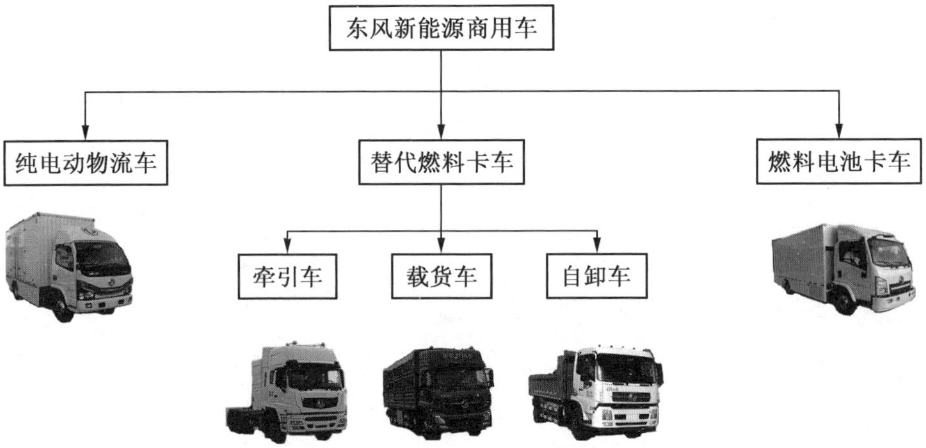

附图 3.2 东风汽车集团有限公司

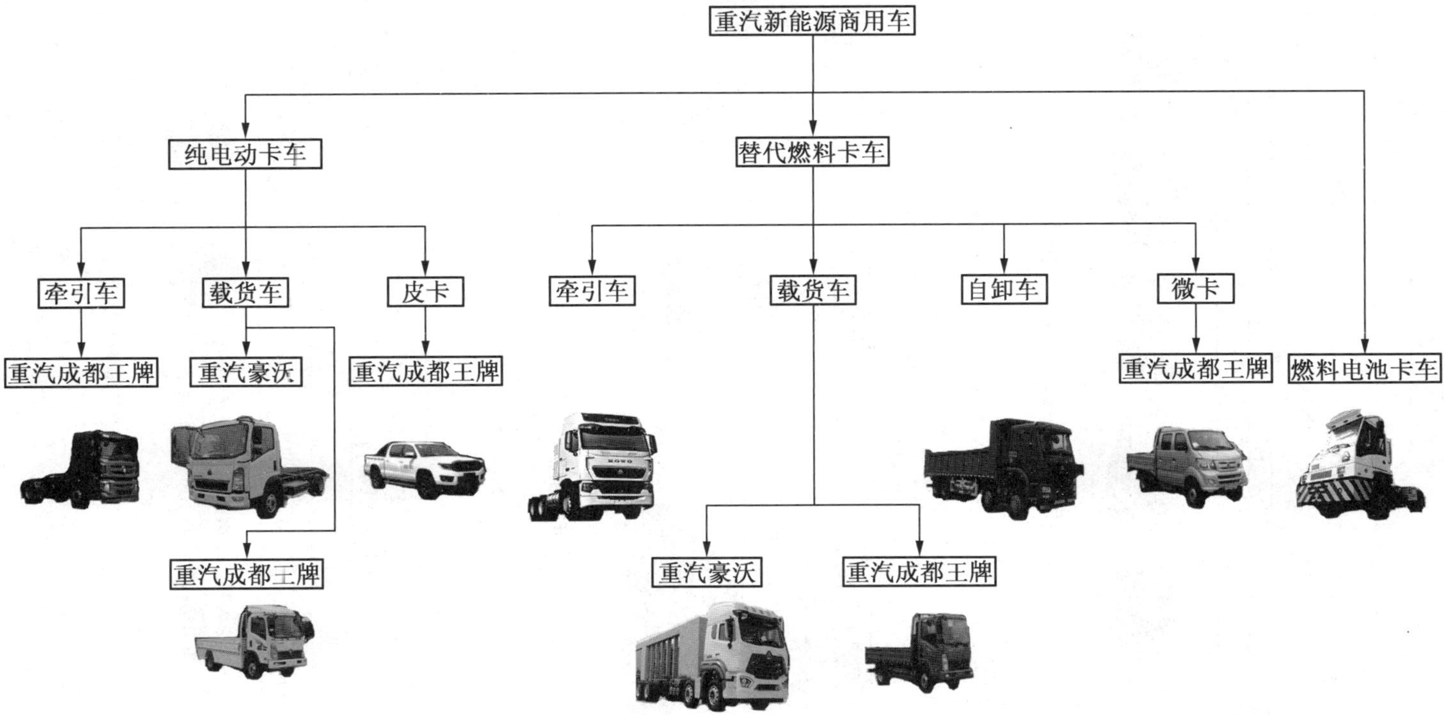

附图3.3 中国重型汽车集团有限公司

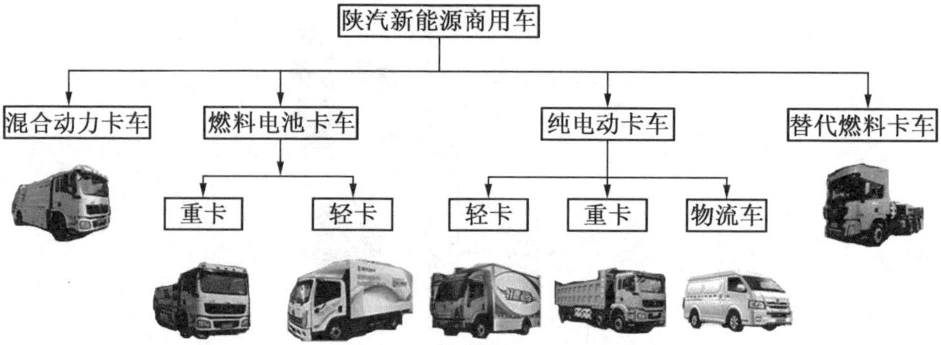

附图 3.4　陕西汽车控股集团有限公司

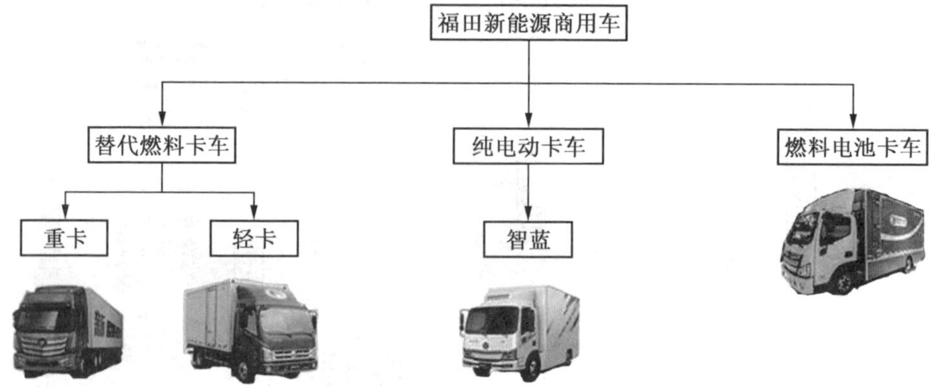

附图 3.5　北汽福田汽车股份有限公司

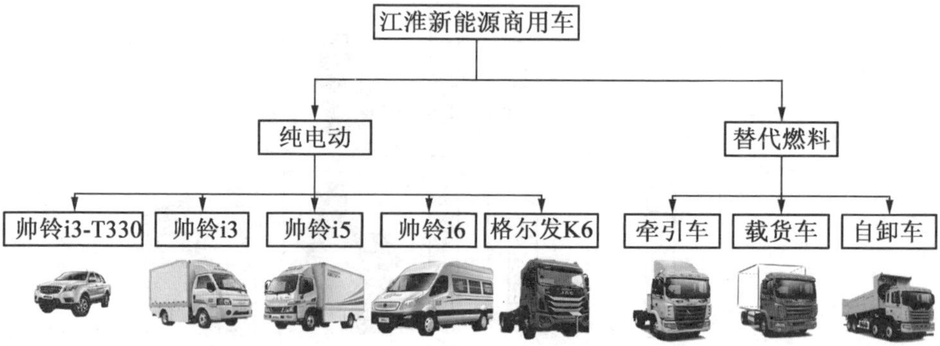

附图 3.6　安徽江淮汽车集团股份有限公司

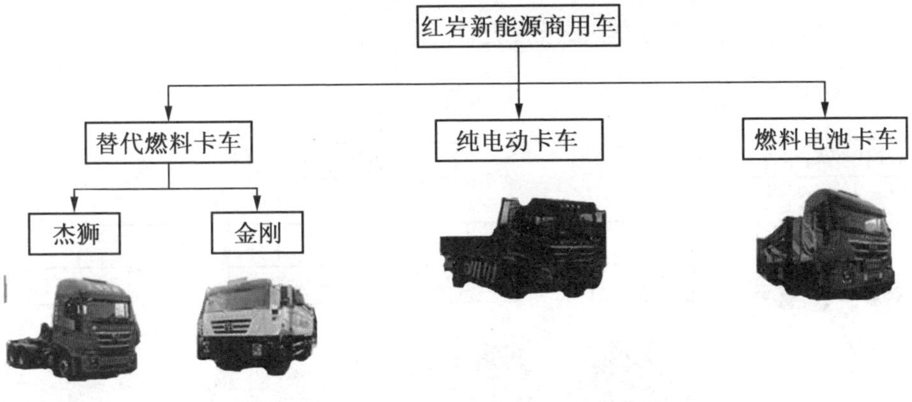

附图 3.7　上汽依维柯红岩商用车有限公司

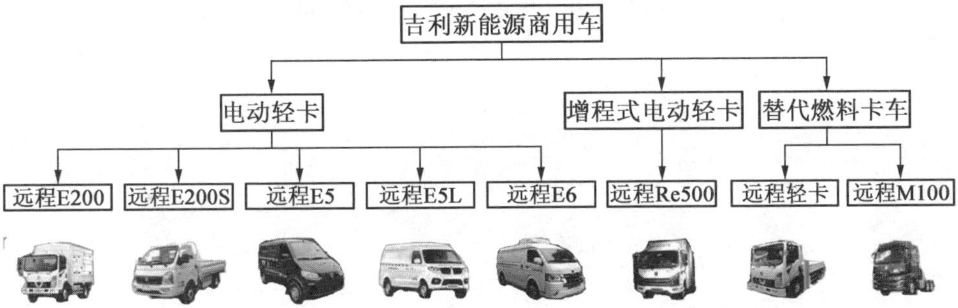

附图 3.8　浙江吉利控股集团有限公司

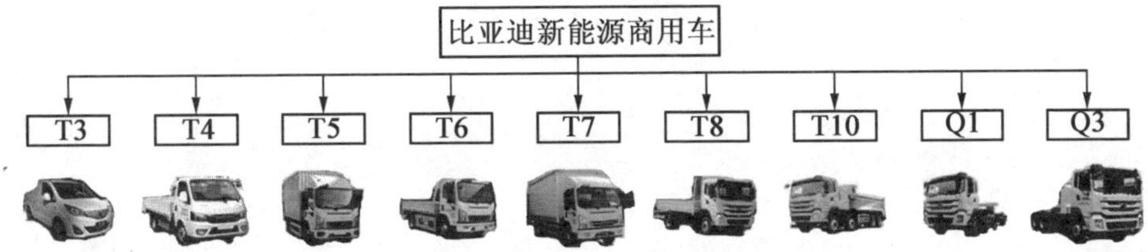

附图 3.9　比亚迪股份有限公司

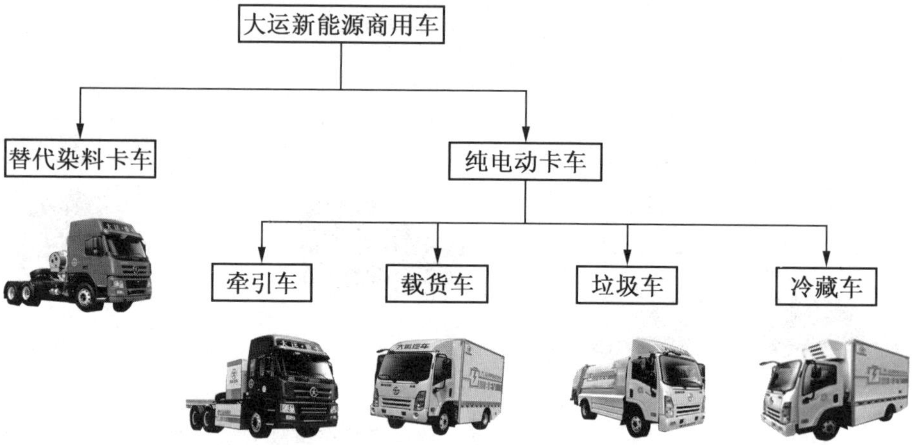

附图 3.10　大运汽车股份有限公司

参考文献

[1] 吴金星,赖艳华,刘泉.能源工程概论[M].北京:机械工业出版社,2014.

[2] 袁振宏,雷廷宙,庄新姝.我国生物质能研究现状及未来发展趋势分析[J].太阳能,2017(2):12-19,28.

[3] 史丹.论三次能源革命的共性与特性[J].热点聚焦,2016(1):30-34.

[4] 张涵奇,孙德强,郑军卫,等.世界工业革命与能源革命更替规律及对我国能源发展的启示[J].研究与探讨,2015,37(7):35－37,20.

[5] 宗新轩,张抒意,冷岳阳,等.可燃冰的研究进展与思考[J].化学与黏合,2017,39(1):51-55,64.

[6] 景平利,罗雪虎,高磊.走进新能源汽车[M].北京:机械工业出版社,2017.

[7] 姜顺明.新能源汽车基础[M].北京:北京大学出版社,2015.

[8] 张婷,王毅.新能源基础[M].北京:中国石化出版社,2013.

[9] 张志英,鲁嘉华.新能源与节能技术[M].北京:清华大学出版社,2013.

[10] 臧杰.新能源汽车[M].北京:机械工业出版社,2013.

[11] 王诚,赵波,张剑波.质子交换膜燃料电池膜电极的关键技术[J].科技导报,2016,34(6):62-68.

[12] 朱盛镭.新能源汽车产业[M].上海:上海科学技术文献出版社,2014.

[13] 陈媛玉.新能源汽车小百科[M].北京:机械工业出版社,2016.

[14] 麻友良.新能源汽车动力电池技术[M].北京:北京大学出版社,2015.

[15] 节能与新能源汽车技术路线图战略咨询委员会,中国汽车工程学会.节能与新能源汽车技术路线图[M].北京:机械工业出版社,2016.

[16] 吴瑞竹,肖继学,宋春华,等.混合动力汽车发展综述[J].中国测试,2012,38(6):26-29.

[17] 崔立宏.太阳能在汽车上的应用及发展前景[J].汽车工程师,2012(12):57-60.

[18] 张纯.混合动力汽车发展综述[D].扬州:扬州大学,2016.

[19] 桑帅.基于中国元素的太阳能汽车设计[D].济南:山东大学,2012.

[20] 李晓华.新能源汽车技术发展的挑战、机遇和展望[M].北京:机械工业出版社,2012.

[21] 崔胜民.新能源汽车概论[M].北京:北京大学出版社,2015.

[22] 李飞泉,田玉冬,邬建海.纯电动汽车核心技术发展状况[J].汽车电器,2016(8):6-9,13.

[23] 万钢.电动汽车发展的"十三五"设想[J].中国经贸导刊,2016(16):39-40.

[24] 李书华.电动汽车全生命周期分期及环境效益评价[D].长春:吉林大学,2014.

[25] 陆凌蓉.可入网电动汽车在电力系统中的应用研究[D].杭州:浙江大学,2014.

[26] 王瑞.当前我国电动汽车产业化发展途径研究[D].成都:西南财经大学,2011.

[27] 吴晓春,孙征,刘兴民,等.核动力汽车电源可行性研究[J].科技创新导报,2016,13(7):54-56.

[28] 杨凯.新能源汽车之核动力汽车展望[J].科技展望,2017,27(6):302.

[29] 衣宝廉.氢源及燃料电池关键技术剖析[EB/OL][2017 - 11 - 27]http://www.sohu.com/a/206922548 - 99949100.

[30] 程振彪.我国应更加重视燃料电池汽车发展(连载一)[J].汽车科技,2016(5):2-9.

[31] 中国储能网新闻中心.车用燃料电池系统的关键技术及发展趋势.[EB/OL][2016 - 9 - 25]http://www.escn.com.cn//news/shou - 348654_html.

[32] 希亚.百人会/李建秋:燃料电池车辆动力系统研发进展[EB/OL][2017 - 01 - 15]http://www.chinabuses.com/buses/2017/0115/artide.76514.html.

[33] 王圣媛.我国车用燃料电池技术的研发与应用——访中国工程院院士衣宝廉[J].中国国情国力,2017(8):2-9.

[34] 方川,徐梁飞,李建秋,等.典型燃料电池轿车动力系统的关键技术[J].汽车安全与节能学报,2016(2):210-217.

[35] 侯明,衣宝廉.燃料电池的关键技术[J].科技导报,2016,34(6):52-61,210-217.

[36] 张永伟.政策推动与产业发展——全球新能源汽车政策评估[M].北京:机械工业出版社.2016.

[37] 王羽,曲婕.智能驾驶发展现状及对地方开放智能驾驶车辆测试道路的建议[J].汽车工业研究,2018(11):4-11.

[38] 王泉.从车联网到自动驾驶——汽车交通网联化、智能化之路[M].北京:人民邮电出版社 2018.